FALSCHE FREMDENFREUNDLICHKEIT

Norbert Falthauser

Falsche Fremden-Freundlichkeit

Islamisches Frauenbild
gefährdet
europäische Lebensart

H

HOHENRAIN-TÜBINGEN

Die Deutsche Bibliothek – CP-Einheitsaufnahme

Falthauser, Norbert :

Falsche Fremdenfreundlichkeit :
Islamisches Frauenbild gefährdet europäische Lebensart /
Norbert Falthauser.-
Tübingen ; Zürich ; Paris :
Hohenrain-Verl., 2006

ISBN 3-89180-078-9

ISBN 3-89180-078-9

Postfach 1611, D-72006 Tübingen

Gedruckt in Deutschland

Inhaltsverzeichnis

»Stammtischfaschismus«? Eine Einführung - 9

Teil I. Islamisch geprägter Sexismus - 13

1. Schlaglichter eines islamisch geprägten Sexismus - 15
2. »Ehre sei dem Mann in der Härte und Demut der Frau in Scham« - Grundzüge der islamisch-orientalischen Geschlechterkonzeption - 20

2.1. Familie und Ehe - 21
2.2. Die Frau als Trägerin der Familien- und Männerehre - 23
2.3. Keine Chance für die (sexuelle) Selbstbestimmung der Frau - 25
2.4. Von der Absonderung des weiblichen Geschlechts bis zum Ehrenmord - 28
2.5. Zwanghaftigkeiten -30
2.6. Die Beharrlichkeit der traditionellen islamisch geprägten Geschlechterrollen - 32
2.7. Die Unvereinbarkeit der islamisch-orientalischen Geschlechterkonzeption mit internationalen Menschenrechten und dem deutschen Grundgesetz - 35
2.8. Unvereinbarkeit zweier soziologischer Arten - 36

Teil II. Islamisch-orientalische Geschlechternmormen in der deutschen Gesellschaft - 39

1. Olgas Geschichte - ein multikulturelles Liebesabenteuer - 41
2. Traditionelle türkische Geschlechterverhältnisse in Deutschland - 60

2.1. ›Ehre‹ als zentraler traditioneller Familienwert - 61
2.2. Geschlechtsspezifische Normen und Erziehung unter türkischen Migranten: drei Familientypen - 62
2.3. Türkische Frauen im traditionellen Milieu - 66
2.4. Geschlechterverhältnisse in der türkischen Migranten-Kolonie - 69
2.5. Radikal traditionell 74
2.6. Der orientalische Männlichkeitswahn - ein gesamtgesellschaftliches Problem - 81
2.7. Gegenläufige Trends - 82

3. Kulturkonflikte in der Geschlechterbeziehung: Vertiefung bisheriger Erkenntnisse - 85

3.1. Vorbemerkung - 85
3.2. Kulturkonflikte unter orientalischen Migranten - 86
3.3. Deutsche und orientalische Jugendliche im sexuellen Spannungsverhältnis - 100
3.4. Ehekonflikte - 111
4. Abgrenzende Wirkungen islamisch-orientalischer Geschlechterverhältnisse - 117
4.1. Gesellschaftliche Ab- und Ausgrenzungseffekte islamisch-orientalischer Geschlechternormen - 117
4.2. Die islamische Weltgemeinschaft in der zivilisatorischen Abgrenzung und die Frauenfrage - 123
4.3. Einige Beispiele islamisch geprägter Selbstabgrenzung - 139
Exkurs: Die Unmenschlichkeit kulturrelativistischer ›Fremdenfreundlichkeit‹ - 148

Teil III. Falsche Fremdenfreundlichkeit in der Geschlechterfrage - 155

1. Zweierlei Maß - 157
1.1. ›Ethnische Reinheit‹: Nur die anderen dürfen ›sauber‹ bleiben - 158
1.2. Toleranz - Synonym für ›Einbahnstraße‹ - 162
1.3. Konkurrenz um Mädchen: Problemblindheit - 163
1.4. Sexismus: Die Verweigerung von Logik - 166
1. 5. Ausländische Mitbürger als Rassisten –wie falsche Fremdenfreunde eine Beleidigung ›wegzaubern‹ - 168
1.6. Der deutsche Staat - per se ›ausländerfeindlich‹ - 169
1.7. Islamische Frauen nur für Moslems! - 171
1.8. Benehmen sich islamische Männer wie wilde Tiere? - 172
1.9. Einseitige Forderung nach Anpassung - 174
1.10. Entfaltungsverbot - nur für ›unsere‹ Kultur - 175
2. Rassismusvorwürfe und andere linke Reaktionen: die Tabuisierungstaktik falscher Fremdenfreunde - 177
2.1. Tabuisierungstaktiken und Gegenargumente –177
2.2. Wie falsche Fremdenfreundlichkeit zur Wissenschaft erhoben wird - ein Fallbeispiel - 193
3. Risiken und Nebenwirkungen falscher Fremdenfreundlichkeit - 204
3.1. Falsche Fremdenfreunde Hand in Hand mit realen Fremdenfeinden und militanten Moslems –205
3.2. Die Patronage kulturfremden Sexismus durch falsche Fremdenfreundlichkeit - 209

3.3. Sexistische Gewalt in islamischen Vorstädten Frankreichs: ein Zukunftsmodell für Deutschland? - 213

Teil IV. Lösungsorientierte Folgerungen angesichts der Kulturkritik an islamischen Migrantenmin der Geschlechterfrage - 227

1. Plädoyer für eine Leitkultur der Grundwerte - 229
1.1. Integration durch Angleichung im Grundsätzlichen statt Steinigung untreuer Ehefrauen - 229
1.2. Die Notwendigkeit gemeinsamer Normen und Werte - 232
1.3. Weder ethnozentristische Arroganz noch ethische Gleichgültigkeit - 234
1.4. Platz auch für traditionelle Geschlechtermodelle - 237
2. Euroislam - Hoffen auf ein Wunder - 238
2.1. Vorbemerkung: Der Islam als positiver Faktor in der Migration - 238
2.2. Defizite des aktuellen Islams: ein Überblick - 239
2.3. Die euro-islamische Vision - 243
2.4. Hoffen auf ein Wunder - 245
3. Nicht mit links: Die Angleichung islamischer Migranten an eine Leitkultur der Grundwerte - 248
3.1. Das Ziel ist klar, der Erfolg ungewiß - 248
3.2. Grenzen setzen: deutsches Recht in Deutschland - auch für Moslems - 250
3.3. Im zwischenmenschlichen Umgang menschlich reagieren - in der Sache jedoch konsequent bleiben - 254
3.4. Möglichkeiten der Schule nutzen - Toleranz und Abbau von Feindbildern unter jungen Muslimen fördern - 256
3.5. Multiperspektivität einüben - islamischen Ethnozentrismus bekämpfen - 260

Schlußgedanke - 263

Literaturverzeichnis - 265

Personenverzeichnis - 269

»Stammtischfaschismus«? Eine Einführung

Vor einiger Zeit besuchte der Autor dieser Zeilen zusammen mit einem Freund den Biergarten eines politisch eher links angehauchten Kulturzentrums. Dabei ergab sich die Gelegenheit zu einem Gespräch mit den Tischnachbarn, einer Französin und einem Deutschen, beide um die dreißig. Das Gespräch drehte sich bald um die Beziehungen zwischen den Geschlechtern in unterschiedlichen Kulturen. Mit Verweis auf die Einwanderungssituation in Deutschland äußerte der Verfasser dieses Buches, daß orientalische Migranten[1] oftmals Vorstellungen vertreten und durchsetzen wollten, die mit unseren einheimischen Vorstellungen in Konflikt stehen. Dem stimmte die Französin zu und berichtete von einem Fall aus ihrer Verwandtschaft. Ein Cousin, Franzose, habe vor kurzem eine Algerierin gegen den Willen der Brautfamilie geheiratet, was einer elementaren Verletzung traditioneller orientalischer Heiratsregeln gleichgekommen sei. Weil sie sich in ihrer Familienehre verletzt gesehen hätten, hätten sich die beiden Brüder der Braut zu Morddrohungen gegen den Bräutigam hinreißen lassen. Aufgrund der Drohungen hätten der Cousin und seine Braut fluchtartig ihren Wohnort verlassen und seien an einem anderen Ort untergetaucht. Ausdrücklich hob die Französin hervor, daß sich der Vorfall in Frankreich abgespielt habe und der Cousin noch immer untergetaucht sei.

Die nun einsetzende Diskussion kann in mancherlei Hinsicht als typisch gelten. »Wißt ihr, was das ist?« konnte ich es mir nun nicht verkneifen: »Das ist ein klassischer Fall von Fremdenfeindlichkeit.[2] Nämlich der Feindlichkeit *von* Fremden gegenüber Einheimischen.

---

1 Mit dem Begriff ›orientalische Migranten‹ sind sowohl Zuwanderer aus dem Orient als auch deren in Deutschland und Europa geborene Nachkommen gemeint. Sprachlich korrekt müßte es heißen: ›orientalische Migranten und orientalischstämmige Menschen wohnhaft in Deutschland‹. Aus Gründen der Einfachheit wird jedoch zusammenfassend von ›Migranten‹ gesprochen.

2 Strenggenommen handelt es sich nicht um Feindlichkeit von Fremden gegenüber Einheimischen, sondern um Kulturimperialismus von ›unten‹. Dieser nicht staatliche Imperialismus verhält sich jedoch – wie jeder Imperialismus – feindselig gegenüber dem andersartigen ›Eingeborenen‹, der sich nicht dominieren läßt.

Die gibt es neben der Feindlichkeit *an* Fremden auch – selbst wenn keiner davon sprechen darf. Da kommt eine Familie aus der Fremde in ein anderes Land und versucht mit Gewalt bis hin zu Morddrohungen, ihre Steinzeitregeln durchzusetzen, die dort für keinen Einheimischen gelten. ›Aber was macht das schon?‹ denken sich die Zugewanderten, ›im Umgang mit unserem wichtigsten Eigentum – unseren Frauen – habt ihr Einheimische unsere Regeln zu befolgen, auch wenn wir in eurem Land leben.‹«

Man stelle sich den umgekehrten Fall vor: Die Familie einer französischen Frau setzt sich gegen die Ehe mit einem Algerier zur Wehr. Das in einem solchen Fall ausbrechende Lamento läßt sich ohne viel Phantasie vorstellen: »Fremdenfeindlichkeit«. Denn das oberste Gutmenschen-Toleranzgebot lautet bekanntlich: »Wir müssen doch akzeptieren, daß sie anders sind. Wir müssen Toleranz zeigen und uns denen auch ein wenig anpassen.«

Auch im erlebten Fall reagierte der deutsche Begleiter der Französin pflichtgemäß und gab sich aufgebracht: Ich sei zu emotional und sähe das Ganze zu einseitig. Man müsse schon verstehen, daß andere ihre Kultur auch in der Fremde leben wollten, wie sie es nun einmal gewohnt seien. Ich hielt entgegen, daß Zuwanderer die Grundregeln der europäischen Aufnahmegesellschaft zu respektieren hätten, andernfalls solle man sie gar nicht erst ins Land zulassen; man solle den Menschen in Europa nicht zumuten, ihre mühsam erkämpften Rechte und Freiheiten wieder preiszugeben, schon gar nicht aus Toleranz gegenüber intoleranten Fremden, die die Menschenrechte mit Füßen träten.

Der Rest der Diskussion ist schnell wiedergegeben. Sie verlief emotional aufgeladen und führte zu keinerlei Annäherung der Standpunkte. Die Entrüstung des Gesprächspartners verstärkte sich noch, als ich die Ansicht vertrat, eine falsch verstandene Toleranz gegenüber Migranten sei das effektivste Programm zur Förderung von Rechtsradikalismus. Wenn sich zum Beispiel in Frankreich vergleichbare Vorfälle häuften, brauche man sich nicht zu wundern, wenn dort immer häufiger die Parole zu hören sei: »Frankreich den Franzosen«.

Ich verließ den Biergarten an diesem Tag früher als mein Begleiter. Später erfuhr ich von ihm, der erzürnte Mit-Diskutant habe mich des »Stammtischfaschismus« bezichtigt. Halten wir fest: Die von Migranten an die Adresse Einheimischer gerichtete Todesdrohung entlockte einem landläufigen Gutmenschen kein Wort der Kritik. Diese wurde vielmehr als ›faschistisch‹ abgetan. Das muß man sich auf der Zunge zergehen lassen: Kritik an kulturellen Eigenheiten, die zur Bedrohung eines Menschen führen, dessen ›Verbrechen‹ in der Liebe zu einem geliebten Partner besteht, nimmt sich durch solch eine Optik der Political Correctness als ›faschistisch‹ aus.

Dieses Buch handelt von Kulturkonflikten in der Geschlechterfrage und ihrer Tabuisierung. Insbesondere Migranten aus dem islamischen Kulturraum klammern sich in den individualisierten Gesellschaften des Westens an ihre traditionellen Regeln von Familie und Geschlechterverhalten – Regeln, die die Eheschließung nicht eigenverantwortlichen Individuen überlassen, sondern als Angelegenheit der (Groß)Familie definieren. Zudem beinhalten orientalische Geschlechternormen die Unterordnung der Frau unter den Mann und degradieren sie zum Privateigentum von Männern. So werden jungen Männern voreheliche sexuelle Erfahrungen mit Frauen wie selbstverständlich zugestanden, während die ›Unberührtheit‹ junger Frauen gleichzeitig wie die Bank von England bewacht wird.

Solche Normen einer vormodernen Welt stehen in eklatantem Widerspruch zum bundesdeutschen Grundgesetz und zu den international anerkannten Menschenrechten. Als Folge dieses Aufeinanderprallens unvereinbarer zivilisatorischer Gegebenheiten kommt es zu teilweise heftigen Kulturkonflikten – zu Konflikten, die sich allerdings nicht nur zwischen Einheimischen und Zuwanderern entzünden. Vielmehr prallen gerade unter den Zuwanderern selbst traditionelle Zwänge und moderne Ansprüche oft besonders heftig aufeinander.

Radikale Anhänger einer ›multikulturellen‹ Gesellschaft blenden diese Konflikte aus Gründen einer falsch verstandenen, ja doppelzüngigen Fremdenfreundlichkeit aus. Falsch verstandene Fremdenfreundlichkeit möchte Partei ergreifen für angeblich diskriminierte Migranten, verwechselt jedoch berechtigte Kritik an Fremden mit Fremdenfeindlichkeit. Doppelzüngige Fremdenfreundlichkeit wiederum versucht Migranten für eigene Ziele zu instrumentalisieren, zum Beispiel als Ersatzproletariat für revolutionäre Hirngespinste.

Beiden Formen falscher Fremdenfreundlichkeit gemeinsam ist die Tabuisierung der Kritik an islamischen Zuwanderern. Wer sich nicht an die verordneten Denk- und Redeverbote hält und islamisch-orientalischen Sexismus aufzeigt oder kritisch hinterfragt, bekommt die Moralkeule dieser ›Fremdenfreunde‹ zu spüren. Rasch wird er als ›ethnozentristisch‹, ›fremdenfeindlich‹ oder gar ›rassistisch‹ abgestempelt. Auch der Vorwurf, das ›Feindbild Islam‹ zu kultivieren, ist beliebt.

Obwohl sie mit ihren Ansichten eindeutig Minderheitenpositionen vertreten, gelingt es diesen falschen Fremdenfreunden, einen gesellschaftlichen Druck zu erzeugen, der Kritik an islamisch geprägtem Sexismus als ›fremdenfeindlich‹, unanständig oder zumindest nicht angebracht erscheinen läßt.

Der Autor dieser Zeilen macht sich wenig Hoffnung, daß dieses Buch bei ideologisierten Anhängern der ›multikulturellen Gesellschaft‹ zu einem Umdenken führen könnte. Im Gegenteil: Der Vorwurf falscher Fremdenfreunde, das vorliegende Buch sei fremdenfeindlich, ist ungefähr so sicher wie das Amen in der Kirche. Allerdings verbindet der Autor mit seinen nachfolgenden Ausführungen die Hoffnung, frei denkenden Lesern wichtige Anregungen zur Diskussion und Meinungsbildung über eine brisante Problematik geben zu können, die aus falscher Fremdenfreundlichkeit oftmals tabuisiert wird.

Für die vorliegende Arbeit wurden umfangreiche Literaturstudien betrieben. Es war wichtig, zentrale Aussagen stets präzise zu belegen. Des weiteren wurden Personen befragt, die mit der Problematik eines islamisch geprägten Sexismus in Deutschland (unfreiwillig) konfrontiert sind: deutsche Jugendliche, eine osteuropäische Studentin, Sozialarbeiter, die mit Migrantenjugendlichen arbeiten. Insbesondere durch mehrere Orientreisen als Rucksacktourist ist dem Autor orientalisches Denken und Handeln auch aus erster Hand vertraut. Unzählige Beobachtungen und Gespräche verschafften bedeutsame Einblicke vor Ort. Vertraut ist dem Verfasser dieses Buches auch die falsche Fremdenfreundlichkeit der deutschen Multikulti-Szene. Als diskussionsfreudigem Sozialwissenschaftler gelangen ihm Innenansichten auch der entlegensten Nischen der dort vorherrschenden Ideologie.

Auf den folgenden Seiten geht es stets um die Sache – auch wenn die Sprache mitunter deutlich wird. Und natürlich sollten wir uns bei der Diskussion über ein derart heikles Thema wie dasjenige dieses Buches immer im klaren darüber sein, wie schwer es für orientalische Migranten ist, sich von zentralen Aspekten ihrer Kultur zu verabschieden – einer Kultur, wir sagten es schon, die unseren Wertvorstellungen und Lebensweisen in wesentlichen Aspekten völlig entgegensteht.

Teil I

Islamisch geprägter Sexismus

Straßenbild in Berlin-Kreuzberg (Foto: H.-J. Ellerbroch; Bilderberg) – ein anschauliches Beispiel (die Verführungen des freien Europa) für die ›kulturelle‹ Kluft zwischen zwei Welten.

Kapitel 1

Schlaglichter eines islamisch geprägten Sexismus

Der heute, am Beginn des 21. Jahrhunderts, zu beobachtende Sexismus in islamisch geprägten Ländern und Parallelgesellschaften ist nicht mit der Benachteiligung oder Diskriminierung westlicher Frauen gleichzusetzen. Im folgenden wird anhand ausgewählter Zitate ein Überblick über einschlägige Vorkommnisse gegeben.[1] Aufgrund der religiös-kulturellen Fundierung orientalischer Geschlechterverhältnisse treten dabei auch Frauen als Täter in Erscheinung.

Algerien

Ouargla, 22. Juni 1989:

»Die ersten Steine fliegen auf das Haus von Saida M., geschieden, sieben Kinder, arbeitslos, Analphabetin. Gegen Mitternacht steht das Haus in Flammen. Saida kann sich und sechs Kinder retten, ihr dreijähriger behinderter Sohn Ali erstickt in den Flammen. Kein Nachbar eilt zur Hilfe. Am nächsten Tag werden zwölf Personen festgenommen, doch ein Demonstrationszug durch das Viertel fordert schon am selben Tag ihre Freilassung im Namen Allahs. Die zwölf Männer gehen ohne Strafe aus.«

(A. Schwarzer 1992, S. 72)

Bangladesh

»Die Frau aus dem Slum sah älter aus, als sie war. Aus mir unerfindlichem Grund riß ein Mann, doppelt so alt wie sie, sie grob am Arm und stieß sie dann grob von sich, so daß sie stürzte. Als sie am Boden lag, trat er sie mehrfach. Anschließend packte der Mann, offensichtlich ihr Ehemann, sie an den Haaren und schleifte sie ins Haus.

---

[1] Die nachfolgenden Ausführungen dieses Kapitels sind ausnahmslos direkt übernommene Zitate aus den angegebenen Quellen.

Dieser Vorfall überraschte mich nicht. Schließlich habe auch ich als Ärztin, als Bürgerin erster Klasse in diesem Land, solche Qualen erlitten. Auch ich werde gestoßen, ich taumle gegen die Wand, Blut fließt mir von der Stirn. Was bedeutet es schon, daß ich der Statistik zufolge in leitender Stellung tätig bin? Ich bin eine Frau.
Für mich und die Frau aus dem Slum gelten dieselben Ehegesetze. Mein Mann kann, genauso wie ihrer, nach Belieben die Ehe auflösen, indem er dreimal *talak* sagt. Auch mein Mann kann sich das von der Religion sanktionierte Vergnügen machen, sein Haus nach und nach mit vier Ehefrauen zu füllen. Diese Rechte habe ich nicht.«

(T. NASRIN 1996, S. 60)

(*Anmerkung:* Taslima NASRIN wurde in Bangladesh durch islamische Fanatiker wegen ihres Engagements für Frauen mit dem Tode bedroht und floh nach Berlin.)

Nairobi, Nigeria

»Ihr einziges Verbrechen besteht darin, daß sie nach ihrer Scheidung schwanger wurde: Amina LAWAL soll dafür in Nigeria mit dem Leben bezahlen. Ein islamisches Gericht im Norden des westafrikanischen Landes verurteilte die 30jährige im März wegen angeblichen Ehebruchs zum Tod durch Steinigung. Heute nun sollen vier Scharia-Richter des Berufungsgerichts im Bundesstaat Katsina endgültig über das Schicksal der jungen Mutter entscheiden.
Sie hatte ihre kleine Tochter Walisa zwei Jahre nach der Trennung von ihrem Ehemann geboren. Nach Auslegung des islamischen Rechts in Nigeria gilt das als Ehebruch. Ohne Rechtsbeistand wurde Amina LAWAL dafür zum grausamen Tod durch Steinigung verurteilt. Einige Wochen später kam die Gnadenfrist: Die junge Mutter darf noch knapp zwei Jahre bei der inzwischen neun Monate alten Walisa leben.«

(*Fürther Nachrichten*, 19. 8. 2002)

(*Anmerkung:* Das Urteil rief massive internationale Proteste hervor und wurde inzwischen aufgehoben.)

Iran

»Im Iran hat ein Vater seine siebenjährige Tochter in der Annahme geköpft, diese sei von ihrem Onkel vergewaltigt worden. Er habe mit der Tat die Ehre der Familie retten wollen. Eine Obduktion der Leiche ergab jedoch, daß das Mädchen noch Jungfrau war.«

(*Bild*, 9. 9. 2002)

Sahel

»In den Ländern des Sahel hat der Islam starken Einfluß. In Mali und Gambia sind mehr als 80 Prozent der Bevölkerung Muslime, in Burkina Faso sind es etwa 50 Prozent. Daneben sind auch afrikanische Naturreligionen noch sehr lebendig. Vielfach haben sich Elemente beider Religionen vermischt und sind tief in den regionalen Traditionen verwurzelt.

Zu diesen Traditionen gehört die Benachteiligung der Frau. . . Frauen haben keinen Zugang zu Landbesitz, sie dürfen nicht ohne die Zustimmung ihres männlichen ›Vormundes‹ über Geld verfügen oder ein eigenes Gewerbe betreiben. Mädchen werden im Gegensatz zu ihren Brüdern nicht zur Schule geschickt, weshalb in manchen Gegenden mehr als 90 Prozent der Frauen Analphabetinnen sind. Die meisten Mädchen der ländlichen Regionen Westafrikas sind auch heute noch Opfer der traditionellen Genitalbeschneidungen. Mädchen werden gegen ihren Willen in jungen Jahren verheiratet. Viele Frauen leiden unter familiärer Gewalt.«

(Die Zeitung *Terre des Hommes*, Ausgabe September 2000)

Großbritannien

»Nicht einmal im Ausland sind Pakistanierinnen sicher. In Großbritannien ermordete eine Mutter [!] zusammen mit ihrem erwachsenen Sohn ihre Tochter Rukhsana Naz. Das Opfer hatte zwei Kinder und war schwanger. Angeblich soll sie eine außereheliche Beziehung mit dem Nachbarn gehabt und Schande über die Familien gebracht haben.«

(*ai-Journal*, Nr. 12/99)

Türkei

»Istanbul. So wie Sait Kina dachte, brachte seine dreizehnjährige Tochter nur Schande über seine Familie: Sie sprach mit Jungs auf der Straße, sie lief von zu Hause weg, sie war das Thema des Nachbarschaftsklatsches.

Vor zwei Monaten, als sie wieder mal versuchte wegzulaufen, schnappte sich Herr Kina ein Küchenmesser und eine Axt und stach bzw. schlug auf das Mädchen ein, bis sie tot im blutverschmierten Badezimmer der Istanbuler Familienwohnung lag.

›Ich tat nur meine Pflicht‹, erzählte Herr Kina der Polizei, nachdem er verhaftet wordemn war.

Dilber Kinas Tod war ein ›Ehrenmord‹, ein Brauch, durchdrungen von Dorftraditionen. Diese ereignen sich mit zunehmender Häufigkeit in Städten der gesamten Türkei und anderen Entwicklungsländern, wo massive Wanderungen in städtische Gebiete Familien darum kämpfen läßt, moderne Lebensarten und Freiheiten mit traditionellen ländlichen Bräuchen zu vereinen.

›Ehrenmorde kommen in der ganzen Türkei vor‹, meint Pinar Ilkkarachan, Direktor einer Menschenrechtsgruppe in Istanbul, die sich für Änderungen in türkischen Gesetzen, die Frauen diskriminieren einsetzt. ›Ehrenmorde sind die Spitze des Eisbergs. Was unter der Oberfläche ist, ist schrecklich.‹«

(*International Herald Tribune*, 9. 8. 2001, Übersetzung vom Verf.)

Spanien

»Barcelona. Ein spanisches Gericht hat einen islamischen Religionsführer wegen Aufrufs zur Gewalt gegen Frauen zu einem Jahr und drei Monaten Haft verurteilt.

Der Imam (Vorbeter) des südspanischen Badeorts Fuengirola, Mohamed Kamal Mustafa, hatte in einem Buch muslimischen Männern Ratschläge für das Verprügeln von Ehefrauen gegeben. Dort fanden sich unter anderem Hinweise, wie Männer zur Disziplinierung ihrer Frauen deren Hände und Füße schlagen können, ohne Narben zu hinterlassen. (...) Eine Strafkammer in Barcelona wertete die betreffenden Passagen nun als Aufruf zur Diskriminierung, zum Haß und zur Gewalt und verhängte ferner eine Geldstrafe von 2160 Euro. Der Imam gilt in Spanien als einer der bedeutendsten Islamexperten.«

(*Fürther Nachrichten*, 15. 1. 2004)

Deutschland

»Berlin. Mit dicken schwarzen Strichen ist die langhaarige Figur der Bleistiftzeichnung gemalt, auf der linken Seite hat sie ein rotes Herz, das blutet. Das gezeichnete Mädchen steht in einem Gefängnis. Die Gitter sind mit dem Stift so stark gezogen worden, daß das Papier darunter zerrissen ist. ›Zu Hause‹ steht in schiefen roten Lettern über dem Gefängnis. Die andere Hälfte des Blattes ist der ›Schule‹ gewidmet. Hier malte die 14jährige LEILA Bäume, Sträucher und spielende Kinder – alles in saftigem Grün, nur die Sonne, die ist lila.

›Deutlicher kann man es nicht ausdrücken‹, sagt Hanaa W., die an der 7. Klasse der Oberschule in Berlin-Kreuzberg die arabische Mädchengruppe leitet. Dort arbeitet sie mit arabischen Kindern zu Themen wie ›zu Hause‹, ›Schule‹ und ›Zukunft‹.

›An der Schule genießen die Mädchen eine gewisse Narrenfreiheit‹, sagt die 31jährige Sozialpädagogin. Von ihren Familien unkontrolliert, können sie sich in den Pausen mit ihren Freundinnen treffen, mit den Jungs sprechen oder einfach nur spielen. Nachmittags darf LEILA nur zum Einkauf raus. Mit ihren sieben Geschwistern und ihren Eltern lebt sie in Kreuzberg in einer Dreizimmerwohnung.

Daß die Schule auch noch zu einem Gefängnis wird, fürchtet Hanaa. Als sie im Radio hörte, daß die ›Islamische Föderation‹ vom Verwaltungsgericht recht bekommen habe und demnächst islamischen Unterricht an Berliner Schulen erteilen dürfe, war die libanesische Sozialpädagogin zugleich froh und erschrocken. Einerseits sei das ein Zeichen der Toleranz, aber andererseits sei das auch eine Gefahr. ›Wenn die Hodjas (religiöse Gelehrte) an die Schulen kommen, werden sie ihre fundamentalistischen Gedanken verbreiten.‹ Sie werden versuchen, ihre radikalen Ideen vom Islam und von der Frau im Islam durchzusetzen‹, sagt Hanaa.«

(*Die Welt*, 7. 11. 1998)

Kapitel 2

»Ehre sei dem Mann in der Härte und Demut der Frau in Scham« – Grundzüge der islamisch-orientalischen Geschlechterkonzeption

»Der universale Mensch der Araber steht über seiner Schwester, heiratet seine Cousine und erteilt ihr Befehle, sobald sie seine Frau geworden ist. Der universale Mensch der Franzosen ist seiner Schwester gleichgestellt, muß sich eine Braut außerhalb der eigenen Familie suchen und verbringt einen guten Teil seines Lebens damit, mit seiner Frau zu streiten.« (Emmanuel TODD 1998, S. 355)

Vorbemerkung

Im folgenden werden wesentliche Elemente der traditionell gebliebenen islamisch-orientalischen Geschlechterkonzeption beschrieben. Diese beruht auf drei Säulen: auf Aussagen des Korans, auf Bestimmungen des islamischen Rechts - der Scharia[1] - sowie auf zum Teil vorislamischen Traditionen. Dabei richtet sich der Blick dieses Kapitels nicht auf Besonderheiten von Regionen oder kleineren Minderheiten. Beabsichtigt ist, die Grundzüge eines Geschlechterverständnisses darzustellen, wie es nach Deutschland (und Europa) gezogene orientalische Migranten in ihrer alten Heimat erfahren haben und auch heute weitgehend im Orient gelebt wird. Selbst in moderneren islamischen Regionen stellt die (sexuelle) Selbstbestimmung von Frauen eine Ausnahme dar, nahezu überall ist die Familienehre an das ›keusche‹ Verhalten der Frauen gekoppelt.

In diesem Kapitel geht es darum, Ursachen und Tiefen eines Konfliktpotentials zu verdeutlichen, das sich bildet, wenn Orientalen aus ökonomischen Gründen einwandern, ihre geschlechtsspezifischen kulturellen Eigenarten jedoch behalten (wollen).

---

[1] Das islamische Recht, die Scharia, ist ein Regelwerk, das den Muslimen Verhaltensvorschriften für alle Lebensbereiche festschreibt. Es unterscheidet nicht zwischen weltlichem und religiösem Leben und schließt westlich-individualistische Freiheiten aus.

Eine Klarstellung vorab: Unsere Darstellung sollte nicht dazu mißbraucht werden, Typisches ungeprüft auf Einzelfälle zu übertragen. Nur weil jemand aus dem Orient kommt, kann ihm nicht unterstellt werden, dort übliche Geschlechterverständnisse zu vertreten - selbst dann nicht, wenn es sich um einen Mann handelt. Eine kleine liberale Minderheit der orientalischen Migranten verläßt ihre Heimat unter anderem auch mit dem Ziel, dem für sie unerträglichen Druck dort vorherrschender Geschlechterverhältnisse zu entgehen. Andere Orientalen passen sich an die neuen Verhältnisse des Aufnahmelandes an. Deshalb hat mancher Orientale ein moderneres Frauenbild vor Augen als der deutsche Durchschnittsmann.

2.1. Familie und Ehe

Die orientalische Familie ist von einem doppelten Hierarchie- und Machtverhältnis gekennzeichnet: Ältere stehen über Jüngeren, Männer über Frauen. In diesem System darf die elterliche Autorität nie in Frage gestellt werden, oberste und unbestrittene Autorität genießt der Ehemann bzw. der Vater (J. Minces 1992, S. 23 u. 45).

Das Familieninteresse besitzt in orientalischen Gesellschaften eindeutig Vorrang gegenüber dem Interesse der einzelnen Mitglieder. Jede negative Bewertung eines einzelnen Familienmitglieds wirkt sich auf das gesamte Ansehen der Familie aus. Folgerichtig ist die Hochzeit eine Familienangelegenheit, Liebe als Ursprung der Ehe eine Ausnahme.

Nicht von den zukünftigen Eheleuten, sondern durch die Interessen zweier Familien wird die Partnerwahl entschieden. Häufig arrangieren die Familien dabei Ehen zwischen Cousin-Cousine oder weiter entfernten Verwandten. Vor der Hochzeit erhält die zukünftige Braut von ihrer Mutter den Rat, sich nicht vorehelicher Erfahrungen verdächtig zu machen. Deshalb solle sie sich in der Ehe fügen und sexuelle Aktivitäten gegenüber ihrem Ehemann vermeiden. (ebenda, S. 24 f.)

Bei der Eheschließung nach islamischem Recht wird ein Vertrag zwischen den beiden beteiligten Familien geschlossen. Die Braut wird dabei in der Regel durch ihren Vormund vertreten. Immer ist ein Mann der Vormund einer Frau, meist ihr Vater. Bei der Hochzeit muß die geehelichte Frau nicht anwesend sein; es genügt, wenn der Vormund neben ihrem Ehemann den Ehevertrag vor einem Imam oder Richter unterzeichnet (Chr. Schirrmacher 2004, S. 77 f.).

Islamisch geprägte Eheverträge beinhalten zwei nicht hinterfragbare Grundkomponenten: die Gehorsamspflicht der Ehefrau gegenüber dem Ehemann und die Unterhaltspflicht des Mannes gegenüber seiner Frau und Familie. Die Gehorsamspflicht der Ehefrau gilt ganz grundsätzlich, bezieht sich aber nach Auffassung der islamischen Theologie ganz besonders auf den sexuellen Bereich. Mit der Versorgung der Ehefrau erwirbt der Mann das Recht, sexuell über seine Frau nach eigenem Gutdünken zu verfügen. Mit der Verweigerung des Geschlechtsverkehrs verliert die Frau ihr Recht auf Unterhalt.

Zusätzlich zur Gehorsamspflicht wird von der Frau die Versorgung des Haushalts und die Sorge um die Kinder erwartet (Chr. Schirrmacher 2004, S. 15 f., 88 u. 93).

Die Brautgabe gilt als wichtigster Aspekt des Ehevertrages. Hierbei handelt es sich um eine schriftlich vereinbarte Summe Geld oder wertvolle Gegenstände wie Goldschmuck, die von der Familie des Bräutigams aufgebracht werden müssen. Die Höhe der vereinbarten Brautgabe richtet sich unter anderem nach dem Familienstand der Braut, ihrer Bildung, ihrem Alter, ihrer Schönheit und ihrem Ruf. (ebenda, S. 88 ff.) Im Fall einer Scheidung ist die Brautgabe wichtig für die materielle Absicherung der Frau. Denn gegenüber ihrem Mann kann sie kaum Unterhaltsforderungen durchsetzen, eine Zugewinngemeinschaft besteht nicht. (ebenda, S. 157)

Traditionell hält man im Orient eine verliebte Frau für unmoralisch. Auf seiten der Männer ist eine emotionale Distanz gegenüber der Ehefrau die Regel, verbunden mit der Liebe zur entsexualisierten Mutter. ›Überschüssige‹ Liebe des Mannes wird auf Religion und Männerwelt abgeleitet (G. Seufert 1997, S. 38). »Die Liebe, die nicht bei der Frau verharren kann, richtet sich auf die männlichen Gemeinschaftsangehörigen und auf das, was sie stiftet und zusammenhält: die Religion, deren Symbole deshalb mit starken Emotionen belegt sind. . . Die Beziehungen in Gemeinschaften, die islamische Symbole benutzen, werden deshalb stets patriarchale sein, primär zwischen Männern verlaufen und hierarchische Strukturen ausbilden.« (Küper-Basgöl, nach: G. Seufert 1997, S. 38 f.)

Die islamische Mehrehe wird bekanntermaßen nur Männern erlaubt. Allerdings setzt der Koran die Bedingung fest, daß der Ehemann seine bis zu vier Frauen gleichbehandelt (M. HOFMANN 1995, S. 166, U. SPULER-STEGEMANN 1998, S. 190 f.). Auch wenn heute nur noch etwa zwei Prozent der moslemischen Ehen von der Polygamie betroffen sind, so festigt dieses einseitige Vorrecht jedoch die Vorherrschaft des Mannes in der Familie (Ch. MAGDI, in: *Spiegel Spezial* 1998: »Rätsel Islam«, S. 57).

Gravierend für das Machtgefälle zwischen Mann und Frau in der islamischen Welt ist die Möglichkeit der Verstoßung. Ausschließlich der Ehemann ist zu dieser Strafmaßnahme berechtigt, vorausgesetzt, seine Frau verweigert ihm Gehorsam. Zur Gehorsamsverweigerung zählt auch die Weigerung, dem Willen des Ehemannes nach Geschlechtsverkehr nachzukommen. In diesem Fall wird die Frau nach islamischer Sicht zusätzlich zur Verstoßung im Himmel bestraft werden. Eine Verstoßung kann, muß aber nicht vor einem Richter geschehen. Verstoßene Frauen besitzen kein Recht auf Unterhalt (Ch. MAGDI, in: A. VAUTI 1999, S. 137).

Die Ehefrau hat zumindest das Recht, vor Gericht die Scheidung zu beantragen – dies jedoch nur unter bestimmten Umständen, etwa bei sexueller Impotenz, fehlendem Unterhalt oder unheilbarer Erkrankung des Ehemannes; dabei obliegt ihr die Beweislast, der Ermessensspielraum des urteilenden Richters ist groß (ebenda).

2.2. Die Frau als Trägerin der Familien- und Männerehre

Die Familie gilt im Orient als der Ort, an dem die Frau ihren natürlichen Platz hat. Dort ist sie von Geburt an lebenslang der Macht männlicher Familiengehöriger unterstellt: zunächst der Macht des Vaters und der Brüder, nach der Eheschließung geht die Macht auf den Ehemann über. Mutterschaft gilt als göttliches Gebot, als vornehmste Aufgabe der Frau und Basis ihrer Würde und Selbstentfaltung. Unfreiwillige Kinderlosigkeit von Ehepaaren wird vornehmlich als Problem der Frau betrachtet. Die logische Folge dieses Denkens ist mangelnde Achtung gegenüber kinderlosen Frauen. Andererseits kann sich die Ehefrau einen höheren Status über die Geburt von Söhnen verdienen, der unter Umständen mit beträchtlicher Macht verbunden ist. Die ältere Frau als geschlechtsloses Wesen und Mutter von mehreren Söhnen kann, von allen geachtet, enormen Einfluß im

Haus ausüben (M. Hofmann 1995, S. 169; J. Minces 1992, S. 22 u. 45; E. Laudowicz 1992, S. 32 ff.).

Ruf und Status einer Familie hängen vorrangig vom moralischen Verhalten ab, das die Frauen der Familie an den Tag legen. Nicht durch Appelle an das Verhalten von Frauen soll die Einhaltung der moralischen Standards garantiert werden, sondern indem man ihnen keine Gelegenheit zum Fehlverhalten gibt (J. Minces 1992, S. 19).

Der Tradition gemäß haben sich Frauen schamhaft zu geben, Zurückhaltung und Bescheidenheit zu zeigen. Diese Forderungen »sind so wichtig, daß Passivität und Unterwerfung der Gattin unter den Ehemann gang und gäbe sind«. (ebenda, S. 24)

Im traditionellen Orient kennt eine moralische Frau – außer ihren Brüdern und ihren Vater – keine Männer. Wenn sie einem Fremden nicht aus dem Weg gehen kann, hat sie sich zu verschleiern oder voller Bescheidenheit den Blick zu senken, ihr gesamtes Verhalten muß die physische Ausgrenzung widerspiegeln (J. Minces 1992, S. 24, E. Laudowicz 1992, S. 32). Hingegen sind der Bekleidung und dem Verhalten der Männer im orientalischen Alltag kaum Grenzen gesetzt: »Der Mann kann Frauen belästigen und versuchen, mit ihnen außereheliche Kontakte zu haben; wenn er erwischt wird, muß er mit Strafen rechnen, aber seine Ehre steht nicht auf dem Spiel. Der Mann kann sich anziehen, wie er möchte. Er kann die traditionelle Kleidung ablegen, wenn er sich in der westlichen Kleidung wohler fühlt. . . Das kann er alles tun, weil nicht er, sondern die Frau die Tugendhaftigkeit und Kontinuität der Familien verkörpert.« (Ch. Benard/E. Schlaffer 1984, S. 179).

Eine Begründung für die ungleiche Kleiderordnung findet sich im Koran: »Der Mann braucht sein Haupt nicht zu verhüllen, weil er Abglanz Gottes ist, die Frau dagegen ist Abglanz des Mannes.« (Sure 11,7) Andererseits ist die im Orient übliche Freiheit der Männer zur sexuellen Ausschweifung durch den Islam nicht gedeckt: Der Koran schreibt die vor- und außereheliche Keuschheit für beide Geschlechter vor. Innerhalb der Ehe ist Sexualität im Islam allerdings positiv besetzt. (E. Laudowicz 1992, S. 36; J. Minces 1992, S. 50; F. Mernissi 1997, S. 71)

Jungfräulichkeit und Keuschheit der Frau sind die wesentlichen Pfeiler der Männerehre. Hieraus erklären sich die Überwachung und Maßregelung der Ehefrau, Tochter oder auch Schwester durch ihren

Ehemann, Vater oder Bruder. »Übertritt sie die ihr gesetzten Grenzen, wird das auf ihn zurückfallen, und er muß vielleicht drastische Maßnahmen ergreifen – vielleicht seine Frau schlagen oder einsperren –, um die Familienehre wiederherzustellen, Stärke zu demonstrieren und seinerseits auf diese Weise wieder ein geachtetes Mitglied der Gesellschaft zu werden.« (Chr. Schirrmacher 2004, S. 166) Unbedingt ist die sexuelle ›Reinheit‹ der Frauen gegenüber äußeren Bedrohungen zu verteidigen und zu garantieren. Denn selbst wenn die Frau ohne eigenes Zutun entehrt wird, zum Beispiel durch Vergewaltigung, ist der Ehrverlust derselbe, als wenn sie sich selbst unkeusch verhalten hätte. (J. Minces 1992, S. 19, 24 u. 114; Ch. Benard/E. Schlaffer 1984, S. 139)

2.3. Keine Chance für die (sexuelle) Selbstbestimmung der Frau

Im islamischen Orient gilt: Verhüllen ist gut, Wegsperren besser, Kontrolle am sichersten. In diesem Sinne werden Frauen in der Hochzeitsnacht oftmals ›handfest‹ auf ihre Jungfräulichkeit hin überprüft. Bei ›Nicht bestanden‹ kann die ›Ware‹[1] dann als beschädigt zurückgegeben werden, mit Vertragsauflösung und Brautgeldrückgabe. Wie qualvoll Jungfräulichkeitstests für die betreffenden Frauen werden können, beschreiben Ch. Benard/E. Schlaffer mit eindringlichen Worten am Beispiel der Jungfräulichkeitshysterie im traditionellen Marokko: »Die Defloration bereitet schon vor der Hochzeit viele Sorgen. Mütter untersuchen ihre Töchter, oder sie führen sie zu einem Arzt, der sie untersuchen und ein Zertifikat ausstellen muß für den Fall, daß die Jungfräulichkeit vom Bräutigam bezweifelt wird. . . Die Nervosität der Familie der Braut hat ihr Gegenstück in der Wut der Familie des Bräutigams, wenn an der Jungfräulichkeit des Mädchens in der Hochzeitsnacht ein Zweifel aufkommen sollte. Ein Mann, der seine Braut für keine Jungfrau hält, stürmt aus dem Zimmer und alarmiert die Umgebung mit seinen Flüchen gegen die Braut und ihre Verwandtschaft. Eine große Schar von Frauen eilt sofort in das Schlafgemach und untersucht das Mädchen. Besteht immer noch ein Zweifel, so werden die Experten herbeigeholt: meist alte Frauen oder

---

[1] Die muslimische Ehe mit Polygamie, Brautgeld und Verstoßung, behandelt die Frau als eine austauschbare Ware mit sexueller Funktion.

europäisch geschulte Ärzte... Schon die reibungslos verlaufende Hochzeitsnacht wird durch die islamischen Rituale, die Erziehung und das Alter des Mädchens und des Bräutigams zu einer traumatischen Qual; in solchen Situationen aber steigert sich der Streß unermeßlich. Verwirrung, Angst vor den Konsequenzen, die Peinlichkeit der öffentlichen Abhandlung, der Zwang, stets peinlichst verborgene Körperteile jetzt plötzlich und in aggressiver Stimmung von zahlreichen Fremden untersuchen und prüfen zu lassen, müssen zusammen ein psychisch vernichtendes Erlebnis ausmachen. Eine vollständigere Reduzierung der Frau ist kaum mehr vorstellbar und auch kein vollständigerer Ausdruck der Pathologie einer Kultur gegenüber der Sexualität. Diese Besessenheit mit einem einzigen Aspekt der Sexualität muß man als kollektiven Wahn bezeichnen.« (Ch. BENARD/E. SCHLAFFER 1984, S. 137 f.)

Wesentlich für die orientalische Gesellschaft ist die Angst vor der Selbstbestimmung der Frau, die mit Unordnung oder Chaos gleichgesetzt wird. Alleinlebende Frauen bedeuten in diesem Verständnis ein unberechenbares gesellschaftliches Konfliktpotential. (E. LAUDOWICZ 1992, S. 37) Dementsprechend bringen Scheidung und Verstoßung massive Probleme für die betreffenden Frauen mit sich. »In einer Gesellschaft, in der es für Frauen außerhalb der Ehe keine Existenzmöglichkeiten gibt, ist die Scheidung mehr als nur ein Einschnitt - sie bedeutet Arbeitslosigkeit, soziale Desorientierung und Familienschande. Für Männer ist die Scheidung leicht, sie müssen lediglich das Brautgeld zu diesem Zeitpunkt zurückzahlen, da das islamische Recht keine Alimente vorsieht und auch - die Kinder bleiben an sich beim Ehemann - kein Kindergeld. Die Androhung der Scheidung bleibt daher ein beliebtes Züchtigungsmittel für ungehorsame Ehefrauen.« (Ch. BENARD/E. SCHLAFFER 1984, S. 78)

Nach traditionellem Recht gehören die Kinder dem Vater. In nahezu allen islamischen Ländern bleiben die Kinder geschiedener Eltern unter der Vormundschaft des Vaters bzw. dessen männlicher Verwandter. Dies gilt auch, wenn nach einer Scheidung die Kinder während der ersten Lebensjahre bei der Mutter aufwachsen, was zunehmend der Fall ist. Zu ihren nicht bei ihnen lebenden Kindern haben geschiedene Frauen kaum Zugang. Der drohende Verlust ihrer Kinder bewirkt einen massiven seelischen Druck auf Frauen, die unter ihrer Ehe leiden, und hindert sie oftmals daran, aufzubegehren und eine Scheidung zu riskieren. (J. Minces 1992, S. 123 f.) »Hat man einer Frau die Kinder abgenommen, besteht für sie kaum eine Möglichkeit, sie wiederzusehen. Das Besuchsrecht ist sehr eingeschränkt, nicht zuletzt, weil die Frauen abgesondert leben. Man sieht die schrecklichen Folgen der Verstoßung: Sie demonstriert, in welchem Maße die Frau ein Instrument des Mannes ist, um die Nachkommenschaft zu sichern bzw. zu vergrößern.« (ebenda, S. 124)

Noch schlechter ergeht es Frauen nach der Geburt eines unehelichen Kindes. Möglichst bald nach der Geburt nimmt man das uneheliche Kind der Mutter weg und bringt es stillschweigend anderweitig unter. »Der Trennungsschmerz der unehelichen Mutter findet hier keinerlei Berücksichtigung; denn ungleich wichtiger ist es, die Ehre der Familie zu retten und die Heiratschancen der Tochter nicht zu gefährden.« (U. Spuler-Stegemann 2004, S. 195)

Von frühester Kindheit an wird Frauen Respekt vor der Tradition der weiblichen Unterordnung beigebracht. Mütter und Tanten verlangen von dem Mädchen, folgsam, unterwürfig, anständig und bescheiden zu sein, nie die Stimme zu erheben und keinerlei Neugierde an der Außenwelt zu bekunden. Gleichzeitig hat das Mädchen »den Befehlen des Vaters, aber auch der Brüder zu folgen, auch wenn diese viel jünger sind. Kurzum, sie erhält die bestmögliche Ausbildung von frühester Kindheit an, um die erträumte Mutter zu werden«. (J. Minces 1992, S. 41)

Während die Mädchen der Familie schon frühzeitig Haushalt, Essenszubereitung, Wäschewaschen, Beaufsichtigung der jüngeren Kinder übernehmen, dürfen die Jungen in jüngeren Jahren spielen und weitgehend tun, wozu sie Lust haben. Außer Haus fällt es Jungen zu, Beschützer ihrer Schwestern und Wächter über deren Tugend zu sein. Dies erzeugt bei ihnen oftmals verwirrende Besitzgefühle. Frühzeitig lernen Jungen, andere Frauen, insbesondere unverschleierte, zu verachten. Gleichzeitig haben sie den Frauen der eigenen Familie sowie älteren Frauen Achtung entgegenzubringen. (J. Minces 1992, S. 41 ff.)

Die Wertschätzung der Geschlechter ist in islamischen Gesellschaften äußerst ungleich verteilt. Dem Mann wird zugestanden, vollkommen, rational und objektiv urteilend zu sein, ausgestattet mit Verstandeskräften, wodurch er sich zur Rechtsprechung eignet. Die Frau dagegen gilt in dieser Hinsicht als weniger begabt, dafür mit mehr Emotionen ausgestattet, was ihr zur Erfüllung ihrer Mutterpflichten dient. Ihre Emotionalität läßt die Frau auf der anderen Seite zu Zügellosigkeit und Launenhaftigkeit neigen. (Chr. SCHIRRMACHER 2004, S. 68 f.) »Gleichzeitig wird die Frau jedoch auch als Verführerin des Mannes betrachtet, der den von ihr ausgehenden Versuchungen hilflos ausgeliefert ist. Es ist daher ihre Verantwortung – nicht die des Mannes –, sich in der Gesellschaft so zu verhalten, daß sie dem Mann keinerlei Anlaß zu Fehlverhalten bietet. (ebenda, S. 69) Als moralisch gefährdetes Wesen muß das Verhalten der Frau kontrolliert und in klar vorgezeichnete Bahnen gelenkt werden. Hält sich eine Frau zum Beispiel unbegleitet zu später Stunde an einem einsamen Ort auf, befindet sie sich bereits im Unrecht. Die Männer der Familie würden eine ehrenhafte Frau zu später Stunde nicht allein unterwegs sein lassen. Wird diese Frau vergewaltigt, so kommt ihr nach orientalisch-islamischem Verständnis die Hauptschuld zu. Zeigt eine Frau ihre Vergewaltigung an, kann es sogar sein, daß sie wegen Verleumdung und Unzucht oder Ehebruch angeklagt wird. Vor Gericht kann sie nämlich leicht in den Verdacht geraten, dem außerehelichen Verkehr zugestimmt zu haben. »Wieso wäre sie sonst allein nachts unterwegs«? so die Argumentation. (ebenda, S. 167 f.)

2.4. Von der Absonderung des weiblichen Geschlechts bis zum Ehrenmord

Das geforderte Keuschheitsgebot wird in konservativen Kreisen durch die räumliche Absonderung der Frau in die häusliche Sphäre gesichert. Von lebensnotwendigen Tätigkeiten (wie z.B. Einkäufen) im verhüllten Zustand abgesehen, dürfen sich die Frauen der Tradition gemäß »lediglich in einem eng begrenzten Raum bewegen, in dem sie keine Männer treffen außer dem Ehemann und jenen, die ihnen durch das Inzestverbot versagt sind«. (J. MINCES 1992, S. 114)

Die Geschlechtertrennung, die in ihrer Rigidität allerdings längst nicht mehr überall im Orient durchgehalten wird, basiert auf einer Trennung in zwei ungleichwertige Lebenswelten. Frauen befinden sich dabei in der schlechteren Position, »sie können über sich selbst und ihr Leben an keinem Punkt verfügen, sondern unterliegen der Gewalt und den Entscheidungen von Männern, die ihre Herren sind«. (Ch. BENARD/E. SCHLAFFER 1984, S. 132)

Allerdings besitzen die Männer kaum einen Spielraum, den Frauen ihrer Familie Freiräume einzuräumen. Eine Familie im Orient kann ohne Ehre nicht überleben. Das bedeutet, daß Männer allein aus Gründen des Selbsterhaltes die Keuschheitsregeln ihrer sexualreifen weiblichen Familienmitglieder wahren und die (drohende) Schande unbedingt abwehren müssen. Dabei wird der Erhalt der Ehre fast immer als höheres Gut betrachtet als ein Menschenleben (Chr. SCHIRRMACHER 2004, S. 170).

Die Konsequenzen der aufgezeigten Zwänge reichen bis zum Mord an Frauen[1] der Ehre wegen: »Brüder und Väter sind imstande, ihre vermeintlich unkeuschen Schwestern oder Töchter im Namen eines abstrakten Ehrbegriffs zu ermorden, eben weil sie mit ihnen so wenig Kontakt haben und sie fast Fremde für sie sind. . . Um ein Mann zu sein, anerkannt als Mann, geehrtes und geachtetes Mitglied der Männergesellschaft, muß man sich seiner Entfernung und Unterscheidung von der Welt der Frauen bewußt sein; man muß ihnen gegenübertreten als starke, autoritäre Figur. Das alles betont und unterstreicht die Fremdheit, die Entfremdung der Geschlechter.« (Ch. BENARD/E. SCHLAFFER 1984, S. 132)

Gemäß dieser Logik können Ehrenmörder überall in der islamischen Welt mit mildernden Umständen rechnen. Vielfach verlaufen juristische Verfahren völlig im Sand oder werden erst gar nicht eröffnet. (Chr. SCHIRRMACHER 2004, S. 170)

An dieser Stelle scheint die Anmerkung angebracht, daß die Geschlechtertrennung nicht nur Ausdruck von Hierarchie- und Machtverhältnissen ist. Unter den Verhältnissen des Orients beinhaltet sie auch einen doppelten Schutz: Sie schützt den Mann vor der ihm zugestandenen Unfähigkeit seiner Selbstbeherrschung und die Frau vor Belästigungen seitens der Männer. Auch verbinden Frauen ihre Ausgrenzung aus dem öffentlichen Leben oftmals mit Stolz. Ihr Verbleiben im Haus zeigt, daß sie nicht aus armen Familien kommen, in denen sie zu außerhäuslicher Arbeit gezwungen sind. (F. MERNISSI 1987, S. 160)

---

[1] Nicht selten wird auch der (vermeintliche) Liebhaber der Frau umgebracht, was den Beginn einer Blutfehde zwischen beiden Familien bedeuten kann.

2.5. Zwanghaftigkeiten

Die sexuelle Realität des Mann-Seins im Orient ist von einer Spaltung gekennzeichnet. Als Hüter der Familienehre hat er unerbittlich die Keuschheit der weiblichen Familienangehörigen zu sichern – aufgrund seiner Erziehung kann er sich mit einer familienfremden Frau kaum etwas anderes als sexuelle Beziehungen vorstellen. (J. Minces 1992, S. 48 f.) »Eine familienfremde Frau kann nur Beute sein. Diese Haltung wird zum Reflex, ungeachtet des Widerwillens gegen Frauen, die wegen Menstruation und ihres schmutzigen Geschlechts als unrein gelten... Sexuelle Anziehung und der Zwang, mit seinen zahllosen Erfolgen bei den Frauen zu prahlen, erweisen sich jedoch als stärker denn der Widerwille. Die sexuelle Obsession ist immer da..., ein zehnjähriger Junge ist es gewohnt, über eine vorübergehende Frau obszöne oder anerkennende Bemerkungen zu machen. Seine ›Überlegenheit als Mann‹ erlaubt es ihm.« (ebenda, S. 49 f.)

Am Beispiel des traditionellen Marokko beschreibt Mernissi, wie sich die Belästigung von Frauen im Orient rechtfertigt. Die weibliche Anwesenheit in der männlichen Öffentlichkeit wird von der dortigen Männerwelt als Herausforderung und als Beleidigung empfunden; sie stört die von Allah errichtete Ordnung sowie die Seelenruhe des Mannes. Hält sie sich zudem noch ohne Schleier auf, gilt sie aus Sicht der traditionellen Männer als nackt. Junge Männer vom Land denken, nur verrückte Frauen oder Prostituierte hielten sich auf der Straße auf. Jede Frau, die sich frei auf der Straße aufhält, steht in dieser Denkweise sexuell zur Verfügung. (F. Mernissi 1987, 161 ff.)

Mernissi wörtlich: »Nach herrschender Ideologie ist die Quälerei, der wir auf der Straße ausgesetzt sind, nur die konsequente Antwort auf ›unsere‹ exhibitionistische Aggression. Das geht dann so: man verfolgt eine Frau stundenlang, kneift sie bei der erstbesten Gelegenheit und greift sie schließlich verbal an, und das alles, um sie dazu zu bringen, das exhibitionistische Verhalten auf die Spitze zu treiben.« (ebenda, S. 163)

Die Geschlechtertrennung und das Tragen des Schleiers verstärken sexuelle Aspekte im Austausch zwischen Mann und Frau (wenn er denn stattfindet). (F. Mernissi 1997, S. 157) Dabei (re)produzieren sich die sexuellen Zwangsvorstellungen selbst: »Das Bild der Sexualität, das islamische Gesellschaften entwerfen, wird zur *self-fulfilling prophecy*: Es wird davon ausgegangen, daß Männer und Frauen sich ausschließlich als sexuelle Beziehungspartner sehen, daß der bloße Anblick einer Frau im Mann schon die ausschweifendsten sexuellen Gedanken auslöst, daß ein Mann und eine Frau keine normalen, einfachen zwischenmenschlichen Kontakte zueinander haben können, sondern alles unter dem sexuellen Aspekt sehen. Die Maßnahmen, die sie dagegen ergreifen, stellen erst den Zustand her, den sie angeblich bekämpfen wollen. Weil die Frauen versteckt, verhüllt und verboten werden, sind sie für die Männer der Inbegriff der Sexualität... Männern fällt zu Frauen nichts anderes ein, als daß man mit ihnen schlafen könnte.«[1] (Ch. BENARD/E. SCHLAFFER 1984, S. 103)

Obwohl Männer im Orient wesentlich mehr Freiheiten besitzen als Frauen, sind zumindest auch pubertierende und unverheiratete Männer nicht zu beneiden. Da die Frauen der Familie tabu und andere fast immer unzugänglich sind, befinden sie sich in einer besonderen sexuellen Frustration. Als Ausweg bleibt oft nur die Masturbation oder die Homosexualität. Hinzu kommt eine ›psychovisuelle‹ Frustration. (J. MINCES 1992, S. 50 f.)

Ein ähnliches Bild von der geschlechtlichen Realität im traditionellen Orient zeichnet der französische Philosoph Pascal BRUCKNER: »Dagegen [gegen die andersartigen Geschlechterbeziehungen im Westen, der Verf.] wirkt die in bestimmten muslimisch-traditionalistischen Ländern selbstverständliche männliche Omnipräsenz geradezu schockierend, bei der das weibliche Element zurückgedrängt, eingeengt, verschleiert, eingegittert und auf untergeordnetem Rang gehalten wird. Ein Trauerspiel bieten diese Frauen, die hinter einem Stück Stoff, wenn nicht hinter Gittern eingesperrt sind. Einen traurigen Anblick bieten auch die mit jungen Leuten gefüllten Cafés und Straßen, an deren Gesichtern ihr Liebeselend und die Gewißheit einer lebenslangen Frustration abzulesen ist.« (P. BRUCKNER 1997, S. 177)

---

[1] Die Autorinnen beschreiben Typisches, das nicht auf alle orientalischen Männer verallgemeinert werden darf.

2.6. Die Beharrlichkeit der traditionellen islamisch geprägten Geschlechterrollen

Die Scharia, das islamische Recht, ist in islamischen Gesellschaften die wesentliche oder einzige Grundlage des privaten Rechts. Das bedeutet, daß eine von islamischen Normen abgekoppelte Rechtsprechung in Ehe- und Familienangelegenheiten im Orient bis heute[1] so gut wie nicht existiert. Dies ist um so bedeutsamer, als die einschlägigen Bestimmungen der Scharia die Unterordnung der Frauen im privaten Verhältnis zu Männern zementieren. So schuldet die Ehefrau ihrem Mann grundsätzlich Gehorsam. Scharia und Koran geben den Männern das Recht, ungehorsame Ehefrauen zu bestrafen. Zu den Strafmaßnahmen gehören die Verstoßung, Züchtigung und die Heirat weiterer Frauen. (Chr. Schirrmacher 2004, S. 11; Ch. Magdi, in: A. Vauti 1999, S. 136) Das Gebot zur Züchtigung ist in Sure 4, 34 f. des Korans enthalten: »Die Männer stehen über den Frauen, weil Gott sie vor diesen ausgezeichnet hat, und wegen der Ausgaben, die sie von ihrem Vermögen gemacht haben. . . Und wenn ihr fürchtet, daß (irgendwelche) Frauen sich auflehnen, dann vermahnt sie, meidet sie im Ehebett und schlagt[2] sie.«

Im Alltag des Orients besitzt das islamische Recht bis heute einen tief prägenden Einfluß auf Leben und Denken. Diese Prägung geht so weit, daß sogar die weitgefächerte islamische Frauenbewegung die religiösen Bestimmungen zu Ehe und Familie kaum in Frage stellt. »Selbst [islamische, der Verf.] Frauenrechtlerinnen sind der Auffassung, daß die vielerorts offenkundige Unterdrückung der Frau in islamischen Ländern einer fehlgeleiteten Koranexegese aus einem spezifisch männlichen Blickwinkel und der fehlenden Orientierung am ursprünglichen, in keiner Weise frauenfeindlichen Islam entspringe.« (Chr. Schirrmacher 2004, S. 61)

Aufgrund ihrer Prägung durch das islamische Recht beurteilt die große Mehrheit muslimischer Frauen die Frauen im Westen als ehr-,

---

[1] Ausnahme ist seit neuem die Türkei. Trotz staatlich neutralen Eherechts werden Ehen in der Türkei selbstverständlich weiterhin nicht nur vor dem ›Standesamt‹, sondern auch islamisch geschlossen. Zudem besitzt das islamische Recht weiterhin eine hohe Bedeutung für das Eheleben türkischer Moslems.

[2] Schwere Mißhandlungen sind damit jedoch nicht gemeint.

scham- und würdelos. In dieser Betrachtung sind westliche Frauen von Familie und Gesellschaft preisgegeben, sich ihres eigenen Wertes nicht bewußt, nehmen Unterdrückung und Entehrung hin. Außerdem verzichten sie darauf, ihre – im Islam verbrieften – Rechte einzufordern. (ebenda, S. 63)

Die ungebrochene Gültigkeit der Gebote des islamischen Rechtes ist Tatsache. Daß die Scharia Spielräume zur Auslegung offen läßt, ändert nichts Grundsätzliches. »Mit der grundlegenden Anerkennung der ungebrochenen Schariabestimmungen für die Moderne sind entscheidende Leitlinien für den Bereich des Ehe- und Familienrechts vorgegeben, die nicht beliebig weit interpretierbar sind«, so Christine Schirrmacher. (Chr. Schirrmacher 2004, S. 12 u. 60) Allenfalls sind begrenzte Besserstellungen der Frau in etlichen islamischen Ländern festzustellen, wie die gesetzliche Heraufstellung des Mindestheiratsalters oder die Beschränkung der Polygamie (Mehrehe). Doch selbst in diesen Gesellschaften werden die Höherordnung des Mannes und seine rechtliche Bevorzugung vor der Frau nicht hinterfragt. Hinzu kommt, daß in anderen islamischen Staaten eine Rückbesinnung auf den Islam und seine rigiden Rechtsprinzipien in der Geschlechterfrage stattfindet. (ebenda, S. 14)

Wir können festhalten: Im Orient dominieren auch heute noch wesentliche Bestimmungen des traditionellen, islamisch geprägten Geschlechterverständnisses. Die marokkanische Feministin Fatema Mernissi fragt nach den Gründen dafür:

»Wie kommt es, daß in der modernen arabischen Welt, die geprägt ist von umfassenden Prozessen des Wandels, die Geschlechterrollen noch immer nach den Vorgaben aus dem Mittelalter, nach dem Koran und den Bildern aus dem ›goldenen Zeitalter‹ definiert werden?. . . Warum gelingt es den arabischen Gesellschaften nicht, neue Wertvorstellungen und Verhaltensmuster in bezug auf die soziale Stellung der Geschlechter zu entwickeln, die den tatsächlichen Verhältnissen Rechnung tragen?« (F. Mernissi 1997, S. 118 f.)

F. Mernissi macht für diese Beharrlichkeit der Geschlechterrollen vor allem die kollektivistische Prägung und die soziale Hierarchie des Islams verantwortlich. Im Islam stünden die Interessen der Gruppe im Vordergrund, individuelle Ansprüche würden als gottlose, eigensüchtige Abirrungen verurteilt. Anrechte auf eigene Anschauungen, abweichende Meinungen und Haltungen seien dem Islam fremd und stellten eine Bedrohung dar. Im islamischen Ordnungsdenken gälten die Frauen zudem als Verkörperung ungehemmter Leidenschaft und zügelloser Begierde und verkörperten den unterdrückten Individualismus. Wenn Frauen in irgendeiner Form ihren eigenen Willen durchsetzen wollten, somit die geheiligten Regeln des Kollektivs mißachteten, gerate nicht nur die patriarchalische Macht, sondern das gesamte hierarchische, als gottgegeben betrachtete Ordnungssystem in Gefahr. Dieses Ordnungssystem binde beide Geschlechter in eine vollkommene Ordnung ein, die alle Rechte und Pflichten genau bestimme und soziale Rollen wie persönliches Verhalten bis ins einzelne festlege. Dabei seien Frauen einseitig auf das Ideal der Pflichterfüllung reduziert. Männern hingegen komme eine mittlere Stellung zu: als Herr, der Frau übergeordnet, und als Knecht, Gott untertan. (F. Mernissi 1997, S. 171 ff.)

Auch nach Ansicht von H.-P. Raddaz hat die Unterdrückung der Frau fundamentale Bedeutung für das Glaubens- und Menschenverständnis des Islams. Raddaz betont: »Menschsein im islamischen Sinne ist in allererster Linie männliches Sein. Weibliches Sein bedeutet latente Bedrohung männlichen Seins und damit des Islam an sich. Jeder Versuch zur Emanzipation kann daher nur als Tendenz von latenter zu akuter Bedrohung der traditionellen Existenzform des Islam interpretiert werden, die somit das Geistpotential der Frau systematisch ausgrenzen muß. . . Daß ihre grundsätzliche Herabstufung in eine Sphäre minderer, eher biologisch verstandener Qualität eine dem Islam originär eingewurzelte und dort unverändert konservierte Daseinsform darstellt, konnte schon vor 800 Jahren kein Geringerer als der große Averroes bestätigen, der zu diesem Thema kritisch feststellte: ›In diesen unseren Staaten kennt man die Fähigkeiten der Frauen nicht, weil man sie hier nur für die Fortpflanzung einsetzt. Das macht ihre (anderen möglichen) Aktivitäten zunichte. Weil Frauen für keine der menschlichen Tätigkeiten für fähig gehalten werden, geschieht es oft, daß sie Pflanzen gleichen. Daß sie in diesen Staaten eine Last für die Männer sind, ist einer der Gründe für die Armut dieser Staaten.‹« (H.-P. Raddaz 2001, S. 280)

2.7. Die Unvereinbarkeit der islamisch-orientalischen Geschlechterkonzeption mit internationalen Menschenrechten und dem deutschen Grundgesetz

Die Menschenrechtserklärung der Vereinten Nationen enthält mit Blick auf die Stellung der Frau in Artikel 16 zwei entscheidende Bestimmungen: (aus: D. Hesselberger 2001, S. 47)

Art. 16 [Freiheit der Eheschließung, Schutz der Familie]

»1. Heiratsfähige Männer und Frauen haben ohne Beschränkung durch Rasse, Staatsbürgerschaft oder Religion das Recht, eine Ehe zu schließen und eine Familie zu gründen. Sie haben bei der Eheschließung, während der Ehe und bei deren Auflösung die gleichen Rechte.

2. Die Ehe darf nur aufgrund der freien und vollen Willenseinigung der zukünftigen Ehegatten geschlossen werden.«

In wesentlichen Punkten ist die islamisch-orientalische Geschlechterordnung nicht mit diesen Bestimmungen der Menschenrechtserklärung vereinbar. Frauen in islamischen Ländern haben weder bei der Eheschließung die gleichen Rechte wie Männer, noch im Familienleben, noch bei der Auflösung einer Ehe.[1] Als Musliminnen ist es ihnen nicht erlaubt, eine Ehe mit einem andersgläubigen Mann zu schließen. All dies widerspricht Absatz 1 des Artikels 16.

Dadurch, daß die Ehe als eine Angelegenheit zwischen zwei Großfamilien, und nicht zwischen zwei Individuen gilt, wird Artikel 16 Absatz 2 der Menschenrechtserklärung der Vereinten Nationen konterkariert: Die dort geforderte freie und volle Willenseinigung der zukünftigen Ehegatten ist im Orient die Ausnahme – insbesondere unter Frauen.

Auch mit dem bundesdeutschen Grundgesetz ist die orientalische Geschlechterordnung unvereinbar. Nach Artikel 3, Absatz 1 und 2 des Grundgesetzes sind alle Menschen vor dem Gesetz gleich, Männer und Frauen gleichberechtigt. Absatz 3 des Artikels 3 legt fest: »Niemand darf wegen seines Geschlechts, seiner Abstammung, sei-

---

[1] Wie bereits angeführt, Ausnahme ist seit kurzem der laizistische Staat Türkei. Doch bedeutet die rechtliche Gleichstellung noch lange nicht die Durchsetzung dieses Rechts, insbesondere nicht in traditionell ländlichen Regionen.

ner Rasse, seiner Sprache, seiner Heimat und Herkunft, seines Glaubens, seiner religiösen oder politischen Anschauungen benachteiligt oder bevorzugt werden.«

Eine rechtliche Differenzierung aufgrund des Geschlechts ist nur dann statthaft, »wenn gemeinsame Elemente überhaupt nicht gegeben sind« und »wenn der biologische Geschlechtsunterschied den zu regelnden Lebenssachverhalt so entscheidend prägt, daß etwa vergleichbare Elemente daneben völlig zurücktreten«. (D. HESSELBERGER 1991, S. 78)

Dies bedeutet zum Beispiel, daß Mutterschutz nur Müttern zu gewähren ist. Die Bestimmung des islamischen Rechts, Frauen als Zeugen nicht zuzulassen und ihre Aussagen vor Gericht nur halb so schwer wie die von Männern zu gewichten, wird damit nicht abgedeckt - auch wenn der deutsche Moslemkonvertit Murad HOFMANN hierin keine Diskriminierung sieht und die Ansicht verteidigt, »daß Frauen nach Überzeugung islamischer Juristen an bestimmten Tagen möglicherweise weniger zuverlässig wahrnehmen können«. (M. HOFMANN 1995, S. 171)

Die in Deutschland garantierte Glaubensfreiheit läßt sich übrigens nicht zur Verteidigung menschenrechtswidriger islamischer Bestimmungen heranziehen. Sie findet dort ihre Grenze, wo wesentliche Prinzipien der grundgesetzlichen Ordnung verletzt werden. Das deutsche Rechtsverständnis gestattet es weder Anhängern von Naturreligionen oder Satanskulten, Menschenopfer darzubringen, noch Moslems, untreue Ehefrauen zu steinigen.

2.8. Unvereinbarkeit zweier soziologischer Arten

Im traditionellen Orient spielt sich eine ständige Enteignung der Sexualität der Frau ab. Wie Frauen ihre Sexualität leben, entscheiden nicht sie selbst, sondern die ihr übergeordneten, traditionsgebundenen Männer. Mag man den Kult um die weibliche Schönheit im modernen Westen als frauenfeindlich bezeichnen, volljährige Frauen im modernen Europa besitzen zumindest weitgehende Entscheidungsfreiheit:

- über ihr Sexualleben,
- ob und wen sie heiraten,
- ob sie Kinder haben möchten und wieviele,

- ob sie sich am Schönheitswettrüsten beteiligen und an die Vorgaben der Modeindustrie bzw. die Vorstellungen von Männern halten.

Selbstverständlich wirken auch hier Zwänge und gelten Grenzen. Doch die Grenzen im modernen Westen umschließen wesentlich mehr Freiheiten als im Orient, die Mitwelt reagiert wesentlich toleranter. So erfahren geschiedene Frauen so gut wie keine Verachtung mehr. Und die Zahl der Frauen, die zwecks Zustandekommens einer Ehe mit einem deutschen, nicht muslimischen Mann in der Hochzeitsnacht einen Jungfräulichkeitstest bestehen müssen, geht gegen null.

Vorstellungen und Lebensweisen klaffen nicht nur in der Geschlechterfrage zwischen dem traditionellen Orient und dem modernen Westen so weit auseinander, daß man in dieser Hinsicht von zwei verschiedenen soziologischen Arten sprechen kann. Als soziologische Art betrachtet der (linksliberale) Jesuit und Hochschulprofessor Rupert Lay »die (geordnete und konsistente) Menge von Menschen, die miteinander in Kommunikationsgemeinschaft leben können, zwischen denen also Kommunikation sinnvoll abläuft... Über Grenzen einer soziologischen Art hinaus ist keine fruchtbare personale Interaktion realisierbar. Auch das gilt es zu bedenken, wenn sich die Begegnung zwischen zwei Menschen, zwei Gruppen, zwei Gesellschaften ereignet«. (R. Lay 1992, S. 12)

Eine grundsätzliche Unvereinbarkeit zwischen den Kulturkreisen sieht auch der Reformmoslem und deutsche Staatsbürger syrischer Herkunft Bassam Tibi. Zusätzlich warnt er davor, die Ablehnung der jeweils anderen Lebensweisen sofort als Rassismus zu brandmarken: »In diesem Zusammenhang möchte ich vor der Neigung warnen, gegenseitige Ablehnung bzw. Abgrenzung zwischen den unterschiedlichen Zivilisationen voreilig als Rassismus darzustellen. Denn die gegenseitige Ablehnung beruht auf der Wahrnehmung einer Unvereinbarkeit der weltanschaulichen Normen und Werte der jeweiligen Zivilisationen und hat mit ›Rassen‹ nichts zu tun.« (B. Tibi 1998, S. 44)

Wie später noch zu zeigen sein wird, negieren selbsternannte Antirassisten diese Warnung, um daraus Kapital für ihre falsche Fremdenfreundlichkeit zu schlagen.

Teil II

Islamisch-orientalische Geschlechternormen in der deutschen Gesellschaft

Türkische Hochzeit in Deutschland.
In den meisten Fällen wird die junge Braut als ›Ware‹ behandelt. Foto: Geilert/Gaf.

Kapitel 1

Olgas Geschichte – ein multikulturelles Liebesabenteuer

OLGAS Geschichte handelt von der tragischen Liebesbeziehung der osteuropäischen Studentin OLGA mit dem arabischen Studenten ALI.[1] Beide lernen sich in einer deutschen Universitätsstadt kennen, verlieben sich und planen eine gemeinsame Zukunft. Doch diese Zukunft ist für ALI in seiner Heimat nicht vorgesehen. Gefangen in einem Kulturkonflikt zwischen westlicher Moderne und orientalischer Tradition, entscheidet sich ALI zweideutig. Am Schluß stehen alle Hauptbeteiligten gleichermaßen als Verlierer da.

In einem Interview erzählt OLGA ungeschminkt den Hergang der Ereignisse. Ihr liegt vor allem daran, verhindern zu helfen, daß anderen Mädchen und Frauen Ähnliches widerfährt.

Frage: *»Wie fing Deine Geschichte an?«*

OLGA: »ALI und ich, wir haben uns kurz vor der Jahrtausendwende in einer Disco kennengelernt und bald darauf befreundet. Am Anfang war es sehr schön, es war Liebe auf den ersten Blick. ALI war sehr lieb zu mir. Er wußte, was ich mir wünschte, und machte mir oft eine Freude. Zum Beispiel hat er mir jeden Monat am vierundzwanzigsten Blumen geschenkt, weil wir uns an einem Vierundzwanzigsten kennengelernt haben.

Wir haben sehr viel Zeit miteinander verbracht; und wenn mal nicht, war jeder von uns genau informiert, was der andere macht. In dieser Zeit hat mich das überhaupt nicht gestört, es hat mich sogar gefreut. Ich wußte, ich hatte jemanden, der auf mich aufpaßt, der da ist, wenn ich ihn brauche. Das war für mich als Ausländerin in Deutschland wichtig. Man sucht sich einen Ersatz für die Familie, und meistens befreundet man sich auch wieder mit einem Ausländer.

[1] Auf Wunsch der betroffenen Studentin wurden sämtliche Namen und Ortsangaben verändert, die Studienfächer und Herkunftsländer der beiden Hauptbeteiligten nicht genannt. ›Olga‹ ist eine Studentin aus Osteuropa, ›Ali‹ kommt aus dem ländlichen Raum eines arabischen Landes.

Ich habe auch seinen Bruder und seine Freunde kennengelernt, die haben mich auch sehr akzeptiert, die hatten nichts gegen mich gehabt. Mir gefiel es damals, mit ihnen zusammen zu sein, ich betrachtete sie als gute Freunde.«

Frage: »*Das waren arabische Freunde?*«

OLGA: »Ja, alle waren arabische Freunde. Die haben mich gern gehabt, weil ich keine Probleme machte. Wir haben uns zum Beispiel im Café mit den anderen Arabern getroffen, und die Araber haben sich unter sich auf Arabisch unterhalten, und ich bin einfach dabeigesessen, ohne ein Wort zu sagen. Manchmal hat es mich gestört, dann habe ich gefragt, warum sie sich auf Arabisch unterhalten, aber meistens habe ich keine Antwort bekommen. Das war schön für sie, anzusehen, daß ich meinen Freund begleite. Das ist gut bei ihnen angekommen, aber ich sollte mich nicht in ihre Gespräche einmischen, also einfach nur dabeisein.

Wir waren trotzdem zwei Jahre ganz glücklich zusammen. Aber im zweiten Jahr habe ich irgendwann bemerkt, daß etwas nicht so läuft, wie es sollte. Ich habe festgestellt, daß ALI öfter mit einer Frau aus seinem Heimatdorf telefonierte, und habe Verdacht geschöpft, daß da was nicht stimmen könnte. Erst nachdem ich ihn mehrfach darauf angesprochen hatte, erzählte er mir, daß er verlobt gewesen war. Er hat mir gesagt, daß sie nicht mehr seine Verlobte ist, ich wußte aber nicht, ob das stimmte. Ich befürchtete, daß seine Eltern und seine ehemalige oder Noch-Verlobte aus seinem Land uns in die Quere kommen würden. Auch weil ich merkte, daß ALIS Eltern etwas gegen europäische Frauen hatten. Sie hielten nicht viel von denen. Dann erfuhr ich noch, daß diese Verlobte oder Ex-Verlobte die beste Freundin seiner Schwester war und sie sich oft bei seinen Eltern aufhielt.«

Frage: »*Wußten seine Eltern damals, daß ihr in einer gemeinsamen Wohnung lebt?*«

OLGA: »Seine Eltern wußten, daß wir zusammenwohnen, jedoch waren sie lange Zeit der Ansicht, wir hätten keine Beziehung miteinander. Nur sein Bruder war informiert, daß wir fast wie ein Ehepaar zusammenlebten.

Erst nachdem uns eines Tages seine Schwester besucht hatte, haben seine Eltern anscheinend etwas gemerkt. Die Schwester hat Fotos bei uns in der Wohnung gemacht – auch von dem Regal, auf dem mein Foto neben seinem Foto stand. Seine Schwester hat ihm dann von zu Hause mitgeteilt, daß dieses Foto bei seiner Familie für Aufregung gesorgt hat. Sie brauchte gar nicht zu erzählen, daß wir fest befreundet zusammenlebten, das Foto hatte genügt.«

Frage: »*Was war mit seiner Verlobten?*«

Olga: »Seine damalige Verlobte stammte aus seinem Heimatdorf und war seinen Eltern sehr sympathisch. Als die Verlobung stattfand, war Ali achtzehn und sie fünfzehn gewesen. Als die beiden schon drei Jahre verlobt waren, wollte Ali studieren. Da er in seinem Land mit seinen Noten nicht studieren konnte, versuchte er einen Studienplatz in Deutschland zu bekommen und hatte Erfolg. Genau wie sein Bruder, der schon vorher nach Deutschland zum Studieren gekommen war. Ali hatte seine Verlobte gefragt, ob sie mitkommen möchte. Aber sie wollte nicht mitkommen. Daraufhin hatte er sich von seiner Verlobten getrennt und war nach Deutschland gegangen. So hat er es mir jedenfalls erzählt. Ob er sich wirklich getrennt hat, wußte ich nicht.

Als ich das erste Mal bei einem ihrer Anrufe am Apparat war, wirkte sie sehr irritiert. Ich denke, sie wußte nichts von mir, und war schockiert, daß sie mich, eine Frau, am Telefon vernahm. Sie schien so perplex, daß sie nicht wußte, was sie sagen sollte, selbst als ich auf Englisch zu ihr gesprochen hatte. Und ich weiß, sie spricht Englisch. Ali war bei diesem Anruf in der Arbeit. Als er nach Hause kam, habe ich ihm von diesem Eindruck und meinem Verdacht erzählt, aber er hat nichts zugegeben. Später habe ich festgestellt, daß die beiden sich manchmal am Telefon unterhielten. Ich wurde sehr eifersüchtig. Mich hat das gestört, aber aus Liebe zu ihm habe ich es anfangs hingenommen. Irgendwann habe ich aber zu ihm gesagt, ›nach meinem Gefühl läuft was schief zwischen uns, laß uns heiraten‹. Erst dann hat er zugegeben, daß seine frühere Verlobte noch an ihm interessiert sei und ihn immer noch liebe.«

Frage: »*Hast du sonst noch Anhaltspunkte gehabt, daß etwas nicht stimmte?*«

OLGA: »Zwei-, dreimal ist ALI nach Hause geflogen und kam völlig verändert zurück. Er war nicht mehr der Freund, den ich kannte. Er war irgendwie von der Familie beeinflußt worden und hat anders mit mir gesprochen. Irgendwie kalt, nicht mehr so liebevoll. Allerdings nur eine Zeitlang. Nach einem Monat war es dann wieder so wie früher.

Sein Bruder hat mir öfter gesagt, ich wäre blöd, wenn ich darauf warten würde, daß er mich heirate. Ich habe von vielen Seiten gehört, ich soll nicht auf ihn warten, weil er mich sowieso nicht heiraten werde; die Eltern wollten es nicht, und die Verlobte spiele da auch eine Rolle. Ich wollte das einfach nicht wahrhaben. Ich habe gedacht, er ist stark genug und er wird sich durchsetzen, denn er weiß, daß er mich heiraten möchte.

Aber nach mehreren Monaten merkte ich, daß ich es so nicht mehr aushielt. Ich beschloß, ein Urlaubssemester zu nehmen und für ein halbes Jahr nach Hause in meine Heimat zu fahren. Ich wollte damit auch ALI Zeit lassen, sich zu entscheiden, wie es mit unserer Beziehung weitergehen sollte. Ich dachte, er wird dann bestimmt merken, daß ich ihm fehle, vielleicht braucht er ein bißchen Ruhe, um sich das Ganze zu überlegen. Ich bin dann im April nach Hause in mein Land zu meinen Eltern gefahren. Er hat mich tatsächlich bald sehr vermißt und kam mich zwei Monate später besuchen. Wir haben daraufhin in meinem Land eine kleine Reise gemacht.

Damals sprachen wir ab, daß, wenn er demnächst wieder nach Hause fliegen würde, er seine Eltern direkt fragen sollte, ob er mich heiraten darf. Wir beschlossen, auch dann zusammenzubleiben, falls wir von seinen Eltern kein Einverständnis zum Heiraten bekommen würden. Damit seine Eltern beruhigt sind, würde ich mir im Studentenwohnheim ein Zimmer suchen. Wir könnten uns dann gegenseitig besuchen.

Es war so ein Gefühl von mir, ich habe Angst davor gehabt, daß da was schief läuft, wenn er nach Hause fliegt. Auch weil er mir vorab erzählt hat, daß er nicht weiß, was diesmal in seiner Familie ablaufen wird. Ich habe ihn dann gewarnt und gebeten, nicht nach Hause zu fliegen. ALI versicherte mir nur, er werde mich weiterhin lieben, egal, was zu Hause abläuft, er würde immer mein Freund bleiben.

Kurz vor seinem sechsundzwanzigsten Geburtstag ist er dann zu seiner Familie geflogen. Dort hat er seinen Geburtstag gefeiert, und einige Tage danach hat er geheiratet. Natürlich seine Ex-Verlobte, oder vielleicht war sie immer noch seine richtige Verlobte. Er hat in seinem Land geheiratet, obwohl er mit mir immer noch in einer festen Beziehung lebte.«

Frage: »*Wie hast du von der Hochzeit erfahren?*«

OLGA: »Als ALI aus seiner Heimat nach Deutschland zurückkam, hat er sich nicht gemeldet. Nach einigen Tagen rief ich – von meinem Heimatland aus – bei ihm an und fragte, ob er geheiratet hat. Er antwortete ja – tief schockiert legte ich sofort auf. Bald darauf fuhr ich zurück nach Deutschland. Ich war erst ein oder zwei Tage wieder an unserem gemeinsamen Studienort, als mich ALI in meiner neuen Wohnung – in einem Studentenwohnheim – besuchte. Sogleich sagte er mir, daß er nicht richtig verheiratet sei, nur vertraglich ohne Hochzeitsfeier. Deshalb hätte er seine Braut nicht berühren dürfen, dies wäre erst nach der Hochzeitsfeier möglich. Da sie noch Jungfrau sei, wäre eine Scheidung relativ einfach. Doch ALI hatte mich angelogen. Er war sehr wohl richtig verheiratet. Ich habe dies herausbekommen, weil er nach seiner Rückkehr Henna auf den Fingern hatte. Eine Freundin von mir hat dies bemerkt und mir gesagt, daß dies das Zeichen einer gültigen arabischen Ehe sei. Ich habe ihn darauf angesprochen, und er hat zugegeben, daß er tatsächlich richtig verheiratet sei, daß es ihm aber leid tue. Zu dieser Zeit war ich natürlich fix und fertig, wollte aber die Hoffnung nicht aufgeben.«

Frage: »*Was denkst du, warum ALI seine jetzige Frau geheiratet hat?*«

OLGA: »Ich denke, er wurde von seiner Familie, der Familie seiner Frau und der Dorfgesellschaft unter Druck gesetzt. Seit der Verlobung waren schon acht Jahre vergangen, fünf Jahre davon war ALI weit weg von seinem Heimatdorf in Deutschland. Und so wie er mir erzählt hat, haben die Dorfbewohner ALI und seine Verlobte für ein Traumpaar gehalten und erwartet, daß sie heiraten.

Als er zu seinen Eltern nach Hause kam, war schon alles zwischen den beiden Familien abgesprochen und vorbereitet gewesen, sogar die Hochzeitsgäste waren eingeladen. Wenn er der gewünschten Heirat zu Hause nicht nachgekommen wäre, hätten sich die beiden Familien gegenseitig umgebracht oder wären sehr stark miteinander in Konflikt geraten. So hat ALI es mir später erklärt und gemeint, ich solle froh sein, daß alles so gelaufen sei und daß ich am besten davongekommen sei. Der Bruder der Verlobten habe ihm nämlich gedroht, wenn er seine Schwester nicht heiraten würde, werde mir etwas passieren. Auf meine Frage, was mir hätte passieren können, meinte ALI, er hätte nichts ausschließen können.«

Frage: »*Wie ging es mit euch in Deutschland weiter?*«

OLGA: »Als wir uns nach seiner Heirat das erste Mal wieder gesehen haben, hat ALI gemeint: ›Ich liebe diese Frau nicht und möchte wieder mit dir zusammen sein.‹ Für die Hochzeit hat er sich bei mir ausführlich entschuldigt und gemeint, er wolle sich scheiden lassen und mich anschließend heiraten. Das habe ich am Anfang sogar geglaubt und gehofft, daß das so funktionieren würde, wie er es mir erzählte. Obwohl seine Braut gleich nach der Hochzeit zu ihm nach Deutschland gekommen war.

Damals war ich ziemlich naiv, ich wollte die Probleme nicht sehen. Bei einer Scheidung hätte er der Frau 11 000 Euro zahlen und ihre Unterhaltskosten übernehmen müssen. Das Geld hat er doch nicht gehabt! Und sie als geschiedene Frau hätte kaum einen anderen Mann heiraten können. Für uns Europäer ist es nicht so schlimm, wenn man geschieden ist, aber als Araberin ist man schon verloren.

Ich fühlte mich anfangs so allein und war froh, wenn er zu mir kam. Deswegen habe ich ihm eine Chance gegeben und ihn darum gebeten, mir eine Bescheinigung von einem Anwalt zu bringen, daß die Scheidung am Laufen sei. Dafür habe ich ihm ein dreiviertel Jahr gegeben. Diese neun Monate hat er mich hingehalten. Als ich von ALI den Scheidungsnachweis wollte, hat er gemeint, daß die Scheidung laufe, er aber noch Zeit brauche, da er sonst alles verlieren würde. Doch ich habe festgestellt, daß er gar nichts in dieser Richtung unternahm und überhaupt kein Interesse zeigte, sich scheiden zu lassen.

Zunächst habe ich ihm noch gesagt: ›Ich bleibe wie deine Schwester‹. Bald habe ich aber meine Ansicht geändert und ihm klar gesagt: ›Ich möchte keinen Kontakt mehr zu dir haben, die Zeit, die wir zusammen verbracht haben, war zwar schön, aber sie ist jetzt vorbei, und du bist verheiratet.‹ Daraufhin hat er gemeint, seine Frau sei jetzt mit der Scheidung einverstanden, und sie verzichte auch auf das Geld. Aber ich wollte ihm das nicht mehr glauben, er hatte schon so viele falsche Sachen erzählt.«

Frage: »*Wie hat Ali darauf reagiert?*«

Olga: »Obwohl er verheiratet war und ich jetzt nichts mehr mit ihm zu tun haben wollte, kam er weiterhin jeden Werktag zu mir und hat an der Tür geklopft, so lange, bis ich aufgemacht habe.«

Frage: »*Und du hast nichts dagegen unternommen?*«

Olga: »Es hat mich schon unheimlich gestört. Aber ich habe das oft auch nicht ausgehalten, ich meine, wenn da jemand stundenlang vor der Tür steht und klopft und klopft, dann macht man irgendwann auf.«

Frage: »*Wurde er gewalttätig?*«

Olga: »Nein, nein, er hat zwar stark geklopft, aber immer gewartet, bis ich aufgemacht habe. Dann kann er ganz traurig herein, mit Tränen in den Augen, und sagte: ›Das kannst du mir nicht antun‹, aber er überlegte sich dabei nicht, was er mir angetan hatte. Wir waren zusammen gewesen, und er hatte eine andere Frau geheiratet, die mit ihm zusammenwohnte – was soll ich noch dazu sagen? Er hat mich zutiefst verletzt, aber er meinte, ich solle ihm dankbar sein, daß er sie geheiratet hat, weil er dadurch mein Leben rettete. Sein Schwager habe ihm gegenüber gedroht, mir was anzutun, wenn er nicht dessen Schwester heiraten würde. Das sind Gedanken, die ich nicht nachvollziehen kann. Ich denke, wenn er stark genug gewesen wäre, hätten wir schon längst verheiratet sein können. Aber in diesem Fall hätte er auf die Eltern verzichten müssen, weil die von Anfang an gegen uns gewesen waren. Man muß aufpassen, daß die

Eltern da zusagen, weil in den arabischen Ländern solch eine Entscheidung nicht die Person allein trifft, sondern die ganze Familie.«

Frage: »*Anscheinend war* Ali *nicht so stark, wegen dir auf seine Eltern zu verzichten!?*«

Olga: »Ali hat nicht verstanden, daß ich nach seiner Hochzeit keinen Kontakt mehr zu ihm wollte, er hat es nicht akzeptiert. Er hat gesagt, es würde ihn tief verletzen, wenn ich mich mit jemand anderem befreunden würde, und hat mich weiterhin beobachtet. Manchmal habe ich ihn geärgert, ich sagte ihm absichtlich, ich habe jemanden anderen kennengelernt, einen Türken oder so. Da wurde er richtig wütend und hat bei mir im Zimmer an die Wand geschlagen und ist, die Türe zuknallend, rausgegangen. Mir wurde klar, wenn ich mich mit einem anderen befreunden würde, würde Ali alles versuchen, damit sich dieser wieder von mir trennt. Er hat mich immer noch als seine Freundin gesehen – oder als seine zukünftige zweite Frau! Ich weiß nicht, wie er sich das vorgestellt hatte, auf jeden Fall hatte ich nicht die Freiheit einer normalen Frau, ich wurde von ihm kontrolliert, beobachtet und durfte mich mit keinem anderen befreunden.«

Frage: »*Wie hat er das angestellt?*«

Olga: »Ständig wollte Ali wissen, was ich mache, mit wem ich mich treffe und wie lange. Manchmal hat er von außen geschaut, ob ich das Licht in meinem Zimmer ausmache und wann ich schlafen gehe. Einmal war eine Party bei uns im Wohnheim. Ali war bei mir zu Besuch, aber wir gingen beide nicht zu dieser Party. Nachdem ich mich schlafen gelegt hatte, ist Ali noch eine Stunde im Wohnheim geblieben, um zu kontrollieren, ob ich nicht doch auf die Party gehe. Das hat er mir am nächsten Tag selbst erzählt!

Wenn nicht direkt von ihm, so wurde ich von seinen arabischen Freunden kontrolliert. Er hat sehr viele Freunde, es war für ihn gar kein Problem, mir nachspionieren zu lassen. Er hat mir öfter erzählt, wo ich von anderen gesehen wurde.«

Frage: *»Hast du versucht, seine Kontrolle zu beenden?«*

Olga: »Ich habe ihm vor meinem Wegzug ein paarmal klargemacht, daß ich keinen Kontakt mehr zu ihm möchte. Ich habe ihm gesagt: ›Du brauchst mich nicht zu kontrollieren, ich bin frei und ich kann das machen, was ich will, ich weiß auch nicht, was du jetzt machst. Ich meine, du triffst deine Freunde, du machst, was du willst, laß mir auch meine Freiheit.‹ Er hat dann immer gemeint, nein, er kontrolliere mich nicht, das stimme nicht, aber das hat schon gestimmt. Weil er mir manchmal erzählt hat, wo er mich gesehen hat und mit wem.

Wenn er gemerkt hat, daß ich abends weg war, hat er später angerufen, um zu schauen, ob und wann ich wieder nach Hause komme oder was ich noch mache. Er hat bei meinen Mitbewohnern angerufen und hat sie eine Mitteilung schreiben lassen, daß ich mich zurückmelden sollte, wenn ich wieder da wäre. Dann ist auch noch der Bruder von Alis Frau in meine Stadt gezogen. Es gab Leute, die wußten, daß mein Ex-Freund, selbst nachdem er geheiratet hatte, mich immer noch besucht. Ich bekam Angst, der Bruder könnte davon Wind bekommen und mir etwas antun. Ich weiß nicht, wie groß die Gefahr wirklich war, aber Ali hatte mir zu verstehen gegeben, daß dieser Bruder mir wegen seiner Schwester etwas antun könne. Ali meinte noch, er könne nichts ausschließen, was der Bruder damit gemeint haben könnte. Auf jeden Fall bekam ich Angst. Ich wollte es nicht darauf ankommen lassen und abwarten, bis etwas passiert. Ich beschloß deshalb, aus der Stadt wegzuziehen.

Als ich meinen Uniwechsel geregelt hatte, mußte ich in die andere Stadt fahren. Damit Ali nicht merkte, daß ich einen Tag weg war und Verdacht schöpfen konnte, war ich morgens um drei Uhr aufgestanden und hatte den ersten Zug genommen. Ich wußte, daß ich es nicht schaffen konnte, vor acht Uhr abends wieder zu Hause zu sein. Deswegen hatte ich ihm gesagt, ich ginge an diesem Abend zu Bekannten zum Essen, die mich eingeladen hätten. Daraufhin fragte er sich verwundert, warum ich zu Bekannten zum Essen ginge, das könne doch nicht sein.

Ich habe dann die Uni gewechselt und bin heimlich weggezogen. Ich habe niemandem von meinen Freunden gesagt, daß ich wegziehe, und eine spezielle Auskunftssperre bei der Gemeindeverwaltung beantragt.

Trotzdem ging die Verfolgungsjagd weiter. Ich weiß nicht von wem, meine Bekannten wußten es nicht, aber er hat meine neue Adresse schnell herausgefunden. Schon nach zwei Wochen bekam ich den ersten Brief. In diesem beschuldigte er mich, daß er seine Zwischenprüfung nicht bestanden habe, weil ich Probleme gemacht hätte. Ich sei einfach weggezogen, und er habe mich gesucht. Auch sei er wegen mir eine Woche im Krankenhaus gewesen. Er habe mein Verschwinden schlecht verkraftet und Herzstörungen bekommen. Zum Schluß bat er mich, mich bei ihm zu melden.«

Frage: »*Was passierte danach?*«

OLGA: »Nach einigen Wochen schickte er mir einen weiteren Brief. Darin schrieb er unter anderem, daß er Geld unter meinem Namen an Waisenhäuser in meinem Heimatland gespendet habe, das er im Lotto gewonnen hätte. Das konnte ich aber nicht recht glauben, das wird eben ein Versuch von ihm gewesen sein, mich in meinem Entschluß zu verunsichern und mich wieder zu bekommen. Wegen der Briefe bin ich dann zur Polizei gegangen. Die meinte, ich könne keine Anzeige erstatten, da er mich nicht geschlagen habe und seine Briefe ohne Absender und Namen seien. Aber nicht nur am Inhalt, auch an der Schrift erkannte ich eindeutig, daß die Briefe von ihm kamen. Er ist sehr schlau, er wußte, wie er sich vor der Polizei schützen konnte.

Als sich mein Vater zu mir auf Besuch anmeldete, entschloß ich mich, ihn zu bitten, mit mir bei ALI vorzusprechen. Ich dachte, bei Arabern wirkt es besser, wenn nicht ich als Frau, sondern mein Vater sagt, daß ich keinen Kontakt mehr möchte. Wir sind dann beide in meine ehemalige Uni-Stadt gefahren, direkt zu ALIS Wohnung, und klopften an der Tür. Seine Frau machte auf, er selbst war völlig sprachlos, wahrscheinlich vor Überraschung. Ich sagte zu ihm: ›Mein Vater möchte mit dir reden‹ und ging weg. Er war einverstanden, seine Frau ging in den Nebenraum; wahrscheinlich hat sie trotzdem alles mitbekommen. Auf jeden Fall hat mein Vater ihm klar gemacht, daß ich keinen Kontakt mehr zu ihm wollte. Keine Briefe, keine Telefonate, gar nichts. ALI hat sich gleich einsichtig gezeigt und zugestimmt. Für eine Weile gab er Ruhe.

Doch jetzt, kurz vor Weihnachten, hat er sich wieder gemeldet, er hat eine Karte geschrieben, mit dem Wunsch, daß ich mich bei ihm melde. Er schreibt, daß er sein Studium auf Eis gelegt habe, nur noch sechs Monate in Deutschland bleiben wolle und danach wegziehen werde. Ich dürfe dreimal raten, warum er wegginge. Anscheinend hat er jetzt Schwierigkeiten mit seinem Studium und schiebt mir die Schuld zu. Auf der Karte hat er noch erwähnt, daß er sich riesig darüber gefreut habe, mich gesehen zu haben, als ich mit meinem Vater bei ihm war – obwohl ich überhaupt nicht mit ihm gesprochen habe. Die Karte hat er wieder nicht unterschrieben und auch nicht mit einem Absender versehen.«

Frage: »*Denkst du, daß das mit seinen Studienproblemen stimmt?*«

Olga: »Ich denke ja. Ich habe ihm immer geholfen; zum Beispiel, weil er nicht so schnell schreiben konnte, habe ich seine Hausarbeiten getippt. Jetzt muß er mehr fürs Studium tun und mehr arbeiten, denn er muß auch noch seine Frau versorgen. Dann kommt auch noch der psychische Druck dazu, jemanden geheiratet zu haben, den er nur wegen dem Druck aus beiden Familien geheiratet hat. Ich kann mir das alles gut vorstellen.«

Frage: »*Weißt du, wie Alis Verhältnis zu seiner Frau ist?*«

Olga: »Als ich Ali noch getroffen habe, hat er mir einiges über seine Frau erzählt. Sie hat ihn sehr gemocht, aber bald hat sie ihm gesagt, daß er nicht so ist, wie sie sich ihn vorgestellt hatte. Er hat mir gesagt, sie weine oft, sei sehr deprimiert, weil er sie schlecht behandle, kaum mit ihr rede und meist nicht daheim sei. Er ging ja weiterhin in die Uni, jobbte nebenher und war lange Zeit täglich Montag bis Freitag von sechzehn bis zweiundzwanzig Uhr bei mir. Wenn er bei mir war, hat Ali seiner Frau erzählt, er lerne in der Hauptbibliothek, die zu dieser Zeit geöffnet war. Ich bin aber sicher, seine Frau hat was geahnt.

Ich habe in meiner alten Uni-Stadt auch noch eine Freundin, die mir einiges über Ali und seine Frau erzählt. Er verstellt sich die ganze Zeit und spielt einen wunderbaren Ehemann. Viele glauben es auch. Es gibt wenige, die vermuten könnten, daß er immer noch hinter mir her war. Er hatte schon zwei Gesichter. Ich bin mir sicher, zu Hause in seinem Land erzählt er selbstverständlich nichts. Dort hat er schon immer den guten Sohn gespielt und so getan, als ob er nur das macht, was für seine Angehörigen erlaubt ist, obwohl er das nicht tut.

Seine Frau hatte in der Heimat viele Heiratsangebote bekommen, die hatte sie alle abgelehnt. Da hat sie an der jetzigen Situation auch schuld, sie hätte längst mit jemand anderem verheiratet sein können. Sie wollte unbedingt ihn, dann hat sie aber gemerkt, er war nicht der Typ, so wie sie ihn sich vorgestellt hatte. Sie muß jetzt auch ziemlich viel leiden. Von den Reisen, die wir zusammen gemacht haben, gibt es viele Poster, auf jedem Poster habe ich was geschrieben: ›Für meine große Liebe‹ und so ähnlich. Diese Bilder hängen immer noch bei ihm in der gemeinsamen Ehewohnung an der Wand, mit meiner Unterschrift. Um das auszugleichen, hat er sein Hochzeitsfoto daneben gehängt. Außerdem hat er noch ganz viele Bilder von mir, die sind in einem Schrank, zu dem sie keinen Zugang hat. Ich glaube, seine Frau muß ganz viel erdulden.«

Frage: »*Wie sieht dein Privatleben jetzt aus?*«

OLGA: »Ich lebe hier in dieser anderen Stadt und setze dort mein Studium fort. Allerdings habe ich dabei mindestens ein Semester verloren. Inzwischen habe ich einen Jugendfreund aus meinem Heimatland geheiratet und dies auch ALI mitgeteilt. Seine Reaktion darauf war, daß ich mich scheiden lassen soll. Trotzdem gab er für mehrere Monate Ruhe. Bis der letzte Brief kam, in dem er behauptete, daß ich doch nicht verheiratet sei und dies nur ein Trick sei. Andererseits hat er geschrieben, er werde dafür sorgen, daß mein Ehemann sich von mir scheiden läßt. Er gibt nicht auf. Er will sich etwas ausdenken, was er meinem Ehemann erzählen kann, damit sich dieser von mir scheiden läßt. Mein Ehemann weiß über meine Vergangenheit mit ALI Bescheid, auch, daß er immer noch hinter mir her ist. Inzwischen hat er einen Brief an ALI geschickt, damit er mich in Ruhe läßt. In der arabischen Kultur wirkt es mehr, wenn der Mann den Brief schickt.«

Frage: »*Wie siehst du das Ende deiner Beziehung mit ALI?*«

OLGA: »ALI hat seine Entscheidung getroffen, oder er mußte die Entscheidung treffen. Wenn er nicht anders konnte, weil das in den Familien halt so ist und er den Weisungen seiner Eltern folgen mußte, kann ich es verstehen, aber dann soll er mich in Ruhe lassen. Er als Muslim darf vier Frauen heiraten, aber ich war nicht bereit, seine zweite Frau zu werden. Es scheint so, daß er meine Entscheidung nicht akzeptieren konnte oder wollte. Ich glaube, es ist ganz schlimm für einen Araber, wenn eine Frau für sich entscheidet, die akzeptieren ein ›Nein‹ einer Frau überhaupt nicht, die sind daran gewöhnt, daß die Frauen gehorsam sind und das tun, was von Frauen erwartet wird.

Ali hat immer gesagt, man muß das Leben genießen, das tun, was einem Spaß macht. Bei ihm war es reisen und eine Freundin haben. Und seine Freunde tun das gleiche, sie haben auch Freundinnen hier in Europa. Aber die Freundin bedeutet für sie nur Ergänzung des Lebens, die machen sich keine weiteren Gedanken, wie ich sie mir am Anfang oder auch später machte, Gedanken, daß wir vielleicht heiraten und zusammenbleiben können. So weit dachten die überhaupt nicht, ihnen ging es nur darum, sich zu befreunden. Die europäischen Frauen sind offen und leicht zu kriegen. In den muslimischen oder arabischen Ländern, da kann man nicht befreundet sein, da muß man sich zuerst verloben. Dann darf man Händchen halten, aber zu zweit ausgehen, das darf man auch erst nach der Hochzeit. Also das ist schon ziemlich streng, und deswegen, wenn die Araber nach Europa kommen, dann merken sie die Freiheit hier und wollen das voll ausnutzen. Sie kommen hierher zum Studieren, sie haben vier, fünf Jahre vor sich, und sie wollen das Leben hier richtig genießen, das heißt, sie möchten auch Freundinnen haben und sich richtig ausleben.

Wenn solche Leute mit ihrem Studium fertig sind, dann fliegen sie nach Hause und heiraten dort. Dabei wissen die Eltern in ihrem Heimatland überhaupt nichts von den Beziehungen, die ihre Söhne in Europa hatten. Sollten sie es erfahren, kann so etwas geschehen wie beim Bruder meines Ex-Freundes, daß er zu Hause anruft und fragt, welche Cousine in der Familie noch frei wäre zum Heiraten. Dann sucht er sich eine aus und heiratet diese ganz spontan, um seinen guten Ruf wiederzugewinnen. Der Bruder hat dann seine Frau hierher geholt und sie dabei auch unter Druck gesetzt; sie hatte überhaupt nicht vorgehabt, hier zu leben und die Sprache zu erlernen. Aber unter seinem Druck hat sie dann doch angefangen, Deutsch zu lernen. Für sie ist es sehr mühsam, denn die Araber sind immer unter sich und zu Hause und unterhalten sich selbstverständlich auf arabisch.«

Frage: »*Möchtest du noch etwas zu eurer damaligen Beziehung sagen?*«

OLGA: »ALI hat immer gemeint: ›Jeder darf machen, was er will, jeder hat seine Freiheit.‹ Solange ich die gleiche Meinung hatte wie er, hat es funktioniert, aber wollte ich etwas anderes machen, als er wollte, dann ging es nicht mehr, da gab es schon einige Streitereien. Das ist mir allerdings erst im Laufe der Zeit aufgefallen.

Ich kenne eine polnische Studentin, die war auch jahrelang mit einem Araber befreundet. Man konnte denken, was für eine schöne Beziehung, die lieben sich, die werden bestimmt heiraten. Doch dann habe ich irgendwann erfahren, was der Araber von meiner Freundin hält, daß er behauptet, nur mit ihr zusammen zu sein, weil sie sonst keinen anderen Freund kriegen könne. Eine ähnliche Erfahrung mußte ich selbst machen, als ich mich von meinem Ex-Freund distanzierte. Damals sagte mir ALI sinngemäß, daß er mir einen Gefallen getan hätte, drei Jahre mit mir zusammen gewesen zu sein. Denn obwohl seine Freunde mich nicht schön fanden, sei er trotzdem mit mir zusammen geblieben.

Wir haben uns die Miete geteilt, trotzdem mußte ich den ganzen Haushalt führen und zusätzlich arbeiten, ALI hat mir überhaupt nicht geholfen, nur manchmal ganz wenig. Jetzt, wenn ich das vergleiche, wohnt er mit dieser Frau da, und sie muß gar nichts zahlen. Er schafft es jetzt, die ganze Miete zu zahlen und sie noch zu versorgen. Das mit dem Geld und mit der Wohnung, das habe ich eben nicht so gesehen und nicht gemerkt, das merkte ich erst hinterher, daß ich ihn etwas mehr unter Druck hätte setzen sollen, daß er auch meine Miethälfte hätte bezahlen müssen, wenn ich schon alleine den Haushalt mache. Es war mir zu stressig, zu studieren, arbeiten zu gehen, den ganzen Haushalt zu machen und mich auch noch zu kümmern, das war mir einfach zu viel.«

Frage: »*Letzte Frage: Was empfiehlst du anderen Frauen, die sich zu einem Mann aus einem anderen Kulturkreis hingezogen fühlen?*«

OLGA: »Ich würde sagen, man sollte auf alle Fälle aufpassen. Am besten vorher die Kultur des möglichen Freundes kennenlernen und nicht so einfach ›reinspringen‹, bevor man sich fest befreundet. Am Anfang war es schon schön, wie die Araber mit mir umgegangen sind, aber das ließ dann nach, man lernt dann schon die Nachteile kennen, daß man nur eine Begleitperson ist.

Mittlerweile habe ich verschiedene Bücher über die arabische Kultur gelesen und festgestellt, daß es wirklich nicht so einfach ist. Vor allem in den arabischen Ländern gibt es Probleme. Die Leute, die da unten nicht ins optimale Bild passen, werden einfach vernichtet. Ich las eine Geschichte von einer arabischen Frau, die schwanger wurde und nicht verheiratet war – das ist eine große Schande für die Familie. Sie ist in einem Auto verbrannt worden, und keiner hat nach den Ursachen gefragt. Das Auto ist explodiert, und das war's dann. Die anderen kümmern sich in solch einem Fall nicht darum, die sehen das als Unfall an, und die Familie und der Täter, der die Bombe gelegt hat, meinen, er habe was Gutes getan, weil er einen bösen Menschen von der Welt entfernt habe. Sie sehen so etwas sehr positiv. Von daher muß man wirklich vorsichtig mit diesen Leuten sein.«

Man muß sich angesichts der in unserem Interview etwas ausführlicher geschilderten Erlebnisse wirklich fragen, wo wir eigentlich leben. Da muß eine erwachsene Frau in Deutschland um ihr Leben fürchten, die sich unwissentlich mit einem bereits verlobten Araber liiert hat. Doch dieser heiratet seine Verlobte, obwohl er sie (angeblich) nicht heiraten will. Als Herrenmensch meldet er weiterhin seine Besitzansprüche auf die enttäuschte Europäerin an, die ihm immerhin noch einige Monate lang regelrecht hörig ist. Selbst als die Europäerin ihre Universitätsstadt fluchtartig verläßt, um ihr Leben endlich ohne den arabischen Ex-Freund zu leben, läßt dieser nicht locker. In dieser Situation paßt die europäische Frau ihr Verhalten der vormodernen Tradition des Belästigers an: Sie schaltet ihren Vater ein und bietet einen Ehemann auf, der dem Belästiger seinen ehelichen ›Besetzt!‹-Anspruch auf die Frau nachweist.

Man kann es drehen und wenden, wie man will: Wenn diese Sitten in einer sogenannten ›multikulturellen Gesellschaft‹ Schule machen, läßt sich unschwer absehen, wann wir wieder in mittelalterlichen Geschlechterverhältnissen leben.

Wir können im vorliegenden Fall annehmen, daß Ali tatsächlich auf Druck der heimatlichen Familien seine Verlobte geheiratet hat. An diesem Punkt spiegelt die Geschichte einen Kulturkonflikt wider, der aus unvereinbaren Anforderungen orientalischer, gruppenbezogener Normen einerseits und westlich-individueller Wahlfreiheit andererseits entstanden ist. Diesem Konflikt direkt ausgesetzt war zunächst nur der arabische Student Ali – seit dem Zeitpunkt, als er sich in Olga verliebte. Wir wissen nicht, welche Gefühle Ali seiner arabischen Verlobten zu dieser Zeit entgegenbrachte und wie seine Gefühle sich im Laufe der Zeit veränderten. Wir können jedoch klar erkennen, daß Ali versuchte, diese Konfliktkonstellation auf dem Rücken der beiden Frauen auszutragen und zwei Beziehungen gleichzeitig zu leben – ein Handlungsmuster, das er umgekehrt als ›Herrenmensch‹ bei keiner der beiden Frauen akzeptiert hätte.

Seiner Ehefrau war er kaum Rechenschaft schuldig, während er der ›freien‹ Europäerin gegenüber seine Gebundenheit zu verschleiern, herunterzuspielen und als zeitlich begrenzt darzustellen versuchte. Diese Art der Problemlösung ist allerdings keine orientalische Besonderheit, sondern gehört auch zum typischen Verhalten erwachsener Männer im Westen.

Inwieweit sich die intensive Überwachung Olgas durch ihren arabischen Freund bzw. Ex-Freund kulturspezifischen Wurzeln verdankt, darüber läßt sich streiten. In vergleichbarer Intensität kann man ein solches Kontrollverhalten bisweilen auch bei westlichen Männern beobachten. Allerdings gilt dieses Verhalten im Westen als Ausdruck eines krankhaften Besitzanspruchs, und wer es praktiziert, kann kaum noch mit Verständnis von seiten der Umwelt oder Unterstützung durch andere Männer rechnen.

Im Verlauf unserer Geschichte war Ali immer stärker einem existentiellen Konflikt zwischen seinen individuellen Wünschen und den Anforderungen, die seine orientalische Kultur an ihn richtete, ausgesetzt. Er entschied sich für die heimatliche Tradition und eine ordnungsgemäße, mögliche Rückkehr in seine Familie. Dabei hoffte er vergebens, auch noch die Beziehung zu Olga aufrechterhalten zu können – zumindest für die Dauer seines Aufenthaltes in Europa.

Obwohl Ali nicht locker ließ und alles daran setzte, konnte er seine europäische Freundin nur noch für eine gewisse Zeit in Abhängigkeit halten und verlor sie danach. Doch das Mitleid mit ihm hält sich in Grenzen. Hauptverliererin ist eindeutig seine arabische Ehefrau – und daran trägt ALI zweifellos die Hauptschuld. Fremd in einem fremden Land, der dortigen Sprache nicht mächtig, ohne eigenes Einkommen, von ihrer Prägung und ihren arabischen Kontaktpersonen in Deutschland zur Unterordnung unter ihren Mann verpflichtet, konnte und kann sie den Verletzungen von seiten ihres Ehemannes nicht Einhalt gebieten, ja, ihnen nicht einmal Widerstand entgegensetzen. Aber hätte sie nicht die Möglichkeit gehabt, in ihrer Heimat einfach einen anderen Mann zu heiraten – zumal sie OLGAS Existenz mitbekommen hatte?

Doch dem ist zweierlei entgegenzuhalten. Erstens war vermutlich auch die arabische Verlobte – wie OLGA – auf eine schöne gemeinsame Zukunft mit ALI fixiert. Und zweitens führt schon die Auflösung einer Verlobung nach orientalischer Tradition für die betroffene Frau zu einer Rufschädigung mit einschneidenden Konsequenzen. Eine Entlobte gilt im traditionellen Orient allenfalls noch als Frau zweiter oder dritter Wahl und steht damit ganz ›unten‹ in der sozialen Hierarchie. Dieses Bild vor Augen, könnte sich ALIS Ehefrau erst recht dazu bewogen gefunden haben, auf die Hochzeit mit ihm zu setzen. Insbesondere bei einer Verzichterklärung von ihrer Seite hätte sie massive Konsequenzen fürchten müssen.

Mit welchen Konsequenzen selbst die Auflösung einer Verlobung von seiten des Verlobten verbunden ist, schildern Ch. BENARD/E. SCHLAFFER an einem Beispiel. Die Geschichte beginnt wie in unserem Beispiel: Der Verlobte einer Araberin begibt sich zwecks Studium in ein westliches Land. Und weiter:

»AISCHA war mit einem Cousin verlobt worden, als sie noch ein Kind war. Der Cousin studierte später im Ausland und heiratete dort eine Französin. Die beiden Familien zerstritten sich, und die Verlobung mußte gelöst werden, da der junge Mann sich weigerte, sich von der Ausländerin zu trennen. Mit 16 wurde AISCHA an einen anderen Mann verheiratet. Da sie bereits einmal verlobt gewesen war, galt AISCHA nicht mehr als einwandfreie Ware [obwohl sie noch Jungfrau war, der Verf.]. Die ersten fünf Jahre ihrer Ehe verbrachte sie im Haus, streng bewacht von Mann und Schwiegereltern; ihre eigenen Eltern durfte sie nur einmal im Jahr besuchen. Erst nach der Geburt ihres zweiten Kindes galt ihr Ruf als einigermaßen. (Ch. BENARD/E. SCHLAFFER 1984, S. 129)

Am besten von allen Beteiligten an unserer Interview-Geschichte kommt zweifellos OLGA weg. Sie setzt ihr Studium fort und wird es bald abgeschlossen haben; sie ist verheiratet, wie sie es sich immer gewünscht hat, selbst wenn ihr Ehemann nicht der erträumte Märchenprinz ist. Falls die Ehe später in eine Enttäuschung mündet, kann sie die Trennung beantragen und erneut auf die Suche nach dem Märchenprinzen gehen.

Sicherlich kann man OLGAS Verhalten auch kritisieren. Objektiv betrachtet, hat sie ALIS Spiel viel zu lange mitgespielt, selbst als sie es durchschaut hatte. Doch kritisieren oder richten läßt sich leicht. Als Ausländerin fühlte sich OLGA anfangs allein und sehr unsicher in dem fremden Land. ALI vermittelte ihr in dieser Lage Geborgenheit, Aufmerksamkeit und Schutz. Zudem verstand er es, sie mit Charme für sich einzunehmen und ihr ihre Wünsche von den Augen abzulesen.

In ihrer Verliebtheit heftete sich OLGA lange Zeit blind an ALI. Dadurch, daß sie fast ihre gesamte Freizeit mit ihm und seinen Freunden verbrachte, isolierte sie sich immer mehr von ihrem sozialen Umfeld. Aufgrund dieser Isolation wäre sie ohne ihren ALI zunächst weiterhin relativ allein und verunsichert in der immer noch fremden Umgebung gewesen. Der Hunger nach Geborgenheit und Liebe trübte in dieser Situation ihr Wahrnehmungsvermögen: Obwohl ALIS Beteuerungen in Wirklichkeit nur eine Fata Morgana waren, verwechselte OLGA diese lange Zeit mit der Wirklichkeit. Als sie aus ihrem Traum aufwachte, gelang es ihr nur mit Mühe, unter persönlichen Opfern und unter Inkaufnahme einer Zeit der Unsicherheit den Kontakt mit ALI abzubrechen.

OLGAS Geschichte ist in unseren Breiten kein Einzelfall. OLGA berichtete selbst von mehreren ihr bekannten Fällen, bei denen meist osteuropäische Studentinnen Kulturkonflikte und Enttäuschungen mit orientalischen Studenten erlebten. Auch Ch. BENARD/E. SCHLAFFER gehen dieser Frage nach und stellen fest, daß arabische Studenten im Westen ihre in der Sexualität durchbrechenden Kulturkonflikte oftmals auf Kosten der Frauen ›lösen‹. Junge islamische Männer seien in europäischen Ländern mit einer ungewohnt offenen Sexualität konfrontiert. Zudem seien sie bereits in ihrer orientalischen Heimat von den übersteigerten Vorstellungen sexuell williger westlicher Frauen beeinflußt worden. (Ch. BENARD/E. SCHLAFFER 1984, S.

264) Nur stellvertretend für andere zitieren die Autorinnen einen fünfundzwanzigjährigen Studenten aus dem Iran:

»›Fast das gesamte erste Jahr im Ausland verbrachte ich damit, unruhig an Orten herumzustreunen, von denen ich glaubte, daß man dort eine Frau kennenlernen könnte. In ihren Briefen an mich fragten meine zu Hause gebliebenen Freunde und Schulkollegen immer nur danach, ob ich schon eine Frau gehabt hätte und wie es sei. Sie stellten sich Europa vor wie ein einziges Schlaraffenland voll halbnackter und williger Mädchen. Da ich nichts zu berichten hatte, mußte ich Geschichten erfinden, und in meinen Geschichten waren die Mädchen noch unersättlicher, noch gieriger auf einen arabischen Liebhaber als in unseren Jungenträumen.‹« (ebenda)

Manche dieser Studenten entwickelten im Laufe der Zeit eine distanziertere Haltung zur eigenen wie zur fremden Kultur. »Aber für viele islamische Männer bleibt die Europäerin die Verkörperung all ihrer widersprüchlichen Gefühle gegenüber dem Westen: Anziehung und Faszination, Minderwertigkeitsgefühle und Ressentiments, Entfremdung und Machtdrang mischen sich in der Bewertung der eigenen und der anderen Kultur und haben unmittelbare Folgen für die Einschätzung und Behandlung der Europäerin und, was folgenschwerer ist, der eigenen Frau nach der Rückkehr in die Heimat. Diese Sexualisierung des Kulturkonflikts auf Kosten der Frauen wird nicht reflektiert und nicht kritisch wahrgenommen; sie führt nur noch zu ausgeprägterer Frauenfeindlichkeit, zur noch intensiveren Sexualangst und zum noch stärkeren Drang, Frauen und ihre Sexualität zu beherrschen.« (ebenda, S. 264 f.)

Kapitel 2

Traditionelle türkische Geschlechterverhältnisse in Deutschland

Vorbemerkung

Türkische und türkischstämmige Menschen stellen in Deutschland den weitaus größten Anteil unter den Migranten. Bis auf einen verschwindend geringen Teil handelt es sich dabei um Muslime. Es lohnt sich, diese Bevölkerungsgruppe etwas genauer unter die Lupe zu nehmen. Denn obwohl die Moderne mittlerweile auch in der Türkei Einzug gehalten hat, werden – in traditionellen türkischen Migrantenmilieus – beträchtliche Unterschiede zur deutschen Bevölkerung sichtbar.

Die Beschreibung dieser Unterschiede folgt über weite Strecken hinweg nicht den Vorgaben der sogenannten ›Political Correctness‹. ›Multikulturell‹ gesinnten Gutmenschen wird sie sogar ein regelrechter Dorn im Auge sein, zumindest aber nicht ihren Beifall finden. Ihr Argument: Man könne keine Aussagen über ›die‹ Türken in Deutschland machen, dafür sei diese Bevölkerungsgruppe viel zu heterogen. Richtig ist daran nur, daß sich nicht (mehr) alle türkischen Migranten in der Geschlechterfrage traditionell verhalten. Gleichwohl haben Aussagen über Geschlechterverhältnisse türkischer Migranten natürlich ihren Sinn, ebenso wie Aussagen zum Alkoholkonsum Deutscher sinnvoll sein können, obwohl nicht alle Deutschen Alkohol trinken.

Zur Beschreibung differenzierter Großgruppen von Menschen bedient sich die Soziologie der Angabe von Häufigkeiten und Wahrscheinlichkeiten und bildet Typen. Typenbildung bedeutet, Objektbereiche nach bestimmten Merkmalen zu klassifizieren. Für das ebengenannte Beispiel des Alkoholkonsums von Deutschen könnte man zum Beispiel unterscheiden zwischen Vollalkoholikern, Quartalssäufern, Genußtrinkern, Abstinenzlern usw. Mittels Typisierung und Angaben von Häufigkeiten sind Aussagen selbst über ausgesprochen inhomogene Volksgruppen durchaus gehaltvoll.[1]

---

[1] Seltsamerweise kann sich gar mancher Soziologe an dieses Handwerkszeug nicht erinnern, wenn es um die Beschreibung von Geschlechterverhältnissen unter islamischen Migranten geht.

Ein Beispiel zu unserem Thema: Bei Menschen des Typs ›traditionelles türkisches Migrantenmilieu‹ herrscht die Regel vor, daß Brüder ihre Schwestern in der Öffentlichkeit sexuell kontrollieren. Eine Minderheit von jungen Türken aus traditionellen Familien weicht jedoch davon ab und gönnt auch ihren Schwestern die Freiheiten, die sie selbst genießen. Dennoch ist es ziemlich wahrscheinlich, daß eine 16jährige Türkin aus einer traditionellen Familie, die von ihrem 18jährigen Bruder beim Küssen mit einem Jungen entdeckt wird, Ärger bekommt (sei es, weil entweder der Bruder selbst handgreiflich wird oder sie bei den Eltern denunziert). Daß ein 18jähriger Schwede (mit originär schwedischem Familienhintergrund) seiner 16jährigen küssenden Schwester Ärger bereitet, ist dem gegenüber nicht zu erwarten.

Anders ausgedrückt: Die nachfolgenden Aussagen über traditionelle türkische Geschlechterverhältnisse beschreiben zwar im großen und ganzen die Wirklichkeit, dürfen aber nicht auf alle in Deutschland lebenden Türken bezogen werden – eigentlich eine Binsenweisheit.

2.1. ›Ehre‹ als zentraler traditioneller Familienwert

Zunächst scheint es angebracht, ein kurzes Augenmerk auf das Verständnis von Familie und Ehre zu werfen, wie es türkische Migranten in ihrer traditionellen Heimat erfahren haben. Danach wenden wir uns dem türkischen Leben in Deutschland zu.

Fundament der traditionellen türkischen Familie ist absoluter Gehorsam der Kinder gegenüber den Eltern und eine rigide Orientierung an traditionell ›patriarchalischen‹ Geschlechterrollen. Dem Vater kommt die oberste Entscheidungsbefugnis in allen Angelegenheiten des Lebens zu. (Nach: Zentrum für Türkeistudien, im folgenden ZfT, 1991, S. 148) Mit dem Gehorsam verbunden ist die ›Ehre‹ (türkisch: *Namus*) als zentraler Familienwert. Diese äußert sich in der Ehrbarkeit aller weiblichen Familienmitglieder. (ebenda, S. 148) Kern der traditionellen Ehrbarkeit der türkischen Frauen und Mädchen ist ihre Keuschheit. Keuschheit bezeichnet hier nicht nur das Verbot jeglichen sexuellen Verkehrs mit Männern vor und außerhalb der Ehe. Sie beinhaltet auch, daß Frauen das alleinige Zusammensein mit familienfremden Männern vermeiden und daß sie sich ›schamhaft‹, schüchtern und scheu gegenüber Männern verhalten, mit denen sie berechtigterweise in Kontakt geraten. (A. PETERSEN 1985, S. 11)

Die traditionelle türkische Kultur kennt nur drei Kategorien von Frauen: die Jungfrau, die sexuell erfahrene Ehefrau und die ehrlose, schmutzige Hure. Unter die Kategorie ›Hure‹ fallen alle Frauen, die ohne oder neben der Ehe sexuelle Beziehungen zu Männern pflegen. (I. ATABAY 1998, S. 28)

Eine Frau, die sich durch einen vor- oder außerehelichen Sexualkontakt entehrt hat, beschmutzt gleichermaßen die Ehre ihres Mannes, Vaters oder Bruders. Hinzu kommt noch, »daß Frauen als schwache, verführerische, dem Satan ähnliche Wesen angesehen werden« (ebenda), denen man nicht zutraut, sich selber und ihre Ehre zu verteidigen. Dies erklärt, daß die Ehre der Frau in die Hände des Mannes oder Bruders gelegt ist. Nach traditionellen türkischen Regeln hat die begangene Ehrlosigkeit der Frau ihre Verstoßung zur Folge. (A. PETERSEN 1985, S. 26 ff.; I. ATABAY 1998, S. 28)

Ein Mann, der als ehrenhaft gelten will, zeichnet sich in seinem Verhalten durch Stärke, Härte, Virilität und Unversöhnlichkeit aus. Schwäche, Nachgiebigkeit, Unentschlossenheit muß der Mann zumindest in Anwesenheit von Frauen vermeiden, diese Eigenschaften gelten als weiblich. (PETERSEN 1985, S. 23 ff.) Für die Beziehung der Männer untereinander hat dieses traditionelle Rollenverständnis Folgen: Sie müssen auch voreinander ständig auf der Hut sein, um ihr Ansehen fürchten, kämpfen und durch zur Schau gestellte Stärke und Entschiedenheit jeglichem potentiellen Angriff auf ihre Ehre entgegenwirken. (A. PETERSEN 1985, S. 55)

2.2. Geschlechtsspezifische Normen und Erziehung unter türkischen Migranten:[1] drei Familientypen

Die Familien- und Erziehungsgrundsätze türkischer Migranten spiegeln zum einen die innerhalb der Türkei bestehenden beträchtlichen Unterschiede wider; andererseits werden diese »noch einmal überlagert durch die Erfahrungen, die die Familien bzw. die Eltern im Migrationsprozeß durchlaufen haben.« (ZfT 1991, S. 145).

---

[1] Zur begrifflichen Vereinfachung werden auch die in Deutschland geborenen Nachkommen von Zuwanderern als ›Migranten‹ bezeichnet.

Vereinfachend lassen sich im türkischen Migrantenmilieu drei Familientypen unterscheiden (ZfT 1991, S. 145; I. Atabay 1998, S. 35):

1. religiös-traditionell orientierte Familien,
2. Familien zwischen Tradition und Moderne (semitraditionelle Familien),
3. moderne Familien/Paare.

Zur *ersten* Kategorie: In den religiös-traditionell orientierten türkischen Familien werden beide Geschlechter in Verpflichtung auf die traditionelle Ehre erzogen: Den Töchtern ist es streng untersagt, die Ehre der Familien zu beschädigen, den Söhnen fällt (neben den Vätern) die Aufgabe zu, die Ehre abzusichern und zu verteidigen. Wie sich diese Erziehungsvorstellungen in der bundesdeutschen Migrantenpraxis bisweilen für türkische Mädchen auswirken, führt das Zentrum für Türkeistudien aus: »In den Familien, in denen diese zentralen Wertvorstellungen beibehalten werden, kann es dazu kommen, daß die Töchter ausgenommen vom Schulbesuch die elterliche Wohnung allenfalls in Begleitung der Familie verlassen dürfen. Nach Beendigung der Schulpflicht bleiben die Mädchen im Haus, bis zur Verheiratung. Dabei wird eine frühe Verheiratung als günstig angesehen, weil die Eltern darin den besten Schutz vor den befürchteten Einflüssen der Aufnahmegesellschaft sehen. . . Die auferlegten Beschränkungen sind dabei oftmals rigider, als sie in der Türkei gewesen wären.« (ZfT 1991, S. 148)

Auch wenn selbst ein größerer Teil der traditionell geprägten Eltern ihren Kindern in einigen Bereichen Verhaltensweisen deutscher Gleichaltriger zubilligt: »In den zentralen Bereichen wird jedoch an dem überkommenen Wertgefüge festgehalten; Verhaltensweisen, die dem Gebot von Gehorsam und Achtung[1] nicht entsprechen. . ., werden nicht toleriert. Den Entscheidungen des Vaters ist nach wie vor nachzukommen. Zentral bleibt auch der Ehrbegriff, nach dem es zur Beschädigung der Ehre des Mädchens durch den Kontakt mit einem Fremden männlichen Geschlechts kommt.« (ZfT 1991, S. 149)

---

1 Achtung schuldet der Sohn dem Vater, die Frau dem Mann, der jüngere Bruder dem älteren. Sie wird z.B. bekundet, daß der niedriger Stehende dem Höher Stehenden nicht wiedersprechen, ihn nicht mit dem Vornamen ansprechen darf, in der Öffentlichkeit in seiner Gegenwart schweigen muß usw. (Schiffauer, nach: Atabay 1998, S. 81)

Demgemäß ängstigen sich traditionell türkische Eltern im sexuell freizügigen Deutschland besonders um die Keuschheit ihrer Töchter. Besorgt sind sie jedoch auch, daß sich die Söhne mit ›Straßenmädchen‹[1] herumtreiben oder drogensüchtig und kriminell werden. Weit verbreitet ist auch die Angst davor, daß sich die Kinder von deutschen Jugendlichen beeinflussen lassen und bald keine ›richtigen Türken‹ mehr seien. Den Ausweg sehen diese Eltern in einer möglichst frühen Heirat vor allem ihrer Töchter – selbstverständlich mit einem ›richtigen‹ Türken. (I. Atabay 1998, S. 43)

Andererseits mißtrauen sich türkische Migranten, die aus unterschiedlichen Regionen und Milieus kommen, auch untereinander. Eltern veranlassen deshalb Eheschließungen ihrer Kinder bevorzugt mit Partnern aus ihrer Heimatregion und suchen diese oftmals innerhalb der eigenen Verwandtschaft aus. Verwandtenheirat ist ein in der ländlichen Türkei üblicher Brauch. Die eingespielte Praxis der Verheiratung von Kindern mit in der Türkei lebenden Verwandten dient auch dazu, die dort lebenden Verwandten materiell zu unterstützen: durch Transferleistungen ihrer nun in Deutschland lebenden Söhne oder Töchter. (ebenda) Für männliche Türken kommt bisweilen noch ein weiteres Moment hinzu: Nachgeholte Ehefrauen sind wesentlich abhängiger von ihrem geehelichten Mann. Ohne der Sprache mächtig zu sein, ohne (passende) Berufsausbildung bzw. Arbeit, kulturell fremd im neuen Land, kann die Frau in der Ehe so gut wie keine eigenen Interessen durchsetzen. (ebenda, S. 50)

Zusammenfassend stellt I. Atabay fest, daß in religiös-traditionell orientierten Familien die Frauen hinsichtlich der Eheschließung weder ein Entscheidungs- noch ein Mitspracherecht hätten. In der Regel würden sie auch keinen Anspruch darauf erheben. Weiter führt er aus: »Frauen werden verheiratet, wie die Eltern und die Tradition es so wollen, und zwar mit Männern, die sie vorher nicht kannten. Der Islam nimmt tatsächlich einen großen Raum im Leben dieser Familien ein. In Anbetracht der Rollenaufteilung zwischen den Geschlechtern hat der Mann die Rolle des Ernährers. Er ist das Oberhaupt der Familie, die Frau hat ihm zu gehorchen. Die Frau dagegen wird als eine schutzbedürftige, verführerische Gestalt gesehen. Sie

---

[1] Hierzu gehören bereits Mädchen, die ein Jugendfreizeitheim besuchen. (ZfT, 1991, S. 46)

hat natürlich viele Aufgaben, sie muß Kinder gebären, den Haushalt organisieren und dafür sorgen, daß das Familienleben zum Ort der Geborgenheit und der Liebe wird. . . In der Regel sehen die Frauen (weil der Islam es so vorschreibt) eine ihrer Rollen in der sexuellen Befriedigung ihrer Männer. Werden die sexuellen Bedürfnisse der Männer gestillt, gibt es aus dieser Sicht auch keinen Konflikt. Für die Erziehung der Kinder sind die Mütter zuständig, wie es der Islam vorschreibt. Es wird darauf geachtet, daß diese geschlechtsspezifisch erfolgt. Mädchen werden auf ihre Jungfräulichkeit und auf ihre zukünftige Rolle als Ehefrau hin erzogen.« (I. ATABAY 1998, S. 104 f.)

Zur zweiten Kategorie: Für ›semitraditionelle‹ Familien ist es bezeichnend, daß sie zwischen modernen und traditionellen Lebensweisen schwanken. Wenn sie auch kritische Einstellungen gegenüber der traditionellen türkischen Wertewelt vertreten, sind für sie Ehre, Würde, Ansehen und Jungfräulichkeit doch immer noch sehr wichtig, und sie nehmen in der Regel die traditionellen Geschlechterrollen als gegeben hin. (ebenda, S. 149) Die Eltern des semitraditionellen Familientyps gestehen ihren Mädchen verschiedene Anpassungen an deutsche Gleichaltrige zu, halten aber in der Frage des Umgangs mit dem männlichen Geschlecht tendenziell an den traditionellen türkischen Werten fest. (ZfT 1991, S. 149; I. ATABAY 1998, S. 149 f.)

Türkische Kinder traditioneller wie semitraditioneller Familien erfahren in ihrer gesamten Erziehung eine starke Ausrichtung an der Familie. In dieser Orientierung stellen die Angelegenheiten eines einzelnen Familienmitglieds immer auch Angelegenheiten der gesamten Familie dar. Bei Entscheidungen über persönliche Angelegenheiten wie Berufswahl oder Verheiratung »spielt das Urteil der Eltern und vor allem des Vaters die entscheidende Rolle«, so das Zentrum für Türkeistudien. (ebenda, S. 149)

Im Vergleich zu deutschen Familien stellt W. HEITMEYER für türkische Migrantenfamilien fest: »Ein wesentlicher Unterschied in der Eltern-Kind-Beziehung zwischen türkischen und deutschen Familien scheint u. E. weniger in den emotionalen Beziehungen (Empathie, Verstehen etc.), sondern eher in den Wert- und Kommunikationsstrukturen zu liegen. Zentrales Moment dieses Beziehungsgefüges, dem insbesondere die Autorität des Vaters immanent ist, bleibt die

Nichthinterfragbarkeit der Norm der Ehre. Selbst wenn dem Vater von den Jugendlichen altmodisches Verhalten oder (traditionell-) dörfliches Denken attestiert wird, ist er in der Regel die nach außen sichtbare, unangefochtene Autorität in der Familie.« (W. Heitmeyer 1997, S. 74 f.)

Zur dritten Kategorie: Neben den traditionellen und semitraditionellen Familientypen gibt es selbstverständlich auch Familien, in denen die Eltern »wenig an den traditionellen Erziehungsprinzipien orientiert sind«. (ZfT 1991, S. 148) Bei den von I. Atabay untersuchten modernen türkischen Familien steht nicht der Familienverband im Vordergrund, sondern die Verwirklichung der Persönlichkeit und die Bewahrung der eigenen Interessen. Konflikte und Auseinandersetzungen finden immer wieder statt. Andererseits unternehmen die Ehepartner regelmäßig Lösungsversuche und setzen sich kritisch mit den traditionellen Geschlechterrollenzuweisungen auseinander. Dabei verändern sich die Rollenaufteilungen der Partner weiter in Richtung eines ›modernen‹ Lebensstils.

Als *Fazit* läßt sich festhalten: Die Milieus türkischer Migranten in Deutschland umfassen eine große Spannweite im Verhältnis der Geschlechter zueinander. Die Mehrheit der türkischen Migrantenfamilien ist geprägt von traditionell islamisch-orientalischen Geschlechternormen. In letzter Zeit scheint diese Fixierung sogar wieder zugenommen zu haben. In Übereinstimmung mit Ergebnissen des Zentrums für Türkeistudien ist N. Kelek der Ansicht, daß besonders seit den Anschlägen vom 11. September 2001 der Anteil (stark) islamisch geprägter türkischer Migranten deutlich zugenommen habe. In diesem Zusammenhang seien Schleier und Kopftuch auf dem Vormarsch. (N. Kelek 2005, S. 242 f.)

2.3. Türkische Frauen im traditionellen Milieu

Türkische Migranten sind in der Regel intensiv eingebunden in ein traditionell geprägtes ethnisches Beziehungsgeflecht, bestehend aus Verwandten und Nachbarn. Die Folge ist eine erhebliche soziale Kontrolle über die Lebensführung in den einzelnen Familien. Auswirkungen spüren insbesondere die türkischen Mädchen, deren Bewegungsspielraum tendenziell stärker eingeschränkt bleibt, als es der Einstellung der Eltern entspricht. (Özzkana, in: Lajios 1991, S.

97, ZfT 1991, S. 150) »Auch wenn die Eltern bzw. der Vater einer ›gelockerten Erziehung‹ durchaus positiv gegenüberstehen, kann der soziale Druck u.U. sogar dazu führen, daß Mädchen auf den häuslichen Bereich verwiesen werden, daß eine frühe Heirat angestrebt wird, daß unter Umständen auch eine berufliche Ausbildung abgebrochen wird.« (ZfT 1991, S. 151)

Die Restriktivität im türkischen Migrantenmilieu kann sehr weit gehen: So ist möglich, daß eine junge Frau allein deshalb als nicht ›ehrbar‹ bewertet wird, weil sie sich in der Öffentlichkeit mit einem unbekannten jungen Mann gezeigt hat. Im Extremfall schädigt ein solches Verhalten der Tochter nicht nur das soziale Ansehen der Familie innerhalb der türkischen Bezugsgruppe, sondern kann zum Bruch mit den in der Türkei lebenden Verwandten führen. (ebenda, S. 150)

Um Konflikte zu vermeiden, lassen besorgte Eltern ihre Töchter ausschließlich in Begleitung ihrer Brüder in die Öffentlichkeit. Dabei erwarten sie von ihren Söhnen, daß sie den Ruf der Töchter im Sinne ihrer Ehrvorstellung schützen. (ebenda)

Die Angst vor Abwertung durch die türkische Mitwelt trägt wesentlich dazu bei, daß neben jugendlichen Türkinnen auch erwachsene Türkinnen extremen sozialen Kontrollen unterworfen sind. Jede Veränderung von traditionellen Verhaltensmustern kann bei ihnen als Übertritt zur fremden Kultur gewertet werden und das Ansehen der Familie gefährden. Türkische Frauen, die in Deutschland leben und nach Veränderungen streben, geraten häufig in erhebliche Probleme mit ihrer Familie und ihrer türkischen Umwelt. Da sich dies in der Regel im Verborgenen abspielt, dringt jedoch fast nichts davon an die Öffentlichkeit. Nur wenige Deutsche ahnen, »welche internen Konflikte nicht nur früher, sondern auch heute noch in türkischen Familien ausgetragen werden, die in Deutschland leben«. (Stienen 1994, S. 7)

P. Geiersbach stellt für das Verhältnis der Geschlechter in der traditionell geprägten türkischen Zuwandererkolonie fest: »Sich in der Außenwelt selbständig zu bewegen, darin wird die Frau auch nach fünfzehn oder zwanzig Jahren Deutschlandaufenthalt nicht eingeübt. Dies nicht so sehr, weil der Mann Sorge hat, Kompetenzen preiszugeben und ein Stück Macht einzubüßen, sondern weil er fürchten muß, in den Geruch zu geraten, die *Namus* [Ehre] seiner Frau (und damit auch die eigene Ehrenhaftigkeit) gering zu achten. Ja, ein Mann, der seine Frau allein zur Wohnungsverwaltung, zur Schule oder zum Ausländeramt schickt, wo sie ungeschützt möglichen Anzüglichkeiten fremder Männer ausgesetzt ist, schickt sie in der Vorstellung vieler Koloniebewohner auf den Strich.« (P. GEIERSBACH 1990, S. 90)

Selbst geschiedene Frauen sind männlicher Kontrolle unterworfen, wie das Beispiel der 27jährigen Türkin Tuba BARAZ zeigt, die ungeschminkt von ihren einschlägigen Erfahrungen berichtet: (STIENEN 1994, S. 15 ff.) zum Beispiel darüber, daß sie nach ihrer Scheidung einen Drohanruf von einem Onkel erhielt, obwohl dieser in einer anderen Stadt wohnte. Bei dieser Gelegenheit teilte ihr dieser mit: »Hör mal, ich habe gehört, ihr laßt euch scheiden. Das eine vergiß nicht: Du trägst noch unseren Namen. Und deswegen paß auf, was du tust. Wenn ich irgend etwas höre, dann weißt du, was passiert.« (ebenda, S. 16)

Frau BARAZ kommentiert solche Vorkommnisse mit den Worten: »Egal, was du tust oder nicht tust, man redet trotzdem über dich. Man hört so vieles. Deswegen habe ich irgendwie davor Angst.« (ebenda) Angst empfinde sie auch vor dem eigenen Bruder, der sie mit den nahezu gleichen Worten warnte wie ihr Onkel und sie zudem unmittelbar kontrollierte: »Weil ich alleine bin, paßt mein Bruder jetzt immer auf, wo ich hingehe und was für Freunde ich habe. Meine Familie will nicht, daß ihre Ehre beschmutzt wird. Ich verstehe manchmal die türkischen Menschen nicht.« (ebenda, S. 18)

Abends unternimmt Frau BARAZ nichts, außer sich ab und zu mit Freundinnen zu treffen. Ihr Bruder schreibt ihr vor, daß immer er oder einer der anderen Brüder dabei sein muß, wenn sie abends ausgeht, zum Beispiel in eine Disco. Selbst dann erlaubt er seiner Schwester nicht, länger als bis Mitternacht zu bleiben oder dorthin zu gehen, wo viele Türken sind, um Gerede zu vermeiden. Unter diesen Umständen traue sie sich nicht, in die Disco zu gehen – trotz ihres starken Wunsches. Die Kontrollsituation rundet ihr geschiedener Mann ab, der nichts Negatives über seine Ex-Frau hören will und erklärt, sie beobachten zu lassen. Vor allem am Wochenende rufe er an, um zu hören, ob sie zu Hause sei, so die Betroffene. (ebenda)

In der Rückschau auf ihre Geschichte reflektiert und bewertet Frau BARAZ kulturelle Unterschiede zwischen türkischen und deutschen Lebenswelten: »Wenn man mal verheiratet war und dann geschieden wurde, kann man schon wieder heiraten, aber nicht vor der Ehe einen Freund haben... Ein paar Jahre lang Freunde sein, aus- und eingehen bei den Familien, zusammen ausgehen, das geht nicht. Deswegen finde ich das irgendwie gut bei den Deutschen, daß die zuerst zusammen wohnen oder sich sehen und immer besuchen und sich dann entschließen, ob sie heiraten wollen oder nicht. Ich will nie wieder einen Türken heiraten, sondern einen Deutschen! Ich traue türkischen Männern nicht. Die versprechen einem viel vor der Ehe. Aber meine Familie will nicht, daß ich einen Deutschen heirate, einmal wegen der Religion und dann auch, weil sie glauben, daß das nicht gut geht.« (STIENEN 1994, S. 17)

Aus dem Bericht geht weiter hervor, wie im traditionellen türkischen Milieu Frauen der Verwandtschaft (des Ehemanns) das gewalttätige Patriarchat gegenüber der leidenden Ehefrau verteidigen. Frau BARAZ wurde vor ihrer Trennung mehrmals brutal von ihrem Mann geschlagen. Der Grund waren Meinungsverschiedenheiten. Trotzdem hielten mehrere weibliche Verwandte zu ihrem prügelnden Ehemann. Die Geschlagene wörtlich: »Zum Beispiel seine Tante. Sie ist auch zu uns gekommen. Und hat mit mir geredet. Sie hat gesagt, ich wäre die Frau, und wenn er auch im Unrecht ist, sollte ich immer sagen: ›Ja, ja, ja, es stimmt, was du sagst. Ja, du hast recht.‹ Aber ich habe das nicht geschafft. Sie haben immer zu mir gesagt: ›Das ist dein Mann. Er kann dich lieben, auch schlagen und was weiß ich alles.‹ Aber ich habe zu meinem Mann gesagt: ›Ich kann nicht immer sagen, du hast recht.‹ Und meine Schwiegermutter hat zu mir gesagt: ›Ach, was meinst du, was ich alles erlebt habe in der Türkei... eine Frau muß immer bei ihrem Mann bleiben, ob er gut ist oder schlecht.« (STIENEN 1994, S. 16)

2.4. Geschlechterverhältnisse in der türkischen Migranten-Kolonie

2.4.1. Drei Muster

An dieser Stelle soll ein kurzer Einblick gegeben werden, wie sich die beschriebenen Geschlechterverhältnisse im Alltag der traditionell geprägten türkischen Migranten-Kolonie zeigen. Hierzu sollen mehrere Berichte des Sozialforschers P. GEIERSBACH herangezogen werden, der mit einer umfangreichen Feldstudie unter anderem die Beziehungen der Geschlechter in der typischen türkischen Einwandererkolonie erforscht hat. Ausführlich veranschaulicht er, wie sich der kulturell tradierte männliche Autoritätsanspruch gegenüber der Frau im alltäglichen Leben der Kolonie zeigt. Beispielhaft seien drei Muster[1] angefügt, die nach P. Geiersbach jeweils einer bestimmten Typik des Verhältnisses von Mann zu Frau in der Kolonie entsprechen. (P. Geiersbach 1990, S. 90 ff.)

Muster eins: *»Ganz schön schlau, der kleine Macker«*

Der siebzehnjährige Sinan hat bereits eine Menge Liebeserfahrungen hinter sich. Um eine Zwangshochzeit zu vermeiden, beläßt er es im Umgang mit muslimischen Mädchen beim Küssen und Petting. Für intensivere Aktivitäten wendet er sich Mädchen außerhalb seiner Glaubensgemeinschaft zu. Sein eigenes sexuelles Interesse hindert ihn jedoch nicht daran, seiner eigenen Schwester Filiz, 16, selbst ansatzweise das zu verbieten, was er von anderen Mädchen für sich erwartet. Freimütig schildert er, wie er der Verpflichtung, seine Schwester zu ›schützen‹ nachkommt: »Also, wenn ich sehe, daß meine kleine Schwester sich mit einem Jungen trifft, dann kriegt sie Ärger mit mir. Darf ich ihr als Bruder nicht erlauben, daß meine Schwester 'nen Freund hat. Okay, wenn sie sich in der Schule mal mit 'nem Jungen unterhält, das darf sie... Aber nach der Schule muß Schluß sein damit.«

Zwar ist Sinan auf einer anderen Schule als Filiz, aber wozu hat ›Mann‹ Freunde. Über die erfährt Sinan, inwiefern Filiz mit Jungen zugange ist und ob sie allein und auf schnellstem Wege nach Hause geht. Die erkennbare Doppelmoral in seinem Verhalten erklärt Sinan, indem er anderen Jungs sein eigenes schäbiges Verhalten unterstellt. Ein Verhalten, das Mädchen täuscht und als Mittel zum Zweck mißbraucht: »Dadurch, daß ich selbst Freundinnen habe, weiß ich auch, wie blöd die Mädchen sind, die sich von Jungs alles vorlügen lassen... Und meine Schwester ist bestimmt genauso doof; und ich will nicht, daß mit der was passiert.«

Muster zwei: *Ein zerrissenes Jungfernhäutchen kann vor der Zwangsehe schützen*

Die beiden Verliebten, Kenan (m, 18) und Harika (w, 15), hatten sich heimlich in der Stadt verabredet und fuhren mit dem Auto auf einen

[1] Die Betitelung der Muster stammt vom Verfasser.

außerhalb gelegenen Parkplatz. Dort kam es zum Geschlechtsverkehr. Hintergrund des Geschehens war, daß HARIKAS Mutter KENAN als Braut ablehnte und HARIKA bereits einer anderen Familie [!] zur Ehe versprochen war. Durch den bald aufgeflogenen vorehelichen Geschlechtsverkehr mit KENAN gelang es HARIKA, der von ihrer Familie arrangierten Ehe zu entgehen. Mehr noch: Da ihre Ehre zerstört war und KENAN aus einer guten Familie stammte, bestanden HARIKAS Eltern auf einer Eheverbindung ihrer Tochter zu KENAN.

Der folgende Gesprächsausschnitt zwischen P. GEIERSBACH und seinem türkischen Informanten KAMIL aus der Kolonie verdeutlicht die Rigidität der türkischen Normen und die drohenden Konsequenzen ihrer Mißachtung. Erkennbar wird dabei auch, wie sehr das traditionelle türkische Migrantenmilieu sich von deutschen Einstellungen und Umgangsformen abhebt:

[GEIERSBACH]: »Was hat er gemacht?«

[KAMIL]: »Na, den Pimmel reingesteckt. Die *namus* ist kaputt. Die (HARIKA) ist jetzt für keinen anderen zu gebrauchen. Oder würdest du so eine heiraten? Und wenn KENAN nicht aus einer guten Familie wäre, hätte sie nie mehr nach Hause kommen dürfen.«

»Und wenn KENAN sie gar nicht heiraten will?«

»Dann lebt er nicht mehr lange. Geht der Vater oder HARIKAS Bruder mit dem Messer hinterher, und die beiden Familien kriegen Streit. Aber wie!«

Die unmittelbaren Konsequenzen zu Hause scheinen allerdings für HARIKA sehr unangenehm gewesen zu sein. Denn GEIERSBACH schildert:

»›Aber‹, so freute sich KAMIL, ›hat bei denen (bei HARIKA zu Hause), bestimmt patsch-patsch gemacht, erst die Mutter sie verkloppt, und der Vater sie nachher bestimmt auch noch.‹«

»Und bei KENAN zu Hause?«

»Klar, der Vater hat bestimmt auch getobt, wegen *dedikodu* (Klatsch), aber sie können ja zufrieden sein. Brauchen sie für KENAN keine Frau mehr zu suchen.«

Muster drei: *›Herrenmenschen‹-Allüren*

Beispiel eins: »Schläge«

Herr HÖDÜK haut seiner Frau voll ins Gesicht, weil diese ihren ältesten Sohn EDEP angehalten hat, die mitten in den Flur geknallten Schuhe aufzuheben. Sohn und Ehemann begründen ihr Verhalten mit dem Hinweis zur Mutter: »Die Frau bist du.«

Solches Verhalten sei in der Kolonie auch kein Einzelfall, so GEIERSBACH. Andererseits widersprächen schwere Mißhandlungen jedoch den dortigen Normen und werden an den Pranger gestellt.

Beispiel zwei: ›*Verniedlichung*‹

Herr PAZAR ist der Ansicht, daß man eine Frau »feinfühlig und zärtlich behandeln [muß]. Sie hat ja nicht viel mehr Verstand als ein Kind; und ohne uns Männer wäre sie genauso schlimm dran wie ein Kind ohne Vater«.

Beispiel drei: ›*Verdinglichung*‹

Der Ehemann BÜLENT antwortet auf die Frage, warum seine Frau ein Kopftuch trägt: »Wenn du einen Schatz hast, zehn Kilo Gold und Silber oder einen Sack voll mit Gold und Diamanten und Rubinen, wo bewahrst du ihn auf? In einem fest verschlossenen Schrank aus dickem Stahl, oder legst du ihn zum Angeben vor anderen Leuten auf die Fensterbank? – Natürlich machst du das erste. . . denn von der Fensterbank ist der Schatz schon geklaut, noch ehe du das Fenster wieder zugemacht hast. Und meine Frau, die ist für mich wie ein Schatz.«

GEIERSBACH faßt zusammen: »Das Sagen hat in den meisten Familien der Kolonie dennoch [trotz Klatsch als weiblichem Machtmittel, d. Verf.] der Mann. Seinen Autoritätsanspruch stellt auch keine Frau ernsthaft in Frage.« (P. GEIERSBACH 1990, S. 89)

4.4.2. Über die Pflicht junger Türkinnen zur Jungfräulichkeit

In der türkischen Einwandererkolonie ist das Bestehen des Jungfräulichkeitstests in der Hochzeitsnacht unabdingbarer Nachweis der Tugendhaftigkeit. Blut auf dem Bettuch dient den Familienangehörigen als Beweis, daß die Frau als Jungfrau in die Ehe ging. Der Tradition nach wird eine nichtjungfräuliche Braut als *bozug* (kaputt) sofort wieder zu ihrer Familie zurückgeschickt. Zusätzlich muß der Vater des Mädchens der Familie des Jungen alle Aufwendungen ersetzen.

Daß dieses Zurückschicken in der Praxis kaum vorkommt, liegt an gewissen Tricks, mit denen die ›befleckte‹ Frau Jungfräulichkeit vortäuscht, sowie am Interesse von Schwiegermüttern, Rufschädigungen zu vermeiden. (P. Geiersbach 1990, S. 177 f.)

Einen Jungfräulichkeitstest für das Zustandekommen ihrer Ehe mußte auch die dreiundzwanzigjährige Türkin Selma bestehen. Aufgewachsen in der Türkei, wurde sie mit siebzehn mit einem in Deutschland lebenden türkischen Mann verheiratet. In der *Shell Jugendstudie 2000* erzählt sie:

»Als meine Hochzeit vorbei war, sind am nächsten Morgen früh meine Schwiegermutter und mein Cousin gekommen und haben geschaut. In der Hochzeitsnacht wird immer ein weißes Tuch auf dem Bett gelassen, weil die müssen doch sehen, daß du noch eine Jungfrau bist! Danach haben sie in der Türkei angerufen bei meiner Familie und allen Bescheid gesagt, daß ich eine Jungfrau gewesen bin.« (*Shell Jugendstudie 2000*, Bd. 2, S. 323)

Die große Mehrheit der in Deutschland aufwachsenden türkischen Mädchen geht als Jungfrau in die Ehe. Obwohl viele von ihnen bereits vor der Ehe gedanklich der Sexualität offen gegenüberstehen und Zweifel an der Richtigkeit der türkischen Werte und Normen vor dem Hintergrund deutscher Moralvorstellungen laut werden, haben sie verinnerlicht, das Gebot der Jungfräulichkeit einzuhalten. Ursachen hierfür sind insbesondere die Angst, aus ihrer Familie verstoßen zu werden, sowie die Befürchtung, kein anderer Mann werde sie nach dem Verlust der Jungfräulichkeit heiraten. (I. Atabay 1998, S. 132 ff.)

Mit Problemen dieser Art brauchen sich türkische Jungmänner nicht herumzuschlagen. In der Regel werden ihnen voreheliche sexuelle Abenteuer zugestanden, ohne von der Pflicht zu Hausarbeiten belästigt zu sein. Die türkischstämmige Psychologin Lale Akgün stellt hierzu fest:[1] »Der ideale Sohn wäre beruflich genauso erfolgreich, aber in der Familie bräuchte er selbstverständlich keinen Finger zu rühren, und vor allem hätte er eine Menge Liebesabenteuer hinter sich, bevor er wiederum eine von den Eltern als passend empfundene Jungfrau in den Stand der Ehe erheben würde.« (L. Akgün in: K. Lajios 1993, S. 59)

L. Akgün erklärt die Widersprüche dieser Doppelmoral aus der »Problematik, die entsteht, wenn aus Gastarbeitern Siedler werden.

---

[1] Streng religiöse Eltern verlangen oftmals auch von ihren Söhnen Keuschheit, bestrafen Abweichungen jedoch nicht so streng wie bei Mädchen.

Sie zeigen keine Akzeptanz der neuen Gesellschaft bezüglich sozialer Normen und verspüren nicht den Wunsch, sich einzufügen. Die gesellschaftlichen Zustände, wie sie in ihrer eigenen Jugend in der Heimat herrschten, werden in einer nostalgischen Verklärung auch für die Kinder gültig erklärt«. (ebenda, S. 60)

Die Pflicht der Frau zur vorehelichen Jungfräulichkeit übernahm der Islam aus vorislamischen Zeiten; sie ist ›Allgemeingut‹ der türkischen Kultur. Deshalb ist sie bei Türken und türkischen Migranten nicht auf religiös Gebundene beschränkt. Die in Deutschland lebende Türkin Zühal, 21 Jahre, zum Beispiel betont, überhaupt nicht religiös erzogen worden zu sein. Dennoch sei ihr das Gebot der Jungfräulichkeit anerzogen worden: »Ja, außer natürlich die Jungfräulichkeit, daß man vor der Ehe keinen Geschlechtsverkehr haben darf. So etwas kriegt jedes Mädchen mit.« (Stienen 1994, S. 28)

2.5. Radikal traditionell

2.5.1. Türkisches aus einer deutschen Kleinstadt

Was sich im traditionellen Milieu türkischer Zuwanderer ansonsten noch abspielt, sei zunächst anhand eines Briefes an die Herausgeber der *Shell Jugendstudie 2000* veranschaulicht. (*Shell 2000*, Bd. 1, S. 366 f.) Der Brief stammt von der pädagogischen Mitarbeiterin eines Jugendhauses in einer industriell geprägten Kleinstadt. Die Mitarbeiterin arbeitet schon seit vielen Jahren im besagten Jugendzentrum. Aufgrund verschiedener Hilfeleistungen für türkische Jungen (Nachhilfe, Bewerbungsgespräche, Briefe an Ämter) kennt sie deren ›Probleme und Scham‹. Mit ihrem Brief möchte die für die Studie angefragte Mitarbeiterin erläutern, »vor welchem Hintergrund die Durchführung dieser Studie steht«. Gleichzeitig begründet sie, daß ihr »diese Umstände eine zügige und problemlose Durchführung der Studie beinahe unmöglich machen«. Von den angesprochenen zwanzig Jungen und einem Mädchen hätten trotz mehrerer Versuche nur drei Jungen an einem Interview teilgenommen.

Ein Großteil der Jugendlichen in der genannten Kleinstadt sei in Deutschland geboren, werde jedoch »nach den strengen Traditionen ihrer Eltern und Großeltern, die seinerzeit nach Deutschland kamen, um Arbeit zu finden, erzogen«. Der Umgang mit deutschen Mädchen sei bei den meisten dieser jungen Türken nur ungern geduldet oder streng verboten. Kontakte zu deutschen Mädchen erfolgten dann heimlich, die Jungen führten eine Art Doppelleben. Einen angemessenen Umgang mit dem anderen Geschlecht erlernten sie dabei nicht. Die Pädagogin wörtlich: »Da die jungen Männer von klein auf gelernt haben, daß christliche/deutsche Mädchen unmoralisch handeln und nicht ›rein‹ sind, und da ihnen von ihrer Erziehung her sexuelle Kontakte vor der Ehe (theoretisch) streng untersagt sind, suchen sie diese bei den oben erwähnten ›heimlichen Kontakten‹, ohne dabei allerdings den in Deutschland üblichen respektvollen Umgang zu erlernen.«

Nicht nur die Abwertung deutscher Mädchen durch dieses traditionelle türkische Milieu kommt in dem Brief klar zum Ausdruck; ebenso zeigt sich, daß in diesen Kreisen Türken, die sich an deutsche Normen anpassen, Verachtung erfahren. »Natürlich gibt es auch progressive Familien und türkische Jugendliche, die aus diesem Umfeld ausbrechen. Sie werden von den anderen (Traditionalisten), die in der überwältigenden Mehrheit sind, verachtet und haben selbst wenig Sympathie für diese übrig.« Die Türken in der Kleinstadt hielten aus Angst vor Identitätsverlust radikal an den Traditionen ihrer Väter und Großväter fest. Sie seien stolz auf ihre Sprache und Religion. »Viele heiraten Mädchen aus der Türkei und lassen sie herkommen, anders kann man es nicht ausdrücken. Diese jungen Frauen leben dann jahrelang in einem Dorf oder in der Kernstadt, ohne ein Wort Deutsch zu lernen.« In der türkischen Infrastruktur könnten sie sich auch so gut verständigen. Fortschrittlichere Türkinnen, in Deutschland geboren und aufgewachsen, die sich für eine Öffnung einsetzen, seien in der absoluten Minderheit.

Im zweiten Band der *Shell-Studie* charakterisiert die 23jährige Türkin SELMA in Deutschland lebende traditionalistische Gruppierungen folgendermaßen: »Die Leute, die aus der Türkei nach Deutschland gekommen sind, wir nennen sie ›Leute aus den Bergen‹ (aus Ostanatolien), sind hierher gekommen und oft so geblieben, wie sie waren, als sie gekommen sind. Nicht vom Aussehen! Die sehen echt modern aus, aber wenn du mit denen sitzt und sprichst oder mit ihnen lebst – du kannst es dir nicht vorstellen! Das ist, als ob die Türken, wenn sie nach Deutschland kommen, ihr Leben von der Türkei in eine Konservendose packen und mit hierher bringen. Wenn so ein Türke 1970 nach Deutschland gekommen ist, dann lebt und denkt er oft heute noch so wie die Türken, die 1970 in der Türkei gelebt haben. Die leben in der alten Zeit. Nur in der Türkei ist es heute eben gar nicht mehr so! Sogar auf dem Dorf sind viele Türken moderner als viele Türken hier!« (*Shell 2000,* Bd. 2, S. 328)

2.5.2. Aus der Mitte der türkischen Kultur

In ihrem Buch *Ohne Gewalt läuft nichts* thematisieren K. FARIN/E. SEIDEL-PIELEN Aspekte jugendlicher Gewalt in Deutschland. Eines der Kapitel enthält ein Interview mit Mitgliedern einer türkischen Jugendgang. Unter anderem geht es dabei auch um das Geschlechterbild der Jugendlichen. In ihren Äußerungen wird sichtbar, wie traditionelle türkische Vorstellungen von Männlichkeit sich mit modernen westlichen Freiheiten verbinden. Dabei zeigt sich, wie diese Jungmänner die Freiheiten der westlichen Gesellschaft nutzen, ihre Traditionen aber dort behalten, wo sie selbst etwas aufgeben müßten.[1] Zu Wort kommen B., 17 Jahre, E., 16, und P., 17. Freimütig reden sie über ihre Gang, ihre Einstellungen und Verhaltensweisen gegenüber Mädchen. (K. FARIN/E. SEIDEL-PIELEN 1993, S. 139 f.)

Interviewer: »Können bei euch in der Gang auch Mädchen mitmachen?«

B.: »Das ist nur etwas für Jungs, Mädchen akzeptieren wir nicht.«

I.: »Warum?«

P.: »Das läßt meine türkische Ehre nicht zu. Ein türkisches Mädchen muß zu Hause bei der Mutter bleiben, abwaschen und was weiß ich sonst noch machen. Auf jeden Fall darf sie sich nicht draußen rumprügeln.« . . .

I.: »Habt ihr deutsche oder türkische Freundinnen?«

B.: »Ich nehme, was ich auf dem Markt kriege, es ist egal, ob das arabische, jugoslawische, deutsche oder türkische Frauen sind. Mann bleibt Mann.«

I.: »Ziehen eure Schwestern auch mit Jungs durch die Gegend, so wie ihr das mit den Mädchen macht?«

---

[1] Das Beispiel zeigt in deutlicher Form auf, was bei vielen türkischen Migranten gemäßigter in Erscheinung tritt.

B.: »Wenn meine das machen würde, würde ich sie gleich abstechen, denn das steht im Koran so drinne. Alle, die wir hier sind, würden das so machen.«

E.: »Na ja, vielleicht nicht gleich abstechen.«

P.: »Ich würde erst mal mit meiner Schwester reden. Geht sie nicht wieder zu dem Jungen, dann ist es gut. Wenn sie den Jungen wirklich liebt, soll er nach ein paar Jahren wieder zu uns kommen und fragen, ob er sie heiraten darf. Alles andere kann ich nicht zulassen. Wir wissen doch, was ein Junge einem Mädchen antut, das gleiche macht er mit unserer Schwester.«

I.: »Liebt ihr eure Freundinnen?«

P.: »Warum denn lieben? Wir wollen nur vögeln. Was heißt denn Liebe? Ich schwör's Ihnen, die gibt es nicht. Liebe ist kindisch und weiter nichts.«

E.: »Liebe ist ein Bluff, der am Anfang dazugehört, um ein Mädchen anzumachen. . .«

I.: »Freundschaft gibt es also nur unter Jungs?«

E.: »Richtige Freundschaft ja. Mädchen sind halt nur Abfallprodukte, die zum Leben dazugehören.«

B.: »Was heißt Abfallprodukte? Mädchen sind eben Mädchen, die können nicht einfach machen, was wir machen.«

Und wenn türkische Mädchen doch einfach machen, was ihre Brüder und Cousins auch machen? Dann müssen sie sich bis zur Hochzeit einiges einfallen lassen, zum Beispiel sich einer Jungfernhäutchenoperation unterziehen.

2.5.3. Häutchen für die Herrenmenschen[1]

Vor der Hochzeit wollten die Eltern von Aishes[2] zukünftigem Mann Cemal eine Keuschheitsuntersuchung. Schnell wären die verräterischen Narben der bisherigen mißglückten Operationen aufgefallen.

---

[1] Soweit nicht anders gekennzeichnet, sind die Informationen der *Berliner Zeitung* vom 15. 7. 1995 entnommen; sämtliche wörtlichen Zitate stehen in Anführungszeichen.

[2] Name geändert.

Die Hochzeit rückte immer näher, und AISHES Angst wurde immer größer; in den letzten Monaten dachte sie nur noch, wie sie es verbergen könne. Nun lag AISHE zum dritten Mal auf einem Operationstisch und ließ wiederherstellen, was sie mit 19 verlor: ihr Jungfernhäutchen. Als diesmal die Operation gelang, fühlte sie sich von einem extremen Druck erleichtert.

Über die Konsequenzen im Fall der Aufdeckung äußert AISHE wörtlich: »Wenn es herausgekommen wäre, wären meine Eltern entehrt, weil sie meine Ehre nicht geschützt haben. Und mein Ruf wäre ruiniert. Wir sind sehr eng mit unseren Verwandten in Österreich und der Türkei verbunden. Sie würden uns schneiden und ausstoßen. Alles wegen mir.«

In AISHES Äußerungen über das traditionelle Jungfräulichkeitsgebot spiegelt sich ihre Ambivalenz. Einerseits will sie niemanden verletzen, auch nicht ihre Eltern. Gleichzeitig jedoch gesteht sie eine gewisse Schadenfreude und äußert Unverständnis über ihre einseitigen Verpflichtungen als Frau: »Es geschieht den türkischen Männern recht, wenn sie solche Regeln aufstellen und sie dann von uns belogen werden, weil sie uns Frauen einfach nicht verstehen. Keine junge Frau versteht, warum die Männer sich ausleben dürfen und wir nicht.« Gleichzeitig spricht sie davon, daß es ihr Schmerzen bereite, zu lügen und zu verheimlichen, aber um ihren CEMAL, den sie liebe, zu behalten, habe sie keine Wahl gehabt: »Soll ich denn deswegen mein ganzes Leben büßen? Wenn mein Verlobter wüßte, daß ich vor unserer Hochzeitsnacht mit einem anderen geschlafen habe, dann würde ich ihn verlieren. Meine Unschuld ist wichtig für ihn. Das ist eben der Islam.«

Die Verkäuferin AISHE war vier Jahre alt, als ihre Eltern mit ihr aus Istanbul nach Österreich kamen. In Wien hat sie sich ihr Leben zwischen Tradition und Moderne eingerichtet, wobei der Islam ihr sehr viel bedeutet. Ihre Eltern hätten sie danach erzogen, so AISHE. Auch ohne Schleier sei sie eine Gläubige.

Unzählige Male ist AISHE in den vergangenen Wochen die bevorstehende Hochzeitsnacht in Gedanken durchgegangen und hat sich überlegt, was sie tun und sagen soll, wie sie sich zu bewegen hat. Auf jeden Fall will sie ein bißchen Schüchternheit und Unwissenheit vortäuschen, sowie etwas Schmerz vorspielen. Die ganze Zeit wird sie hoffen, daß am Morgen danach auf dem Bettlaken ein paar Blutstropfen zu sehen sind. Dann, und nur dann wird ihr Bräutigam CEMAL überzeugt sein, daß er seine Braut entjungfert hat. Ob CEMAL schon mit einer Frau geschlafen hat, weiß AISHE nicht. Sie hat ihn nie gefragt. Keuschheit, das sei immer nur etwas für die Frau. Eine Jungfrau sei nach islamischer Tradition eben sexuell anregend für den Gatten. Vor allem habe sie keine Vergleichsmöglichkeiten, das gefalle den Männern.

Die Türkin Penbegül CAKMAK arbeitet seit fünf Jahren als muttersprachliche Beraterin in GRÜNBERGERS Krankenhaus. Die Frauen, die hier Rat suchen, seien verzweifelt und hätten Angst, so CAKMAK. Sie kämen alle heimlich in die Klinik. Ihre Familien, ihre Männer, ihre Freunde, niemand dürfte davon wissen. Viele moslemische Frauen in Wien hätten Probleme mit ihrer Jungfräulichkeit. Aber das Thema sei tabu. CAKMAK wörtlich: »Ich bin für fast alle die erste Frau, mit der sie offen darüber sprechen. Manche haben Angst vor den eigenen Brüdern, die ja ihre Schwester beschützen sollten. Sie fürchten sich davor, von ihnen geschlagen oder gar ermordet zu werden. Das ist kein Spaß, das ist Realität.«

Fast jede Woche hat der Fachmann GRÜNBERGER eine Patientin zur Beratung in seinem Büro. Zu den Frauen aus der Türkei, Syrien und Ägypten gesellen sich auch immer mehr Österreicherinnen, die zum Islam übertreten wollen und sich dafür rüsten. GRÜNBERGER ist sich sicher, daß es auch in Deutschland Ärzte gibt, die Jungfernhäutchenoperationen vornehmen, auch wenn keiner der Ärzte offen darüber spreche.[1]

Nurs 'EN AKTAS', als Sexualpädagogin bei ›Pro Familia‹ Berlin für die Beratung von Migrantinnen mit islamischem Hintergrund zuständig, bestätigt diese Ansicht. Aus ihren Erfahrungen heraus schätzt sie, daß zehn Prozent der türkischen und arabischen Migrantenmädchen, die ihre Beratung aufsuchen, sich bis zur Ehe ihr Jungfernhäutchen operativ wiederherstellen lassen. (N. AKTAS, in: I. ATTIA/H. MARBURGER 2000, S. 160)

Wenn auch die Forderung nach Jungfräulichkeit mit dem Islam übereinstimmt, die Doppelmoral, die AISHE anprangert, wird so von

[1] In den Niederlanden ist man - wie in vieler Hinsicht üblich - schon ›weiter‹: Dort können sich muslimische Mädchen auf Kosten der Krankenkassen das Jungfernhäutchen wiederherstellen lassen. (*Frankfurter Rundschau,* 24. 11. 2004)

dieser Religion nicht gedeckt (vgl. Kap. 2). Dementsprechend konsequent empfiehlt Ahmad ABDELRAHIMSAI, das Oberhaupt der islamischen Glaubensgemeinschaft in Österreich, moslemischen Frauen: »Verlangt auch von euren Männern Keuschheit. Wenn man Jungfrauenschaft nur auf Frauen bezieht, dann ist das der falsche Weg.« (*Berliner Zeitung*, 15. 7. 1995)

AISHES Täuschung sowie ihre sexuelle Erfahrung vor der Ehe verurteilt ABDELRAHIMSAI dennoch. In seinen Augen hat sie eine Sünde begangen, die durch nichts ungeschehen gemacht werden kann. Selbst wenn AISHE ihrem CEMAL die Wahrheit sagt, macht sie sich schuldig. Mehr noch: »Wenn ihr Bräutigam sich entschließt, bei ihr zu bleiben, ist er dazu bestimmt, ihre Sünde zu seiner Sünde zu machen.«

Und die Moral aus alledem? Wer den ›Schaden‹ hat, braucht für den spöttischen Kommentar nicht zu sorgen. Treffsicher bringt es zum Beispiel die arabische Feministin F. MERNISSI (1997, S. 67 f.) auf den Punkt. Sie kommentiert die Täuschung sexualerfahrener ›Herrenmenschen‹ durch falsche Jungfrauen mit deutlicher Schadenfreude. Aufgrund ihres absurden Anspruches könne es solchen ›Herren‹ passieren, »daß sie in der Hochzeitsnacht ein Hymen penetrieren, das kurz zuvor von irgendeinem Gynäkologen mit groben Stichen zusammengeflickt wurde. Das geschieht ihnen recht. Sie selbst haben ja die Töchter, Schwestern und Cousinen anderer Männer ›geschändet‹ – und damit, nach ihrer eigenen Moral, diese Männer entehrt. Männer, die einerseits, vor der Ehe, bereit sind, junge Frauen zu entjungfern, aber dann andererseits unbedingt eine Jungfrau heiraten wollen, betrachten den Geschlechtsakt als etwas Schmutziges, eine Erniedrigung, die der Frau (und allen Männern, die durch Heirat oder Blutsbande, mit ihr verbunden sind) die Ehre nimmt. Und diese Freibeuter, die den Frauen und ihren männlichen Angehörigen die Ehre geraubt haben, wollen dann ihren größten Sieg am Hochzeitstag erringen, indem sie eine Jungfrau heimführen – jenes kostbare Juwel, die Frau, die noch kein anderer berührt hat.«

2.6. Der orientalische Männlichkeitswahn – ein gesamtgesellschaftliches Problem

Der Soziologe W. HOLLSTEIN sieht in seinem Buch *Der Kampf der Geschlechter* einen Zusammenhang zwischen Männlichkeitswahn und Rechtsextremismus - allerdings ausschließlich bei deutschen Männern. (W. HOLLSTEIN 1995, S. 288 ff.) Migranten kommen in seiner Argumentation nur als Opfer männlichkeitszentrierter Deutscher vor. Daß der traditionelle orientalische Männlichkeitswahn jugendliche Migranten auch in die Täterrolle drängt, verschweigt HOLLSTEIN beflissen.

Der Kriminologe PFEIFFER verzichtet auf die rosarote Multikultibrille und argumentiert - gestützt auf empirische Erkenntnisse - logisch. Er stellt fest, daß in türkischen Familien ein traditionelles Männlichkeitsbild weitaus stärker verankert ist als in deutschen Familien. Dieses überkommene Männlichkeitsbild sei ursächlich für die überproportionale Gewalttätigkeit von jungen, männlichen Türken. Hier die wesentlichen Passagen des Interviews, veröffentlicht im *Stern* (*Stern*, Nr. 50/1998):

Stern: »Warum werden vor allem türkische Jugendliche[1] gewalttätig?«

PFEIFFER: »Weil sie von ihren Eltern dreimal so oft mißhandelt werden wie deutsche Kinder. Weil sie dreimal so oft ansehen müssen, wie der Vater die Mutter schlägt. Deshalb sind türkische Kinder mehr als doppelt so häufig wie deutsche in Gewalttaten verwickelt. Das sind alles Auswirkungen eines Vorkriegsmodells von Männlichkeit, das in der Türkei immer noch vorexerziert wird. Was sich in Deutschland abspielt, sind die Folgen interner Kulturkonflikte in der Türkei, wo die fundamentalistische Welt gegen die westliche prallt. . .«

Stern: »Türkische Jugendliche, haben Sie in ihren Untersuchungen herausgefunden, werden eher straffällig, weil sie ein sehr konservatives Verständnis von männlicher Ehre hätten.«

PFEIFFER: »Wenn ein deutscher Jugendlicher die Schwester eines Türken beleidigt und sie als ›Schlampe‹ beschimpft, dann muß der Bru-

---

[1] Ich lege Wert auf die Feststellung, daß nicht »vor allem« türkische Jugendliche gewalttätig werden. Korrekt ist einzig die Feststellung, daß diese überproportional an Gewalthandlungen beteiligt sind.

der öffentlich diese Ehrverletzung gleich in eine massive Gewalttat umsetzen. Der sagt nicht: ›Bist selber ein Arschloch‹, sondern er muß knüppeln, um die Ehre der Schwester sofort wieder herzustellen. . .«

Stern: »Sie waren in dieser Woche in Istanbul und haben vor großem Auditorium Ihre Untersuchung vorgestellt. Warum?«

PFEIFFER: »Wir müssen die Diskussion dorthin tragen, wo sie hingehört. Wir müssen den Türken klar machen, daß ihr Verständnis von der Rolle des Mannes in der Familie überholt ist und nicht mehr in die heutige Zeit paßt.«

Wie später noch zu zeigen sein wird, werten Multikulti-Fanatiker PFEIFFERS Äußerungen als ›ethnozentristisch‹, vorurteilsbeladen und abgrundtief böse. Für solch falsche Fremdenfreunde trifft zu, was die Türkin Selma GÜNDOGDU in der Frauenzeitschrift *Emma* schreibt: »Viele haben solche Angst vor Vorurteilen, daß ihre Toleranz schon wieder in Diskriminierung ausartet. Türken sind für sie arme Opfer der deutschen Gesellschaft.« Auch was ihre Landsleute angeht, nimmt GÜNDOGDU kein Blatt vor den Mund: »Türken wiederum haben Angst, daß die Deutschen ein schlechtes Bild von ihnen haben könnten, und stempeln daher jede innertürkische Kritik als Vorurteil ab. . . Unsere türkische Weltauffassung ist nur oberflächlich kunterbunt, etwas tiefer schwarzweiß. Es ist erschreckend, mitanzusehen, wie uns die Angst vor Veränderungen lähmt. Angst vor Deutschland und der fremden Kultur haben auch auf türkischer Seite Vorurteile über Deutsche verursacht.« (*Emma,* Nov./Dez. 2001)

2.7. Gegenläufige Trends

Halten wir noch einmal fest: Traditionell türkische Migrantenmilieus enthalten Frauen bedeutsame Freiheiten vor, die für deutsche Frauen selbstverständlich sind. Nun gilt die Türkei als das ›westlichste‹ Land des Orients. Araber, Pakistanis oder Paschtunen hängen tendenziell noch weitaus stärker traditionellen, ›sexistischen‹ Rollenmustern an als viele Türken. Dieser Unterschied setzt sich auch in der Migration fort. Nursen AKTAS nimmt um die Jahrtausendwende wahr, daß sich westliche Geschlechtervorstellungen unter jungen Deutsch-Türken sogar noch verstärken. In diesem Zusammenhang betont sie:

»Während Jugendliche arabischer Herkunft noch weitaus stärker den traditionellen Rollenmustern von strikter Geschlechtertrennung und Aufgabenverteilung anhängen, läßt sich bei den Jugendlichen türkischer Herkunft in diesem Bereich eine deutliche Übernahme westlicher Orientierungen feststellen.« (N. AKTAS, in: I. ATTIA/H. MARBURGER 2000, S. 165 ff.)

Die *Shell-Studie 2000* stützt diese Einschätzung deutlicher Veränderungen unter (allerdings nur einer großen Minderheit) jungen Türkinnen. Die befragten türkischen muslimischen Mädchen zeigten sich zu 43 % unzufrieden mit ihrer Erziehung – im Gegensatz zu nur 25 % der türkischen Jungen. 39 % der muslimischen Mädchen möchten ihre Kinder ganz anders erziehen. Wenn man zugrunde legt, daß 57 % der befragten Türkinnen ihre Erziehung als »streng/sehr streng« einstuften, bedeutet dies einen Trend weg von strikt autoritärem Erziehungsstil. (*Shell 2000,* Bd. 1, S. 60 u. 161)

Auch »eigentlich alle« männlichen türkischen Jugendlichen, die die Berliner *pro familia* aufsuchten, strebten die Ehe an, so N. AKTAS. Dabei wünsche sich der überwiegende Teil von ihnen »eine Ehefrau mit Berufsausbildung, die auch nach Eheschließung und Geburt von Kindern erwerbstätig ist«. (N. AKTAS, in: I. ATTIA/H. MARBURGER 2000, S. 167) Nur eine kleine Minderheit wünsche sich noch eine Frau, die ihnen gehorcht. Die Mehrzahl habe ein Frauenbild vor Augen, das Entscheidungsfähigkeit, Offenheit und Aktivität enthalte. Gemeinsam mit ihrer Partnerin wollten die jungen Türken den Lebensalltag, insbesondere ihre Freizeit, zusammen genießen.

AKTAS faßt zusammen: »Der Wandel der Geschlechterrollen, von Fremd- und Eigenbildern von Mann und Frau vollzieht sich somit erstaunlich synchron und kongruent auf seiten der männlichen und weiblichen Jugendlichen.« (ebenda)

Vor voreiligen Jubelschreien ob der Abkehr von sexistischen Normen bei jungen Türken kann aber nur gewarnt werden. Auch in der Beratungspraxis von ›pro familia‹ nennen die meisten Jugendlichen türkischer Herkunft als wichtigste Anforderung an ihre Ehefrau Jungfräulichkeit neben attraktivem Aussehen. (ebenda, S. 168) Und dies, obwohl die jungen Herren selbst am vorehelichen Verkehr teilnehmen (möchten). Auch muß man annehmen, daß ›pro familia‹ keinen repräsentativen Einblick hinsichtlich türkischer Jugendlicher besitzt. Ausgesprochen traditionell bzw. islamisch geprägte Jugendliche werden kaum diese Beratungsorganisation aufsuchen. Die Nicht-Repräsentativität darf auch für die *Shell-Studie* angenommen werden, an der teilzunehmen sich Traditionalisten erkennbar weigerten. Zu vermuten ist deshalb eine kulturelle Spaltung im türkischen Migrantenmilieu: Ein Teil junger Türken nähert sich westlichen Geschlechternormen an, der andere Teil hält an islamisch-orientalischen Traditionen fest.

Wie bereits angesprochen, scheint seit den Ereignissen im Zusammenhang mit dem 11. September 2001 eher eine rückläufige Entwicklung eingetreten zu sein. KELEK zum Beispiel beobachtet eine verstärkte Hinwendung türkischer Jugendlicher zur islamischen Religion und zu antiwestlichen Symbolen. Ungebrochen unter türkischen Migranten seien Zwangsverheiratungen und das System der Importehe.

3. Kapitel

Kulturkonflikte in der Geschlechterbeziehung: Vertiefung bisheriger Erkenntnisse

3.1. Vorbemerkung

In der Regel entscheiden westliche Frauen weitgehend selbst über ihr Sexualleben. Der Großteil von ihnen nutzt diese Freiheit, um in jüngeren Jahren ausgiebig sexuelle Erfahrungen mit dem anderen Geschlecht zu sammeln. Tendenz unter deutschen Frauen und Männern ist, spät zu heiraten und vor der Ehe mehrere Beziehungen einzugehen. Innerhalb der jeweiligen Beziehung erwarten deutsche Paare jedoch voneinander Treue. Soweit Nebenverhältnisse existieren, werden diese von den Betreffenden fast immer verheimlicht. Typisch für das Sexualleben junger Deutscher beiderlei Geschlechts ist demnach eine serielle Monogamie. Diese kann, muß aber nicht, in eine lebenslange Ehebeziehung münden.

Völlig anders verhält es sich bei orientalischen Migranten. Dort sind Mädchen und Frauen massiven Zwängen unterworfen, Jungen und Männer hingegen erhalten einen relativ großen Freiraum. So ist Jungfräulichkeit typischerweise ein ›Muß‹ für unverheiratete orientalische Frauen, beim männlichen Geschlecht dagegen sind voreheliche sexuelle Aktivitäten gang und gäbe.

Auch ein Großteil der nachkommenden muslimisch-männlichen Migrantengeneration verlangt von Frauen einseitige sexuelle Enthaltsamkeit. Nurs'en Aktas', Sexualpädagogin bei ›pro Familia‹ Berlin und zuständig für die Beratung von Migranten mit islamischem Hintergrund, bestätigt dies. In ihrer Beratungspraxis sähen achtzig bis fünfundachtzig Prozent der männlichen Jugendlichen mit moslemischem Hintergrund Jungfräulichkeit als Grundvoraussetzung für eine eheliche Bindung an. Gleichzeitig gingen rund siebzig Prozent der islamischen Migrantenmädchen als echte Jungfrauen in die Ehe. Nur ein kleiner Teil der vorehelich Entjungferten hätten Sexualverkehr mit einem anderen als ihrem Ehemann praktiziert und täuschten keine Jungfräulichkeit vor.

Andererseits, betont Aktas', seien für männliche Jugendliche moslemischen Hintergrunds voreheliche Koituserfahrungen »gängige

Praxis« und »ein Muß«.[1] (N. Aktas, in: I. Attia/H. Marburger 2000, S. 160)

Ein beträchtlicher Teil der moslemischen Zuwanderer negiert in der Geschlechterfrage die Sitten und Gewohnheiten westlicher Aufnahmeländer. Das Fremd-Bleiben im Aufnahmeland führt zu Konflikten zwischen diesen traditionell geprägten Zuwanderern und Alteingesessenen. Die heftigsten Konflikte in der Geschlechterfrage entzünden sich jedoch tendenziell unter orientalischen Zuwanderern selbst. In diesen Kreisen prallen Tradition und westliche Moderne bisweilen sehr heftig aufeinander.

Im folgenden werden aus dieser Konstellation hervorgehende typische Konflikte fallbezogen dargestellt. Dabei werden die bisherigen Erkenntnisse anschaulich vertieft.

Insbesondere zu Beginn und am Ende dieses Kapitels wird auf Kulturkonflikte zwischen Erwachsenen einzugehen sein. Schwerpunktmäßig werden jedoch Konflikte dargestellt, an denen Jugendliche beteiligt sind. Kulturkonflikte in der Geschlechterbeziehung treten unter und mit Jugendlichen am häufigsten auf. Jugendliche sind sozial weniger festgelegt als Erwachsene, häufiger als Erwachsene auf Partnersuche, experimentierfreudiger und von Erwachsenen abhängig. Schulbesuch, Ausbildung und jugendtypische Nutzung öffentlicher Räume in der Freizeit tragen mit dazu bei, daß unter Jugendlichen interkulturelle Kontakte und Rivalitäten wesentlich größer sind als unter Erwachsenen.

3.2. Kulturkonflikte unter orientalischen Migranten

3.2.1. Im Extremfall Ehrenmord

3.2.1.1. Der Fall Nezara

Die nachstehend geschilderte Begebenheit[2] spielte sich in Berlin ab und zeigt, zu welcher tödlichen Dramatik sich Kulturkonflikte in der Geschlechterbeziehung unter Migranten entwickeln können.

---

[1] Wenn man bedenkt, daß unter den moslemischen Jugendlichen, die ›pro familia‹ aufsuchen, überdurchschnittlich viele modern eingestellt sind, stellen die genannten Prozentzahlen sicherlich die Untergrenze dar.

[2] Quelle ist eine Reportage der *Süddeutschen Zeitung* vom 23. 4. 2001, hier als Kurzfassung wiedergegeben.

Für die Afghanin Nezara Z. schien ihr Leben einen positiven Verlauf genommen zu haben. Im Jahre 1989 war sie vor Kriegswirren mit ihrem Ehemann aus Afghanistan nach Deutschland geflüchtet. In ihrer neuen Heimat Berlin lebte sie sich ohne größere Probleme ein. Im Haus war sie bei den Nachbarn beliebt, ihre vier Söhne - alle in Berlin geboren - fanden im Laufe der Jahre Freunde aus vielen Ländern. Nezara selbst entfernte sich weit aus dem afghanischen Umfeld und führte ein glückliches Leben. Ihr Mann, der als Kraftfahrer viel arbeitete, legte regelmäßig Geld für die Ausbildung der Söhne zurück - bis er im Jahre 2000 an Krebs starb. Im Gefolge dieses Ereignisses wurde Nezara von ihrer paschtunischen Herkunft wieder eingeholt.

Wenn der Ehemann einer Frau stirbt, muß nach paschtunischer Sitte die Witwe mit dem Bruder des Mannes zusammengehen; sei es durch Heirat oder indem sie in dessen Haushalt lebt. Dadurch bleiben im Fall der Verwitwung die Frau, ihre Kinder sowie ihr Besitz dem Familienverband und dem Stamm des Mannes erhalten.

Kurz nach dem Tod ihres Mannes erhielt Nezara Besuch von ihrem gleichfalls in Deutschland lebenden Schwager Badshah Z. Obwohl dieser bereits verheiratet war und vier eigene Kinder zu Hause hatte, meldete Badshah seine Ansprüche auf die Witwe, deren Kinder und die gesparten 80 000 Mark an - völlig in Übereinstimmung mit paschtunischem Herkommen. Nezara lehnte ab. Doch Badshah ließ nicht locker: Ständig tauchte er bei seiner Schwägerin zu Hause auf und stellte ihr nach. Ohne Erfolg - Nezara weigerte sich, sich den Forderungen unterzuordnen. Nezara verschmähte ihren Schwager nicht, weil sie einen anderen wollte, sondern weil sie keinen anderen wollte - aus Liebe zu ihrem verstorbenen Mann. Unverheiratet setzte Nezara ihr Leben mit ihren vier Kindern in Berlin fort.

Und mit Magid Z., dem sechzehnjährigen Neffen des verstorbenen Ehemannes. Ein Jahr vor dem Tod des Ehemannes hatte ihn die Familie Nezara aufgenommen. Bald nach dessen Tod begann sich Magid gegenüber seiner Tante aufzuspielen und ihren Lebenswandel zu kritisieren. Auch traf er sich häufig mit dem verschmähten Badshah.

In dieser Situation entschieden im fernen Afghanistan die Familien Nezaras und ihres verstorbenen Mannes eine Jirga einzusetzen - eine Versammlung der Stammesältesten. Gegenstand der Jirga war, zu einer Entscheidung über Nezara und ihr Leben zu gelangen. Obwohl der Spruch der Jirga keinen offiziellen Rechtscharakter besitzt, stellt er eine klare Anweisung dar, die zu befolgen ist. Die Anweisung an Nezara Z. lautete: »Heirate den Schwager.«

Nezara weigerte sich, die Anweisung aus dem fernen Land zu befolgen. Sie blieb ohne Mann, tat jedoch alles, um ihren Kindern den Tod des Vaters zu erleichtern, und gab Geld vom Erbe des Ehemannes für die Wünsche der Kinder aus.

Der Schwager Badshah geriet in Wut, zum einen wegen der Geldausgaben, noch mehr jedoch wegen der Weigerung Nezaras, zu ihm zu ziehen. Solch eine Weigerung stellt nach paschtunischer Auffassung eine ehrverletzende Tat dar. Und wer seine Ehre verliert, gilt nichts mehr bei den Paschtunen. Der drohende Ehrverlust wog um so schwerer, als Badshahs Stammesverband Druck auf ihn ausübte, tätig zu werden. Unter diesen Umständen beschloß er, die Frau zu töten, die ihm nicht gehorchen wollte. Gemeinsam mit Magid Z. ermordete Badshah seine Schwägerin Nezara, deren anwesenden Onkel und ihren Neffen. Die beiden richteten in der Wohnung Nezaras ein grausiges Blutbad an. Vor Nezaras Kinder schossen sie auf ihre Opfer, stachen auf sie ein und schnitten ihnen die Kehlen bis zur Wirbelsäule durch.

Am 19. April 2001 klagte die Staatanwaltschaft Berlin die beiden Täter wegen Mordes an. »Nezara Z. starb, weil sie sich hier integriert hatte. Zwei Verwandte der Frau starben, weil sie Nezara nicht auf den rechten Weg gebracht hatten«, faßte die in München erscheinende *Süddeutsche Zeitung* zusammen.

3.2.1.2. Inflation der Ehrenmorde

In jüngster Zeit scheinen Ehrenmorde unter islamischen Migranten in Deutschland regelrecht in Mode zu kommen. Allein in Berlin wurden von Oktober 2004 bis Februar 2005 sechs islamische Frauen orientalischer Herkunft der Ehre wegen ermordet. Das sechste Opfer in diesem Zeitraum, die 23jährige Hatun Sürücü, deutsche Staatsbürgerin türkisch-kurdischer Herkunft, wurde am 22. Februar 2005 an einer Bushaltestelle aus nächster Nähe erschossen. Drei ihrer Brüder sollen die Tat gemeinsam geplant und ausgeführt haben. Hatun mußte sterben, weil sie aus der traditionellen Struktur der Großfamilie ausgebrochen war und sich ihrer Zwangsverheiratung widersetzt hatte, so die Annahme der Mordkommission. »Hatun Sürücü galt als selbstbewußt und lebensfroh, orientierte sich am westlichen Lebensstil. Schon vor Monaten soll sie deshalb von ihren Brüdern bedroht worden sein.« (*Frankfurter Rundschau*, 13. 2. 2005) Über Ehrenmorde an islamischen Frauen habe es bis dahin in Berlin kaum eine öffentliche Auseinandersetzung gegeben, schreibt das Blatt weiter. »Die Morde galten als Einzelfälle, deren Skandalisierung Migranten stigmatisieren oder diffamieren könne... Im Mordfall Hatun Sürücü ist dies plötzlich anders. In der Stadt hat eine breite Auseinandersetzung darüber begonnen, wie die Frauen besser geschützt werden können«, so die *Frankfurter Rundschau*.

An dieser Stelle scheint ein Kommentar angebracht. Das angesprochene Totschweigen bestialischer Morde islamischer ›Herrenmenschen‹ zeigt, daß es falschen Fremdenfreunden in diesem Land gelungen ist, selbst die abscheulichsten Verbrechen und ihre kulturellen Hintergründe zu tabuisieren. Um nicht als fremdenfeindlich zu gelten, nimmt man den Tod weiterer junger Frauen in Kauf, die für sich die Gültigkeit der Menschenrechte einfordern. Anscheinend sind es moslemische Frauen orientalischer Herkunft nicht wert, daß die deutsche Gesellschaft sie gegenüber ihren ›Herrenmenschen‹ schützt – vor allem dann nicht, wenn sich die Frauen der deutschen Gesellschaft anpassen!

»Würden Rechtsradikale eine 23jährige Deutsche türkischer Herkunft auf offener Straße erschießen, wäre ganz schön was los«, so Martin Reichert in der Berliner *taz*. (Ausgabe vom 22. 2. 2005) Und weiter: »Wenn eine 23jährige Deutsche türkischer Herkunft auf offener Straße von ihren eigenen Brüdern erschossen wird, ist nicht wirklich was los. Kein Aufstand der Anständigen, keine Sondersendung, keine Lichterketten: die Reflexe versagen, auch weil das Täter-Opfer-Bild plötzlich schief hängt.«

Insbesondere unter den Alt-Achtundsechzigern grassiert eine panische Angst, Mörder fremder Herkunft wegen ihrer Religion oder Kultur zu ›diskriminieren‹. Diese Schizophrenie kommentiert die türkischstämmige Frauenrechtlerin Necla Kelek treffsicher, wenn sie schreibt: »Während viele von ihnen [gemeint sind die Alt-Achtundsechziger, der Verf.] auf der einen Seite für die gleichgeschlechtliche Ehe eintreten, Diskriminierung von Frauen in Beruf, Gesellschaft und Familie aufs schärfste geißeln, scheinen dieselben Leute gegenüber dem Islam mit Blindheit geschlagen zu sein. Da protestiert kaum einer, wenn Schwule im Islam gesteinigt werden, da wird Verständnis für kulturelle Eigenheiten aufgebracht, wenn Mädchen von Teilen des Schulunterrichts ferngehalten werden, da wird nicht eingegriffen, wenn Sechsjährige das Kopftuch tragen müssen oder Frauen wie Sklavinnen verschachert werden.« (N. Kelek 2005, S. 254)

Es wird noch ausführlicher darauf einzugehen sein, wie selbsternannte ›Fremdenfreunde‹ das, was sie angeblich bekämpfen, selbst praktizieren: Rassismus, Fremden- und Frauenfeindlichkeit.

3.2.2. Erzwungenes Heiraten

Dieser Abschnitt schildert einen Konflikttyp im orientalischen Migrantenmilieu, der bereits angesprochen wurde und der zwischen den Generationen verläuft. Konfliktpunkt ist die Weigerung von Töchtern orientalischer Migranten, den von ihren Eltern ausgesuchten Mann zu ehelichen. Sehen wir uns die Konfliktlage beispielhaft an zwei typischen Konstellationen von Zwangsehen unter türkischen Migranten näher an.

Typ 1: ›*Exportehen*‹. »Türkische Eltern zwingen ihre in Deutschland aufgewachsenen Töchter oft zur Heirat in der Türkei. Aus dem Zwiespalt zwischen zwei Kulturen gibt es für die Mädchen keinen Ausweg.« Mit diesen Worten beschreibt Ursula Ott in der Zeitschrift *Die Woche* (*Die Woche*, 12. 3. 1999), wie sich die Beibehaltung traditionell türkischer Heiratsregeln in Deutschland zuspitzen kann; zum Beispiel bei der achtzehnjährigen Selim.

Die Geschichte sei kurz berichtet: Auf Wunsch ihrer Eltern soll Selim aus ihrer Heimat Deutschland in die Türkei verheiratet werden. Von Anfang an wehrt sich Selim gegen die verordnete Ehe – insbesondere auch deshalb, weil bereits ihre beiden älteren Schwestern gegen ihren Willen von den Eltern verheiratet wurden. Kurz nach der Zwangsverlobung läuft Selim von zu Hause weg.

Einer der eingeschalteten Sozialarbeiterinnen gelingt es unter Schwierigkeiten, für sie eine Notunterkunft zu finden, die mit zweihundert Kilometern weit genug von ihrem Zuhause entfernt scheint. Daraufhin droht Selims Vater der Sozialarbeiterin, sie solle das Versteck der Tochter verraten, falls nicht, habe er schon für 2000 Mark einen Killer engagiert.

Die Sozialarbeiterin geht sicherheitshalber sechs Wochen nicht zur Arbeit, wechselt Auto und Telefonnummer.[1]

Doch SELIM ist nicht lange in Sicherheit. Dank der Computerhilfe eines gedankenlosen Sozialarbeiters findet einer der Brüder die geflüchtete Schwester. Bald wird die Achtzehnjährige gegen ihren Willen in der Türkei verheiratet. Ihr Mann entpuppt sich als äußerst brutal. Selbst die Tatsache, daß er SELIM vergewaltigt, veranlaßt ihre Familie nur zu der Äußerung »Du wirst ihn schon noch lieben.« Erst acht Jahre nach SELIMS Eheschließung erlauben ihr ihre Eltern, sich scheiden zu lassen - dies erst, nachdem ihr Ehemann seine renitent gewordene Frau mit einer Waffe angeschossen hatte. Doch mittlerweile war ihre Aufenthaltsgenehmigung für Deutschland längst erloschen. Illegal reiste SELIM wieder nach Deutschland ein.

Nicht immer liegt der Wille der betroffenen Mädchen so eindeutig zutage wie im Fall SELIM. Viele türkische Mädchen seien in solchen Heiratskonflikten tief gespalten, betont die für SELIM zuständig gewesene Sozialarbeiterin in der *Woche*. Sie liebten ihre Eltern und wollten sie nicht bloßstellen, möchten aber dennoch ihr eigenes Leben in Deutschland führen.

Typ 2: ›*Importehen*‹. Beim Handel von Eheleuten zwischen der türkischen Parallelwelt in Deutschland und der Türkei scheint der Import nach Deutschland den Export aus Deutschland zu übertreffen. Jährlich werden Tausende von jungen Bräuten aus der Türkei nach Deutschland importiert. Der SWR spricht sogar von bis zu 30 000 Eheleuten - Bräute und Bräutigame -, die pro Jahr aus der Türkei nach Deutschland verheiratet werden.[2] Mindestens die Hälfte dieser Ehen werden - nach Einschätzung von N. KELEK - arrangiert oder erzwungen. (N. KELEK 2005, S. 219)

Wie das Leben der aus der Türkei importierten Bräute in Deutschland verläuft, beschreibt der türkische Therapeut Halis TSCHITSCHEK: »Die Frauen haben keine Möglichkeiten, wenn sie aus der Türkei

---

[1] Diese Art von Fremdenfeindlichkeit ist kein Einzelfall. Des öfteren wurden und werden in ähnlichen Fällen sozial engagierte Menschen von zornigen Migrantenpatriarchen (mit Mord) bedroht.

[2] SWR-Fernsehen, Reportage vom 12. 7. 2004: »Betrifft türkische Hochzeitsreisende - Familienehre vor Liebe?«

herkommen. Sie müssen zuerst zu Hause bleiben, vernünftig sein und nicht über Probleme reden, sogar wenn sie geschlagen wurden, von ihren Männern und so weiter. Sie gehen zum Arzt, sie müssen lügen. Wenn er fragt, woher kommt das? Ich bin von der Treppe herunter gefallen. . . sie können nicht die Wahrheit sagen.« (SWR-Fernsehen, Reportage vom 12. 7. 2004)

Wenn türkische Eltern ihren Töchtern gegen deren Willen einen Ehemann aussuchen, geschieht dies nicht aus Gefühlsarmut oder Boshaftigkeit. Eher das Gegenteil ist der Fall. Meist beabsichtigen die Eltern mit dem Zwang zur Ehe nicht nur, den guten Ruf der Familie zu wahren, sondern auch zu bewirken, daß es ihren Töchtern gutgeht. Gefangen in den kulturellen Traditionen, fehlt diesen Eltern das Bewußtsein dafür, was sie ihren Töchtern damit antun.

Hinzuweisen ist auch darauf, daß viele Betroffene eine Verheiratung aus der Türkei nach Deutschland als Chance sehen. »Der ›Brautpreis Deutschland‹ erfreut sich trotz der fremdbestimmten Ehe unter Mädchen und jungen Frauen in der Türkei höchster Beliebtheit. Man weiß dort kaum etwas von Deutschland, und das sorgt für die Haltbarkeit der Träume von einem besseren Leben. . . Viele Tausend junge Türken und Türkinnen wollen nach Deutschland und sind bereit, fast jeden Preis dafür zu zahlen – auch den eines fremden Partners. Ihren Ehepartner hätten sie sich auch in der Türkei kaum selbst aussuchen dürfen, und ein selbstbestimmtes Leben gibt es für sie so oder so nicht.« (N. Kelek 2005, S. 225)

Offizielle Stellen in unserem Land sind offenbar nicht daran interessiert, zu erfahren, wieviele junge moslemische Migranten zur Ehe gezwungen werden. »Im Bericht der Bundesbeauftragten für Ausländerfragen kommt der Tatbestand der Zwangsehe und der arrangierten Ehe auch im Jahr 2002 nicht vor«, so N. Kelek (N. Kelek 2005, S. 219) Die Autorin meint zur Zwangsehe in Deutschland weiter: »So werden in jedem Jahr Tausende von jungen Menschen zwischen 15 und 25 Jahren verheiratet, ohne dabei die freie Entscheidung zu haben – ein klarer Verstoß gegen Artikel 2 des Grundgesetzes und, wie die UNO im Jahr 2001 feststellte, eine ›moderne Form der Sklaverei‹.« (ebenda, S. 219 f.)

3.2.3. Verbotene Liebe

Handelte es sich bei den letztgenannten Fällen um das Erzwingen einer sexuellen Beziehung gegen den Willen des Mädchens, so soll jetzt von einem typischen Konfliktfall die Rede sein, bei dem das Gegenteil hervortritt: Verbot und Sanktionierung der sexuell geprägten Beziehung einer orientalischen Jugendlichen mit einem Jungen. Dabei tritt der Bruder des Mädchens als williger Vollstrecker der von orientalischen Geschlechternormen bestimmten elterlichen Forderung hervor.

Den Fall förderte die Eigenrecherche des Autors zutage, er spielte sich zu Beginn des 21. Jahrhunderts ab. Als Informationsquelle diente ein Sozialarbeiter, der seit vielen Jahren in der Jugendberatung tätig ist. Ein Großteil seiner Klientel besteht aus orientalischen Jugendlichen.

Die Hauptbeteiligten:[1]

- das Liebespaar SAFI und AMINA, beide sechzehn Jahre, moslemischen Glaubens und orientalischer Herkunft unterschiedlicher Nationalität;
- HASSAN, der siebzehnjährige Bruder von AMINA. Als überzeugtem Moslem und Orientalen ist ihm die ›Keuschheit‹ seiner Schwester unabdingbar für die Aufrechterhaltung der Familienehre;
- die Eltern von AMINA und SAFI. Sie sind gemäßigt traditionsgebunden und tolerieren, daß sich ihre Tochter tagsüber westlich gekleidet ohne Aufsicht in der Öffentlichkeit aufhält. Aus dem traditionellen Ehrverständnis heraus erlauben sie ihrer Tochter jedoch nicht, einen Freund zu haben.

Die Geschichte in groben Zügen: Die beiden muslimischen Jugendlichen AMINA und SAFI lernen sich auf einem bei Jugendlichen beliebten Platz ihres Wohnortes - einer süddeutschen Kleinstadt - kennen. Sie verlieben sich und beginnen heimlich eine Freundschaft. Ihre sexuellen Aktivitäten beschränken sich allerdings auf Küssen und den Austausch von Zärtlichkeiten. HASSAN, der seiner Schwester AMINA manchmal heimlich nachspioniert, entdeckt nach wenigen Wochen die beiden Verliebten in trauter Zweisamkeit. Wutentbrannt

---

[1] Die Namen der Personen wurden selbstverständlich geändert. Um die Anonymität sicher zu gewährleisten, wurden sowohl die Nationalitäten der Betroffenen als auch die Ortsangaben weggelassen.

schlägt er AMINA ins Gesicht. Zu Hause berichtet er seine Entdekkung den Eltern. Diese fordern AMINA auf, die Beziehung zu beenden, ohne jedoch gewalttätig zu werden oder ihre Tochter tagsüber einzusperren.

HASSAN fühlt sich durch den Sexualkontakt seiner Schwester mit SAFI tief in seiner männlichen Ehre verletzt. Als er an einem der folgenden Tage SAFI auf der Straße erkennt, kündigt er diesem an, ihn demnächst mit Hilfe einiger Freunde handfest verprügeln zu wollen. SAFI entgegnet, dies werde er sich nicht gefallen lassen, er habe starke Freunde, die ihn schützen würden. Da sei SAFI aber auf dem Holzweg, meint daraufhin HASSAN. Denn seine Freunde seien noch zahlreicher und noch schlagkräftiger. Vollmundig mobilisieren beide Kontrahenten ihre Anhänger und verabreden einen Treffpunkt zwecks Austauschs körperlicher Aggressionen. Am besagten Abend begeben sich die beiden Kampfgruppen an den verabredeten abgelegenen Ort, bestückt mit allerhand Werkzeug für die Auseinandersetzung. Bereits beim Aufmarsch macht HASSANS Häuflein prügelwilliger Ehrenmännlein gegen SAFIS kräftige Schutztruppe einen ziemlich mickrigen Eindruck. Die Machtverhältnisse zeigen sich so deutlich, daß HASSANS Trüpplein rasch dessen Ehre niedriger hängt und kleinlaut wieder abzieht.

Mit diesem unehrenhaften Abzug ist der Konflikt jedoch noch lange nicht beendet. Zu Hause verbietet HASSAN eindringlich seiner Schwester AMINA, ihren SAFI weiterhin zu treffen. Vergebens - die beiden setzen ihr Liebesverhältnis, um Heimlichkeit bemüht, fort. Der mißtrauische HASSAN spioniert seiner Schwester verstärkt nach und entdeckt, was er vermutet: die Schwester erneut in amourösem Beisammensein mit SAFI. Unerkannt verschwindet HASSAN wieder, kochend vor Wut. Als er später seine Schwester allein antrifft, verdrischt er sie – so heftig, daß AMINA einen Armbruch erleidet.

Bei ihren Eltern findet die gequälte AMINA keine Unterstützung. Sie sind der Ansicht, der Bruder habe richtig gehandelt. Er habe sogar seinen Vater unterstützt, die Familienehre aufrechtzuhalten. Der gebrochene Arm der Schwester sei von ihr selbst verschuldet.

Als der verliebte Freund von dieser Mißhandlung erfährt, schmerzt es ihn sehr. Selbst gläubiger Moslem, kann er die heftige Reaktion des Bruders seiner Freundin und die Einstellung deren Eltern irgendwie verstehen. Am liebsten würde er sich von seiner Freundin trennen und die Stadt verlassen, wenn er nicht so sehr in AMINA verliebt wäre. AMINA ist innerlich weniger gespalten als ihr Freund. Sie möchte die Beziehung unter keinen Umständen aufgeben.

In dieser Situation sucht der verliebte SAFI den Sozialpädagogen der örtlichen Jugendberatung auf. Der Berater fragt den Jugendlichen, wie er sich denn verhalten würde, wenn er selbst der Bruder dieses Mädchens wäre und ein anderer der Verliebte. Geprägt von traditionellen Geschlechterregeln, gibt der Junge zu, er würde seiner Schwester eine solche Freundschaft ebenfalls verbieten. Die Freundschaft eines moslemischen Mädchens mit einem Jungen sei eine Schande, verletze die Ehre der ganzen Familie. Wenn AMINA seine Schwester wäre, würde auch er sie kontrollieren und bis hin zum Körpereinsatz alles daran setzen, die Beziehung zu beenden, allerdings, ohne seiner Schwester Gewalt anzutun.[1]

Der Jugendberater nimmt die moralische Perspektive SAFIS ein und weist diesen darauf hin, daß er nach seiner eigenen Überzeugung AMINA schade, solange er eine Beziehung mit ihr eingehe. Nicht nur, daß AMINA weitere Gewalt durch ihren Bruder oder Vater drohe. Er, SAFI, beleidige aufgrund des sexuell geprägten Zusammenseins nach seinen eigenen Wertvorstellungen die Ehre AMINAS und ihrer Familie.

Einsichtig und traurig entscheidet sich SAFI dafür, die Beziehung zu seiner Freundin AMINA zu beenden. Gerade weil er sie so sehr liebe und er ihr nicht schaden wolle, teilt er dem Jugendberater mit. In der folgenden Aussprache mit AMINA trennen sich beide Jugendliche in dem Einvernehmen, später wieder zusammenzufinden und einander zu heiraten. Ob dieser Wunsch in Erfüllung geht, steht in den Sternen.

Unter Kennern der Szene ist unumstritten, daß moslemische Mädchen, die sich für gleichaltrige Jungen interessieren, sich gar in einen Jungen verlieben, rasch in Widerspruch zu den Normen ihres Milieus, ihrer Familie und nicht selten ihres eigenen Gewissens geraten. In ihrer unlösbaren Konfliktdynamik ist die hier wiedergegebene Geschichte typisch. Drei Erkenntnisse lassen sich aus ihr gewinnen:

Sie zeigt – erstens –, wie schwer es die Liebe unter jungen Menschen in islamischen Migrantenmilieus hat. Ist eine verbotene Liebe schon

---

[1] Die Vermutung liegt nahe, daß auch SAFI körperliche Gewalt anwenden würde. Ein gewaltfreier Körpereinsatz ist in dieser Hinsicht kaum vorstellbar.

im traditionellen Orient schmerzhaft, wird sie vollends zur Qual in einem Land, in dem für Einheimische Liebeserlebnisse Gleichaltriger selbstverständlich sind. Hinzu kommt oftmals eine innere Zerrissenheit zwischen islamisch-orientalischen Werthaltungen einerseits und individuellen Sehnsüchten bzw. Wünschen auf der anderen Seite.

Die Geschichte zeigt – zweitens –, daß sich orientalische junge Frauen, die gegen den Willen ihrer Familie ein sexuelles Verhältnis eingehen, großer Gefahr aussetzen. Spätestens zu Hause sind sie weitgehend schutzlos den ›sexistischen‹ Gewaltverhältnissen ihres Milieus ausgeliefert.

Aus der Geschichte geht – drittens – hervor, daß Jungen, die sich mit Mädchen aus traditionsgebundenen orientalischen Familien befreunden, ein erhebliches Risiko eingehen. Wäre, um in unserem Beispiel zu bleiben, AMINAS Freund ein individualisierter (deutscher) Jugendlicher gewesen, hätte er sich höchstwahrscheinlich eine (oder mehrere) gehörige Tracht Prügel eingefangen.

Selbstverständlich ist, was eine mögliche Konflikteskalation vor dem Hintergrund einer ›verbotenen Liebe‹ im orientalischen Migrantenmilieu angeht, eine erhebliche Spannweite vorstellbar. Bisweilen genügt schon eine Drohung, und die Beziehung wird beendet. Vielfach geben islamische Mädchen aus Angst ihren Emotionen nicht nach und bleiben auf Distanz zu Jungen. In anderen Fällen reagieren die männlichen Hüter der Familienehre auch gelassener und entschärfen das Konfliktpotential. Zum Beispiel stellen sich Brüder heimlich auf die Seite ihrer Schwester, solange deren Beziehung den Eltern verborgen bleibt. Nicht vergessen werden darf, daß insbesondere religiös geprägte Mädchen aus innerer Überzeugung von vornherein auf nähere Kontakte zum außerfamiliären männlichen Geschlecht verzichten.

Andererseits, und das zeigten andere Fallbeispiele ebenfalls, kann am Ende eines eskalierten Konfliktes die Tötung oder zwangsweise Abschiebung des Mädchens durch ihre ›entehrten‹ Herren in die alte Heimat stehen. Letzteres ist meist mit der unfreiwilligen Verheiratung des ›unehrenhaften‹ Mädchens an eine ›ehrenvolle‹ Familie verbunden. Da diese Art der Abschiebung in Deutschland unter das Gebot der multikulturellen ›Toleranz‹ fällt, wartet man allerdings vergebens darauf, daß falsche Fremdenfreunde auch in diesem Fall für ein Bleiberecht von Migranten eintreten.

3.2.4. Streitobjekt Mädchen

Im vorherigen Unterkapitel haben wir unsere Aufmerksamkeit auf Migrantenmädchen gerichtet, die in Konflikt mit den traditionellen Vorstellungen ihrer Eltern und Brüder geraten. Im folgenden konzentriert sich unser Blick auf männliche Jugendliche. Dabei betrachten wir typische Situationen und Ereignisse, in denen Jungen um Mädchen streiten, und stellen die dabei in Erscheinung tretenden Grundprobleme dar, die durch orientalische Geschlechternormen hervorgerufen werden.

Als erstes behandeln wir Konflikte unter jugendlichen Migranten (meist verschiedener Ethnien); danach Probleme zwischen deutschen und vormodernen Migrantenjugendlichen.

3.2.4.1. Drohgebärden

H. Bielefeld/R. Kreissl/Th. Münster veröffentlichten die Ergebnisse eines Forschungsprojektes, das sich mit Fragen der mißglückten Eingliederung junger Ausländer beschäftigte.[1] Obwohl die Untersuchung bereits vor über zwanzig Jahren stattfand, ist der Inhalt hochaktuell und geeignet, Typisches aufzuzeigen. Sie »durchleuchtet das brisante gesellschaftspolitische Problem einer steigenden Zahl junger Ausländer, die sich in einem Land eine Zukunft aufbauen müssen, in das sie nicht integriert sind«.[1] (H. Bielefeld/R. Kreissl/Th. Münster 1982, S. 6)

Wie sich dieses Nicht-Integriertsein im Alltag der Geschlechterbeziehungen auswirken kann, zeigt folgender Fall. (ebenda, S. 113) In einem der Interviews berichtet der Jugoslawe Slatko über ein Erlebnis in einer von Türken dominierten Diskothek. Nichtsahnend besucht Slatko mit seiner deutschen Freundin die Diskothek und wird von jungen Türken bedroht. Grund: Einer der Türken war vor einem Jahr mit Slatkos Freundin liiert. Im Interview liest sich das Ereignis so:

»Slatko: Ja, zum Beispiel war ich vor drei Wochen in D-Diskothek, also das ist am Marienplatz. Und da bin ich mit einem Mädchen gegangen, das war Deutsche. Und sie ist, früher, vor eine Jahr ist sie

[1] Zu bedenken gilt allerdings auch, daß sich insbesondere radikale Moslems nicht integrieren wollen.

mit einer Junge gegangen von den Türken. Und da war ich in D-Diskothek, dann ist der zu mir gekommen und noch ein paar Spezis, und dann hat er mich in die Toilette gerufen, daß er mit mir was zu reden hat. Da wollte er mich schon fast erstechen mit Messer.

Interviewer: Weil Sie mit dem Mädchen gegangen sind?

S.: Ja ja, ich bin gar nicht so gegangen, ich hab einfach so geflirtet mit ihr. War alleine da, es war kein Freund von mir. Was sollt ich machen? Ich hab da ein bißchen mit ihr Spaß gemacht und der gleich.

I.: Aber er war nicht mehr mit ihr befreundet?

S.: Doch, vor einem Jahr sowas.

I.: Früher, aber jetzt nicht mehr?

S.: Ja, früher, jetzt nicht. Und da sagt er, was willst du von dem Mädel? Was will ich denn von ihr, nix. Ich hab nur ein bißchen mit ihr geredet.«

Den Autoren der Studie zufolge zeigt der Bericht von SLATKO, »daß er als Jugoslawe mehr Eifersucht erweckt als ein Türke«. (ebenda, S. 113)

An dieser Stelle scheint ein Kommentar am Platze. Wenn SLATKO als Jugoslawe unter den türkischen Jugendlichen mehr Eifersucht erweckt als ein Türke, handelt es sich um feindlichen Ethnozentrismus. Feindlicher Ethnozentrismus ist bei türkischen nicht besser als bei deutschen Jugendlichen und sollte unabhängig von der Nationalität der Ethnozentriker kritisiert werden. Tatsächlich ist aber genau das Gegenteil der Fall. Die Autoren der Studie betonen weiter, daß SLATKO wegen der situativen Solidarität mit einer Niederlage rechnen muß. Mit ›situativer Solidarität‹ wird hier ohne Anführungszeichen der Sachverhalt bezeichnet, daß mehrere türkische Jugendliche einen jugoslawischen Jugendlichen unter Zuhilfenahme eines Messers einschüchtern, der die ›Unverschämtheit‹ besitzt, mit einem deutschen Mädchen zu flirten, das vor einem Jahr mit einem der Türken liiert war.

Nehmen wir an, mehrere deutsche Jugendliche hätten in gleicher Situation einen ausländischen Jugendlichen bedroht; nehmen wir weiter an, ein (deutscher) Autor würde unter diesen Umständen diese

Art von Einschüchterung mehrerer gegen einen als ›situative Solidarität‹ bezeichnen. Ein Sturm der moralischen Entrüstung würde losbrechen. Sollte man als wissenschaftlicher Autor gleiche Sachverhalte nicht gleich bewerten – unabhängig von der Nationalität der Opfer wie der Täter? Gewalt bleibt Gewalt, mehrere mit einem Messer gegen einen ist unfair und ganz und gar nicht ›solidarisch‹, es sei denn aus Notwehr, aber darum kann es sich hier nicht gehandelt haben.

Leider deutet etliches darauf hin, daß feindlicher Ethnozentrismus innerhalb eines beträchtlichen Teils der nichtintegrierten Migrantenjugendlichen ein Grundmuster darstellt. Zu diesem Schluß gelangt der Autor dieser Zeilen aufgrund vieler Gespräche mit deutschen Jugendlichen, Sozialarbeitern, die Migrantenjugendliche betreuen, und nicht zuletzt der *Shell-Jugendstudie 2000*. Die Gutmenschenszene kritisiert solches Verhalten jedoch ausschließlich bei deutschen Jugendlichen. Nötig wäre es, auch Migrantenjugendliche dahingehend zu erziehen, daß Verhaltensweisen und Persönlichkeit für Freundschaften und Solidarität entscheidend sind, während Nationalität, religiöse Zugehörigkeit oder Herkunft demgegenüber zurückzutreten haben.

3.2.4.2. Die Hauptkonfliktlinie

Ethnische und kulturelle Konflikte um Mädchen entzünden sich überwiegend unter Migrantenjugendlichen verschiedener ethnischer Herkunft. Deutsche Jugendliche sind daran (noch?) verhältnismäßig selten beteiligt. Die *Shell-Studie 2000* bestätigt dieses Bild, auch wenn sie die Ursache hierfür verkennt. Die im qualitativen Teil der Studie befragten achtundzwanzig türkischen Jugendlichen aus Frankfurt nennen keine besonderen Probleme im Umgang mit deutschen Jugendlichen, ganz anders jedoch im Umgang mit Jugendlichen anderer südländischer Nationalitäten. In der Studie heißt es wörtlich: »Allerdings berichten immer wieder (vornehmlich männliche) Jugendliche von Feindlichkeiten und Streitereien zwischen ihnen und anderen Ausländern, zum Beispiel ›Jugoslawen‹, Kosovaren etc. Ehrverletzungen, Beleidigungen, ein ›falscher Blick‹ usw. kommen schnell vor und können zu Wutgefühlen führen und Aggressionen nach sich ziehen.« (*Shell 2000*, Bd. 2, S. 9)

Die Autoren sehen dies als Beleg dafür, daß die befragten türkischen Jugendlichen in die Gesellschaft integriert seien. Doch weshalb kommen zwischen türkischen und anderen Migrantenjugendlichen Ehrverletzungen, Beleidigungen, falsche Blicke schnell vor und führen zu Wutgefühlen und Aggressionen? Die hier vorgetragene These ist, daß offene Konflikte mit deutschen Jugendlichen vor allem deshalb ausbleiben, weil letztere sich kaum auf ein derart vormodernes Männlichkeitsgehabe einlassen. Sei es, daß sie entsprechendes Verhalten nicht erwidern oder vorbeugend Begegnungen mit den betreffenden Migranten vermeiden. Wegen des Auftretens junger Migranten in größeren Gruppen mit festem Zusammenhalt (im positiven wie im negativen Sinne) ist deutschen Normalo(!)-Jugendlichen bewußt, daß sie im Konfliktfall höchstwahrscheinlich den kürzeren ziehen würden.

Ist diese Einschätzung richtig, müßte der Befund allerdings nicht auf eine gelungene Integration lauten, sondern auf Segregation deutscher Gleichaltriger. Die *Shell-Studie* stützt indirekt diese Ansicht. Denn die Autoren stellen fest: »Die deutschen Jugendlichen dagegen sehen ausländische Jugendliche oder ihr Verhalten gegenüber Ausländern nicht ganz so problemlos.« (ebenda, S. 9) Diese Perspektive wollen wir im folgenden noch näher beleuchten.

3.3. Deutsche und orientalische Jugendliche im sexuellen Spannungsverhältnis

3.3.1. Warum Erwin[1] nicht in die ›Türkendisco‹ geht

Als nicht ganz unproblematisch sieht das Verhalten türkischer Jugendlicher zum Beispiel ERWIN, 21 Jahre, mit dem während der Vorarbeiten zu diesem Buch ein Interview geführt wurde. ERWIN zeigt sich politisch kaum interessiert, keinesfalls ist er ein Radikaler. Sein größtes Freizeitinteresse besteht darin, möglichst unverbindlich Spaß mit möglichst vielen attraktiven Mädchen zu erleben. Der thematisch interessante Teil dieses Gesprächs beginnt, als ERWIN erklärt, in keine Disco mehr zu gehen, die von Türken besucht wird. Auf die Frage ›weshalb?‹ erläutert er:

»In einer Disco mit Türken ist mir schon ein paar mal passiert, daß ich Streß mit Türken gekriegt hab. Ich vergnüge mich, tanze und werfe ein Auge auf eines der Mädchen. Ich versuche, mich etwas

---

[1] Name geändert.

ran zu machen, sofort kommt ein Türke her und sagt: ›Was machst du die Frau an, von der ich was möchte. Die geht dir nichts an, Hände weg von der, die ist für mich.‹ Wenn ich dann klarstellen will, daß ich genauso das Recht habe, die Frau anzubaggern, kommt der Türke her und sagt so ungefähr: ›Is was, Alter, kannst gleich Prügel haben!‹ Und schon stehen noch zwei, drei andere Türken neben mir und machen mir klar, daß sie im Ernstfall alle auf mich losgehen. Das Fiese ist, nicht einer kommt, sondern immer sind es mehrere, und du stehst allein da. In der Disco kann dir zwar wenig passieren, aber draußen bist du ungeschützt. Ich hab's auch schon erlebt, daß jemand deswegen von Türken Prügel bezogen hat.«

Frage: »Geht das nur dir so oder auch anderen?«

Antwort: »Ich hab das schon öfter auch bei anderen gesehen und auch von anderen gehört, wenn irgendeiner das gleiche Mädchen anbaggert oder mit ihr flirtet, für das sich auch ein Türke interessiert, gibt's sofort Ärger.«

Frage: »Bist du dir sicher, daß das Türken sind?«

Antwort: »Bei denen, wo ich Streß gekriegt habe, schon. Bei anderen, die blöd angemacht wurden, habe ich halt gesehen, daß das die gleichen Typen sind.«

Frage: »Verhalten sich die jungen Türken wirklich anders als gleichaltrige Deutsche?«

Antwort: »Ein großer Teil schon. Eben so, wie ich es beschrieben habe. Aber es gibt auch viele Türken, die sind so wie du und ich. Die akzeptieren, wenn sich ein Mädchen für dich und gegen sie entscheidet. Gegen die habe ich überhaupt nichts. Mit denen kann man genauso Gaudi haben wie mit Deutschen oder Amerikanern. Aber das nutzt mir nichts, wenn ich durch die anderen Türken ständig Streß kriege. In Diskotheken, wo viele Türken sind, gehe ich nicht mehr rein.«

Ich frage ERWIN noch, ob sich ausländische Heranwachsende auch untereinander wegen Mädchen streiten würden. »Sogar überwiegend«, meint er, »die meisten Rivalitäten und Streitereien finden unter Ausländern statt. Meistens zwischen Cliquen verschiedener Nationalitäten.« Deutsche würden sich möglichst heraushalten oder, wie er, sich von solchen Orten zurückziehen.

Noch sind offene Konflikte um Mädchen zwischen deutschen Jugendlichen und jugendlichen Migranten relativ selten. Dort, wo solche Konflikte auftreten oder latent vorhanden sind, zeigt sich allerdings bisweilen eine Feindlichkeit von seiten kulturell Fremder Deutschen gegenüber. Ohne Selbstzensur berichtet Tino von seinen Erfahrungen mit einigen jungen Türken und kritisiert deren ethnisierende ›Herrenmenschenmentalität‹:

»Deshalb finde ich es falsch, wie das im Islam praktiziert oder propagiert wird. Ich habe mich mit gleichaltrigen Türken darüber unterhalten und mich fürchterlich aufgeregt, weil für Türken die Jungfräulichkeit einer Frau sowas Heiliges ist, eine Frau darf auf keinen Fall vor der Ehe mit einem Mann und all das. Und dann gehen diese türkischen jungen Männer mit deutschen Frauen auch ins Bett, aber sie drohen die ganze Zeit, wehe, ein deutscher Mann würde eine türkische Frau anrühren, dann wäre aber was los. Das ist doch falsch und kein konsequenter Standpunkt! Sie verbieten, eine türkische Frau anzufassen, aber haben kein Problem, eine deutsche Frau zu entjungfern.« (*Shell 2000*, Bd. 2, S. 146)

Viele Klagen von Jugendlichen und Aussagen von Jugendarbeitern lassen Tinos Darstellung nicht als Einzelfall erscheinen. Sogar ein besonders dratischer Fall wurde von einer Jugendarbeiterin an den Verfasser herangetragen. An einem zunächst ganz gewöhnlichen Abend stürmten etwa zwanzig männliche türkische Jugendliche ein Jugendhaus und schlugen einen männlichen deutschen Besucher krankenhausreif. Was war geschehen? Das deutsche Opfer hatte einige Zeit zuvor das ›Vergehen‹ begangen, mit einem türkischen Mädchen öffentlich zu flirten, das der Schläger-Clique angehörte. Der deutsche Jugendliche landete für eine längere stationäre Behandlung im Krankenhaus, weigerte sich jedoch aus Angst vor weiteren Racheaktionen, Strafanzeige zu stellen.

Um Mißverständnisse zu vermeiden: Nicht nur türkische Jugendliche, auch Jugendliche mit anderer ethnischer Herkunft verhalten sich in der Geschlechterfrage sexistisch-ethnozentristisch. Aufgrund der besonderen Größe der türkischstämmigen Minderheit tritt das Verhalten türkischer Jugendlicher allerdings überdeutlich hervor. Es muß im Zusammenhang dieses Buches jedoch gerade darum gehen, eine Erscheinung zu beleuchten, die vielfach totgeschwiegen wird. In der politisch korrekten Berichterstattung der Medien wenden sich ausschließlich ›böse deutsche‹ Jugendliche feindselig gegen unbedarfte Migrantenjugendliche, die mit deutschen Mädchen befreundet sind. Keine Frage, auch diese Vorkommnisse gibt es, und sie sind nicht weniger, aber auch nicht mehr zu kritisieren wie die eben benannten.

Für alle Menschen - gleich welcher Nationalität und Religion - sollte gelten: »Was du nicht willst, das man dir tu', das füg' auch keinem anderen zu!« Wer beansprucht, sexuelle Beziehungen mit jungen Frauen anderer Herkunft oder Religion einzugehen, sollte auch akzeptieren, wenn sich die ›eigenen‹ Mädchen mit kultur- oder religionsfremden jungen Männern einlassen.

3.2.2. Verstehen männliche Jungorientalen ›moderne‹ Geschlechterbeziehungen nicht?

Nur sehr wenige männliche deutsche Jugendliche bekunden offen Interesse an einer Beziehung zu orientalischen Mädchen. Dies läßt sich bei Befragungen deutscher Jugendlicher mit unterschiedlichem sozialen Hintergrund immer wieder bestätigen. Ein Teil der vom Autor dieses Buches befragten deutschen Jungen meinte, sich keinen Ärger mit irgendwelchen Brüdern oder Vätern einhandeln zu wollen; andere äußerten sich abfällig über orientalische Mädchen. Wenn die Trauben zu hoch hängen, sprich orientalische Mädchen nicht erreichbar sind, müssen diese zwangsläufig sauer, also häßlich oder dumm sein. Solche Reaktionen sind zwar erklärlich, jedoch kontraproduktiv für ein gemeinsames Zusammenleben. Im Extremfall leisten sie rassistischem Denken Vorschub.

Umgekehrt haben deutsche Mädchen sehr gute Chancen, einen orientalischen Freund zu bekommen - sofern sie daran interessiert sind. Das Interesse orientalischer Jungen an deutschen Mädchen ist ausgesprochen groß - auch deshalb, weil Orientalen (sexuelle) Kontakte zu Mädchen ihrer Religion bzw. ihres Kulturkreises sehr erschwert sind und - wie wir gesehen haben - mit beträchtlichen Risiken verbunden sind. Bei deutschen Mädchen müssen junge Orientalen keine Angst vor ›beschützenden‹ älteren Brüdern oder renitenten Vätern bekommen (wenn doch, läßt sich die Gefahr meist rasch mit der Moralkeule ›Fremdenfeindlichkeit‹ beseitigen).

Deutsche Mädchen und Frauen lassen sich normalerweise nicht (mehr) von ihren männlichen Familienangehörigen oder Bekannten vorschreiben, mit wem sie eine Beziehung eingehen. Diese weibliche Selbstbestimmung wird von der deutschen Männerwelt auch im großen und ganzen akzeptiert. Dafür, daß in der Regel deutsche Jungen ›ihre‹ Mädchen nicht wie einen Geldbeutel an sich halten, »sprechen ihnen traditionelle Orientalen allerdings ihre Männlichkeit ab«, so ein Sozialarbeiter, der lange Jahre orientalische Jugendliche betreute. Deutsche männliche Jugendliche gelten bei ihnen als Schlappschwänze, »eierlos«, unfähig, ihre männliche Rolle als Frauendominator einzunehmen. Sie, die orientalischen Jungherren, ließen sich von ›ihren‹[1] Mädchen nie bieten, daß diese sich eigenständig anderen Jungen zuwenden, sich mit diesen freundschaftlich unterhalten oder sogar flirten. Die männliche Konkurrenz, die es wagt, an ›ihre‹ Mädchen heranzutreten, die könnte was erleben. Man(n) ist ja schließlich wer. Daß man(n) zu Hause bei den Eltern nichts zu melden hat und sich vielleicht sogar die zukünftige Ehefrau vorschreiben läßt, spielt da allenfalls eine verhaltensverstärkende Rolle.

An solchen Haltungen wird die mangelnde Einsichtsfähigkeit traditionell geprägter orientalischer Jungmänner in die europäische Kultur deutlich. Nicht wenige von ihnen ordnen das Verhalten junger Deutscher einzig in das übernommene orientalische Geschlechterrollenraster ein. Die Folge sind ethnozentristische Wertungen, kulturell bedingte Fehlinterpretationen und Mißverständnisse. Ein anschauliches Beispiel stellen BENARD/SCHLAFFER dar. Die Autorinnen geben die Aussagen unbedarfter orientalischer Europareisender über europäische Verhältnisse wieder. So äußerte der Syrer USAME mit fassungslosem Stauen:

»Die Franken [gemeint sind die Franzosen, d. Verf.] haben überhaupt keine Gefühle der Eifersucht und auch keinen Ehrbegriff. Sagen wir, einer von ihnen geht mit seiner Frau die Straße entlang, und sie treffen einen Mann, den sie kennen. Dann nimmt dieser Mann die Frau beiseite und spricht mit ihr, während ihr Ehemann daneben steht und darauf wartet, daß sie ihr Gespräch beendet. Wenn es ihm zu lange dauert, dann läßt er sie mit dem anderen Mann alleine und geht schon weiter. So etwas habe ich mit den eigenen Augen gesehen.« (zitiert nach: Ch. BENARD/E. SCHLAFFER 1984, S. 175)

---

[1] Als ›ihre‹ Mädchen betrachten traditionelle junge Orientalen Freundinnen jeglicher Herkunft, unabhängig, ob in sexueller Beziehung stehend oder platonisch befreundet.

Die Besucher aus dem arabischen Raum konnten das, was sie sahen, nicht mit ihren eigenen Wertvorstellungen vereinbaren und zweifelten am Stolz und an der Ehre der männlichen Franzosen. (ebenda, S. 176)

Im Gegensatz zu den unbedarften Touristen aus dem Orient lebt ein beträchtlicher Teil der eben angesprochenen Migrantenjugendlichen allerdings schon seit seiner Geburt in Deutschland. Daß selbst diesen orientalischen Jugendlichen ein grundlegendes Verständnis für den Umgang der Geschlechter unter Deutschen fehlt und sie bei ihrer Bewertung deutscher Jugendlicher hinsichtlich der bei diesen geübten Geschlechterbeziehungen von den vormodernen Regeln ihres Herkunftslandes (bzw. das ihrer Eltern) ausgehen, stellt auch der deutschen Gesellschaft ein Armutszeugnis aus. Hier versagen augenscheinlich die deutschen Sozialisationsinstanzen. Aus Desinteresse, aus falsch verstandener ›Toleranz‹ gegenüber kulturbedingtem Sexismus sowie aus permanenter Angst vor Diskriminierungsvorwürfen unterlassen es Kindergarten, Schule, Jugendarbeit, Vereine usw., die nötige Aufklärungsarbeit zu leisten – Aufklärungsarbeit, die mit Kritik an orientalischen Gepflogenheiten verbunden wäre, aber einer erfolgversprechenden Wertevermittlung dienen würde.

Auf der anderen Seite sind deutsche Jugendliche meist nicht oder nur mangelhaft über orientalische Geschlechtervorstellungen informiert. Die Aufklärung hierüber verschaffen sich deutsche Jugendliche oftmals auf der Straße, ähnlich wie im Falle der Sexualaufklärung zu früheren Zeiten, als diese noch tabuisiert war. Die Folge dieser Aufklärung ist ein Sammelsurium von Tatsachen, Halbwahrheiten, wilden Gerüchten, berechtigten wie unberechtigten Ängsten, Ignoranz und moralisierenden Naivitäten. Zu welchen Konflikten und auch Mißverständnissen dies führen kann, wurde oben bereits ansatzweise aufgezeigt.

In Unkenntnis des kulturellen Hintergrundes und der damit verbundenen Gefühlslage hat schon manche westliche Frau unwissentlich extreme Frustration und Wut bei Orientalen erzeugt. Intime Gespräche oder ›rein freundschaftliche‹ körperliche Berührungen – ohne nähere sexuelle Absicht von seiten der Mädchen – sind auch unter Deutschen noch jüngeren Datums. Dabei ist die Tatsache, daß derlei Gesten ›an sich‹ noch nichts zu sagen haben, bis heute selbst für manchen einheimischen Jungmann nicht selbstverständlich. Für einen Orientalen, der von den Deutungsmustern seiner Kultur geprägt ist, kann diese unverfängliche Nähe eine eindeutige sexuelle Einladung bedeuten. Schnell gesteigert ist dieses Mißverständnis, falls die junge Frau mit ihrem platonischen Freund nach dem Kneipenbesuch auf ein gemeinsames Zimmer geht - und sich wirklich nur mit ihm unterhalten will. Auch eine eventuelle Voraberklärung muß nichts bewirken. Tiefsitzende Deutungsmuster sind nicht mit einer verbalen Äußerung aus dem Weg zu räumen, und Dementis meinen bekanntlich oftmals das Gegenteil. So hat schon manche junge Frau aus Unkenntnis und Naivität eine handfeste Belästigung bis hin zur (versuchten) Vergewaltigung ›provoziert‹.

3.3.3. Zwischen dauerhafter Anpassung und ›Kulturimperialismus von unten‹

3.3.3.1. Kulturhopping[1]

Für traditionelle männliche Orientalen hat das krampfhafte Festhalten an überkommenen Einstellungen und Verhaltensweisen durchaus Sinn: Wozu sich mit den Regeln des Aufnahmelandes beschäftigen, wenn multikulturelle Gutmenschen gebetsmühlenartig betonen, Migranten bräuchten sich in keiner Weise an hier geltende Regeln anzupassen? Wozu sexistisches Verhalten ablegen, wenn ›Kulturhopping‹ Vorteile bietet? Denn: Wo es ihnen ersichtliche und unmittelbare Vorteile bringt, übernehmen traditionell gebliebene Migranten gern moderne, individualistische Regeln (diese Art von Anpassung zeigen übrigens Menschen aller Kulturen.) Wenn es den Herren nutzt, sollen Mädchen eigenständig entscheiden können, ob sie Sexualkontakt haben wollen - vorausgesetzt, sie, die Herren, sind die Auserwählten. Aber wehe, ihre eigene Schwester kommt auf die Idee, für sich einen Freund zu beanspruchen, dann pocht der traditionsbewußte Jungmann auf die Regeln seiner Herkunftskultur - notfalls mit Gewalt.

Auch W. Heitmeyer stellt (unter türkischen Jugendlichen) Verhaltensweisen fest, die einem vorteilbezogenen ›Kulturhopping‹ ent-

[1] Der Inhalt dieses Unterkapitels bezieht sich nur auf traditionell gebliebene, anpassungsresistente orientalische Jugendliche; keinesfalls auf assimilierte oder assimilationsbereite Orientalen.

sprechen. HEITMEYER spricht von einem »Pendeln zwischen konsumkulturellen Möglichkeiten und religiös-kulturellen Anforderungen«. (W. HEITMEYER 1997, S. 154) Aus den beiden miteinander unvereinbaren Lebenswelten entstünden Spannungen. Die Umgangsweise mit diesen Spannungen liege in einem Kalkül, das sich am eigenen Nutzen orientiere, »indem immer jene Verhaltensweise gewählt wird, die hinsichtlich der jeweils relevanten Bezugspersonen oder Lebensbereiche als die ›günstigere‹ erscheint«. (ebenda)

Aus taktischen Gründen läßt mancher traditionsbewußte Migrantenjugendliche insbesondere die deutsche Freundin schon mal an der langen Leine. Andernfalls könnte es sein, daß diese sich wieder abwendet (= Anwendung körperlicher Gewalt gegen Mädchen ist in der fremden Kultur verpönt und risikobelastet.) Dafür kann (!) es sein, daß Man(n) später bei seiner geehelichten Frau aus der eigenen Herkunftskultur um so mehr Wert auf ein unbeschädigtes Jungfernhäutchen legt und bedingungslosen Gehorsam fordert - man(n) hat ja zuvor schon mitbekommen, wozu Frauenfreiheit führt: zum Machtverlust über die Frau, und das ist schlimm.

Doch so einfach lassen sich die Vorteile zweier Kulturen meist nicht kombinieren. H. BIELEFELD/R. KREISSL/Th. MÜNSTER betonen, ein wichtiger Teil der Aktivitäten in den Lebenswelten junger Migranten sei »die Herstellung von Kontakten zu Mädchen, insbesondere zu deutschen. Diese Beziehungen brächten gerade für Türken erhebliche Probleme mit sich, da sie aus ganz anderen Beziehungstraditionen kommen«. Denn für sie sei »die großfamiliale, patriarchalische Familienstruktur noch ein wichtiger Bezugspunkt«. (H. BIELEFELD/R. KREISSL/Th. MÜNSTER 1982, S. 114 f.) Schwierigkeiten träten insbesondere im Falle länger dauernder Beziehungen mit deutschen Mädchen auf.

Das folgende Interview mit dem jugendlichen Deutsch-Türken AYDIN zeigt - auch nach Ansicht der Autoren -, daß die Aushandlung von Beziehungsnormen zwischen kulturell unterschiedlich geprägten Menschen konfliktanfällig ist. Sichtbar werden im Interview jedoch auch die Ungleichwertigkeit von Frauen in der türkischen Tradition sowie Probleme, die für deutsche Mädchen in Beziehungen zu traditionellen Orientalen auftreten können.

Die erste Passage thematisiert das Thema Eifersucht und veranschaulicht, daß der junge Deutsch-Türke AYDIN eine aggressive Doppelmoral vertritt (nach: ebenda, S. 115 f.; F: Interviewer; A: AYDIN):

F: »Woran liegt das, meinst du, mit dem Eifersüchtig-Werden? Das find ich schon sehr spannend. Wenn ich – konstruieren wir den Fall kurz. . .«

A: »Sagen wir zum Beisiel so: Wenn ich jetzt verheiratet bin, ich darf ein andern Weiber nachschaun. Mei Frau hat da nix zum Sagen: Aber wenn ein anderer Mann meine Frau anschaut, dann würd ich schnell eifersüchtig, und da passiert dann irgendmal irgendetwas.«

Im weiteren Verlauf des Gesprächs wird deutlich, daß Aydin sich im Zusammensein mit selbstbewußt auftretenden deutschen Freundinnen anders verhält. Deutsche Mädchen würden ebenso wie er beim Nachpfeifen oder Nachschauen nach dem anderen Geschlecht Eifersucht zeigen. Aus Angst davor, die Freundin durch sein Verhalten zu verlieren, unterließe er die ›Anmache‹ anderer Frauen. Und siehe da, das selbstbewußte Auftreten der deutschen Mädchen leuchtet ihm auch noch ein:

A: »Dann sagn's, entweder gehst du mit mir oder mit anderen.«

F: »Und findest du das richtig, oder?«

A: »Ja, wenn sie des sagt, dann find ich das schon richtig. . . Weil du sollst ja nicht zehn Mädchen haben, sondern bloß eins.«

Die Autoren konstatieren scharfsinnig, daß Aydin im Konflikt zweier einander entgegengesetzter Normen steht. An die deutsche Norm paßt er sich dann an, wenn er mit einem deutschen Mädchen zusammen ist, das seine traditionellen Verhaltensweisen nicht akzeptiert. Die Geltung der türkischen Norm werde nur situativ eingeschränkt. Wäre Aydin mit einer Türkin (verheiratet) zusammen, würde die türkische Norm gelten. (ebenda, S. 116)

Wie hoch ist der Anteil junger Orientalen, die sich wie Aydin gegenüber deutschen Freundinnen nur taktisch modernen Geschlechternormen anpassen? Behandeln Jungmänner wie Aydin später ihre orientalische Ehefrau vielleicht sogar noch restriktiver, als sie dies ohne die Erfahrung einer westlichen Freundin getan hätten? Oder bewirken selbstbewußte Reaktionen junger westlicher Frauen bei ihren orientalischen Freunden tiefergehende, pädagogisch wertvolle Veränderungen? Veränderungen, die hin zu gleichen Rechten für beide Geschlechter führen?

In der Vielzahl solcher Beziehungen werden bei traditionell geprägten orientalischen Jungmännern wohl unterschiedliche Reaktionen stattfinden. Manch einer wird die Geschlechternormen seiner Herkunftskultur kritisch überdenken - manch anderer wird (sich) um so krampfhafter daran festhalten. Erkennen läßt sich jedoch bereits am konkreten Einzelfall AYDIN: Wenn Frauen aus einer Position der Stärke gegen diskriminierende Behandlungen aufbegehren und Konsequenzen zeigen, kommt männliche Selbstherrlichkeit ins Wanken.

3.3.4. Wie orientalischer Sexismus über Gruppendruck auch Deutsche erreichen kann

Im weiteren Verlauf des Gesprächs verdeutlicht AYDIN, daß er sich wie andere Deutsch-Türken an die Wünsche moderner Mädchen anpassen würde. Nur die Neuzugewanderten würden gegenüber Mädchen Zwang anwenden - im Glauben an Gerüchte, die in der Türkei kursierten.

AYDIN: »Aber wenn nur drei Monat oder zwei Monat hier ist, die hören in Türkei so Blödsinn, kommen die hier und große Klappe. Das mag ich net... Sie hören hier, Deutschland ist so und so. Sie kommen, ich schäme mich auch sowas, gehen zu Mädchen und so, zwingen deswegen.«

Die Tatsache, daß männliche Jungmigranten orientalischer Herkunft ihre europäischen Freundinnen oftmals an der längeren Leine lassen,[1] ist keine Garantie für ein Miteinander ohne Kulturkonflikte. Das folgende Beispiel zeigt, wie junge Migranten bisweilen einem Druck aus dem eigenen Milieu ausgesetzt sind, der zu typisch orientalisch-sexistischen Handlungen führen kann.

Der Fall handelt von TEFIK, einem 19jährigen straffällig gewordenen Türken. TEFIK lebt zum Zeitpunkt des geschilderten Ereignisses seit vier Jahren in Deutschland. Obwohl er sich von den islamischen religiösen Traditionen aus politischen Gründen absetzt, »steht er zu einem normativ-traditionalistischen Lebensstil« (H. BIELEFELD/R.

---

[1] Dies um so leichter, als der orientalische Freund die ›unehrenhafte‹ Europäerin wie ein altes Kleidungsstück wieder abstreifen und die Ehe mit einer ›ehrenhaften‹, jungfräulichen Orientalin eingehen kann. Wenn sich westliche Mädchen oftmals darüber beklagen, nur für den Sex benutzt, aber nicht geheiratet zu werden, liegt dieses Verhalten junger Orientalen in der Logik ihrer kulturellen Prägung.

KREISSL/Th. MÜNSTER 1982, S. 157). Weiter schreiben H. BIELEFELD/R. KREISSL/Th. MÜNSTER über TEFIK:

»Die Geschichte seiner Straftat läßt sich interpretieren als klassischer Fall eines kulturellen Normkonfliktes: Einmal hatte er seiner deutschen Freundin die Haare abgeschnitten, nachdem sie mit einem anderen Jungen geflirtet hatte. Dann hatte er zusammen mit einem anderen Türken zwei deutsche Mädchen vergewaltigt.« (ebenda)

Während die Autoren den Beweis schuldig bleiben, daß die Vergewaltigung aus einem kulturellen Normenkonflikt resultierte, wird dies eindeutig, als TEFIK im Interview zum Haareabschneiden Stellung bezieht: (ebenda) (T = Tefik; F = Interviewer)

T: »Zum Beispiel meine, meine Freundin, nit, sie hat mit andere ins Bett gegangen.[1] Dann die Leute sagen, mir, nicht du bist Hurenbock, in der Türkei, aber nicht hier. Sagen, so – wenn ich so muß ins Cafe gehen – sagen mir, geh raus, darfst du nit bei uns bleiben. Und du darfst nit auf der Straße gehen – sagen mir, geh raus, darfst du nit bei uns bleiben. Und darfst du nit auf der Straße gehen und jeder sagen, jeder spuckt seine gleich ins Gesicht. Darum mußt du deine Frau büßen. Strafe geben, nit. Darum habe ich ihre ab-, Haare abgeschnitten.«

F: ». . . Ja, das ist, das ist hier schon anders.«

T: »Hier gibt's auch viele Türken, die sagen so. Die eine sagt zu mir, ich hab deine Freundin mit andere gesehen. Freundin bei dir? Hat er so gesagt. Andere hat er gesagt: du Hurenbock, warum halt's, hältst du nit deine Freundin bei dir? Hat er so gesagt.«

Aus den zitierten Äußerungen leiten die Autoren ab, daß TEFIKS Verhalten weniger individuelle als soziale Gründe gehabt habe. Eine nachgiebige Reaktion seiner Freundin gegenüber würde seinen sozialen Ausschluß aus seinem türkischen Bekanntenkreis bedeutet haben. »Nicht nur weil er eifersüchtig war, hat er ihr die Haare abgeschnitten, sondern weil nach dem traditionellen Verhaltenskodex dies die einzige Möglichkeit für ihn ist, sich sozial zu rehabilitieren.« (ebenda)

---

[1] Damit kein Mißverständnis entsteht: Auch wenn vom ›Bett-Gehen‹ die Rede war, bestand die Handlung von TEFIKS Freundin lediglich in einem Flirt.

Am Fall Tefik wird ein Grundkonflikt ersichtlich, der sich aus dem Pendeln zwischen zwei kulturell grundverschiedenen Lebenswelten fast zwangsläufig ergibt: einerseits einer vormodernen Lebenswelt mit rigiden Vorstellungen hinsichtlich weiblicher Sexualmoral und männlicher Ehre und andererseits einer individualisierten Welt, in der Frauen selbst entscheiden (können), wie sie ihre Beziehung(en) zum männlichen Geschlecht gestalten. Doch beide Lebenswelten waren für Tefik nicht immer säuberlich voneinander zu trennen. Denn Angehörige seines traditionellen Herkunftsmilieus beobachteten Tefiks Verhalten gegenüber seiner deutschen Freundin und bewerteten dieses nach traditionellem türkischen Verständnis. Gleichzeitig bestand seine deutsche Freundin jedoch auf ihren Freiheiten. Dort, wo sich die Lebenswelten überschnitten, saß Tefik deshalb in der Zwickmühle. Orientierte er sich an den Vorstellungen seines türkischen Milieus, wäre er in Konflikt mit seiner deutschen Freundin geraten und umgekehrt. In dieser Lage mußte er entscheiden, auf welches Bezugssystem er sein Leben ausrichtete. Tefik entschied sich für die traditionell türkischen Normen und schnitt seiner Freundin die Haare ab. Tatbestand der Freundin: ein Flirt.

Der Applaus aus der Multikulti-Gutmenschenszene muß Tefik für seine Gewalthandlung sicher gewesen sein. Legen diese Kreise doch großen Wert darauf, daß Migranten ›ihre‹ Kultur in Deutschland beibehalten können. Die Forderung nach Anpassung kulturfremder Zuwanderer an die Standards der Aufnahmegesellschaft hingegen gilt als ›ethnozentristisch‹ und ›böse‹.

3.4. Ehekonflikte

3.4.1. Kulturtheater oder Undank ist der Herrenmenschen Lohn – ein modernes, aber wahres Märchen[1]

Daß man(n) sich aus taktischen Gründen zuerst von seiner Rosinenseite zeigt, um die heiß Begehrte in seinen Ehehafen einzufahren, gehört zum Werbeverhalten von Männern in den verschiedensten Kulturen. Manche deutsche Durchschnittsfrau stellt nach Beendigung der Flitterwochen fest, daß ihr Angetrauter in der Hausarbeit zum

[1] Der Fall stammt aus Eigenrecherche und ist mit einem ähnlichen Fall in Kapitel 6 nicht identisch.

Faultier mutiert und die Kavaliersleistungen immer seltener werden. Dennoch besitzt die große Mehrzahl dieser Frauen wenigstens nach Verrichtung ihrer Dienstmädchentätigkeiten einen gewissen Freiraum und nutzt diesen auch, sei es, um mit Freundinnen eine Kneipe zu besuchen, alleine in die City zum Klamottenshopping zu gehen oder einen ihrer Verflossenen, wenn nicht gar den neuen Liebhaber, zu treffen.

Die Wahrscheinlichkeit, daß das weibliche Vertrauen auf die voreheliche männliche Selbstdarstellung gewaltig in den Slip geht, erhöht sich allerdings, wenn der Geehelichte aus einer vormodernen Kultur stammt. Befindet sich solch ein Mann in einer ausgesprochenen Zwangslage, kann der männliche Selbsterhaltungstrieb eine schauspielerische Glanzleistung hervorzaubern. Das Bühnenstück vieler Vertreter dieser Spezies Mensch wird jedoch rasch abgebrochen, wenn der sicher erscheinende Hafen der Ehe erreicht ist. Von so einem Fall handelt unser Märchen, das tatsächlich auf der Bühne des Lebens stattgefunden hat.

Es war einmal - zu Beginn des dritten Jahrtausends - ein junger, volljähriger Asylbewerber moslemischen Glaubens, der sich in Deutschland um Asyl beworben hatte. Die Gerichte des dortigen Landes stellten jedoch fest, daß der Asylantrag unbegründet sei. Als bereits die Abschiebung drohte, nahte die Rettung in Gestalt eines mitfühlenden deutschen Fräuleins. Vor lauter Mitgefühl und Helfersyndrom ehelichte es den von den deutschen Behörden ›verfolgten‹ Asylanten. Die Entscheidung fiel um so leichter, war der Betreffende doch vor der Ehe nicht nur aufmerksam und lieb, sondern akzeptierte das deutsche Fräulein in seinem ganzen Verhalten - trotz der andersartigen Herkunftskultur.

Nach der Hochzeit fand der ehedem von Abschiebung bedrohte Asylbewerber keine Arbeit - trotz nunmehriger Arbeitserlaubnis. Da andererseits das mitfühlende Fräulein einer geregelten Beschäftigung nachging, versorgte es seinen Gatten materiell. Den Großteil der Hausarbeit erledigte unser Fräulein noch nebenbei - schließlich sah sich der frisch Angeheiratete nicht geboren, um Frauenarbeit zu leisten.

Bald ging dieser dazu über, seiner Versorgerin zu verbieten, zu Freizeitzwecken aus dem Haus zu gehen. Man(n) könne ja nie wissen, was sie dort so anstelle, mit welchen Männern sie Umgang habe.

Von nun an wurde unser Fräulein ständig von seinem nunmehrigen Angetrauten überwacht, der sich für diese Tätigkeit viel Zeit nahm und auch nehmen konnte, denn auf Arbeit war er wegen der Versorgung durch seine Gemahlin ja nicht angewiesen.

Zum Dank für ihr gutes Herz leidet unser Fräulein bis heute unter seinem Freiheitsentzug. Nur noch selten trifft es sich heimlich mit früheren Freunden und Bekannten. Unser Fräulein hatte sich früher von Männern nicht viel gefallen lassen und ein Selbstbewußtsein gezeigt, das ihm viel Respekt von seiten des anderen Geschlechts eingebracht hatte. Doch wenn es dieses Selbstbewußtsein weiterhin wegsperrt, dann leidet es noch morgen.

Und die Moral von der Geschicht'? Gilt für dieses Märchen nun, daß der Krug so lange zum Brunnen geht, bis er bricht? Oder trifft zu, daß man(n) den Teich beruhigt durch das Wasserglas ersetzen kann, wenn der Fisch erst mal gefangen ist? Die Zukunft wird es zeigen.

3.4.2. Kulturkonflikte in bikulturellen Ehen

Mit dem eben wiedergegebenen wahren Märchen sind wir mitten im Thema ›Kulturkonflikte in bikulturellen Ehen‹ angelangt. Konflikte zwischen deutschen Frauen und orientalischen Ehemännern entzünden sich zum einen dort, wo es um die Freiheiten der Frauen geht. Darf die deutsche Frau noch allein mit einer Freundin ausgehen? Einen platonischen Freund treffen? Wie muß sie sich in der Öffentlichkeit kleiden? Darf sie weibliche Reize zur Schau stellen, wie sehr muß sie diese verbergen? Alles Fragen, die einer Klärung bedürfen, falls sich der orientalische Gatte (nach der Eheschließung) auf seine Herkunftstraditionen besinnt.

Von den Konflikten bzw. durchgesetzten Freiheitsbeschränkungen wird auch die deutsche Bezugswelt berührt – wie im folgenden Fall:

Eine Deutsche, verheiratet in Deutschland mit einem türkischen Migranten, ›darf‹ sich wegen entsprechender Vorgaben des Ehemanns nicht mehr allein mit ihren altvertrauten Bekannten treffen. Sie könnte ja. . . Wenn der Ehemann keine Zeit oder Lust hat mitzugehen, ›darf‹ sie sich jedoch unter Begleitung eines seiner Brüder diesen Wunsch erfüllen. Dieser Vorgabe folgend, besucht sie nur noch Freunde ohne ihren Ehemann, wenn einer der Brüder als Wachmann mitgeht. Letztendlich kommt die Anwesenheit des Bruders aber einer Beleidigung der Schwägerin und ihrer Freunde gleich. Steckt doch die Unterstellung dahinter, sie würde ihre kontrollfreie Zusammenkunft zur sexuellen Untreue nutzen.

Unterstellungen dieser Art sind typisch für den islamischen Kulturkreis. N. Kelek spricht von einer Tradition des Mißtrauens, die in islamisch geprägten Kulturen gang und gäbe sei. Bei Kontakten zu familienfremden (jungen) Männern werde Mädchen und Frauen sofort sexuelles Interesse unterstellt, auch wenn sie weit davon entfernt seien. (N. Kelek 2005, S. 216)

Konflikte zwischen deutschen Frauen und ihren orientalischen Ehemännern entstehen zum anderen auch, wenn gemeinsame Kinder zu erziehen sind. Geklärt werden müssen Fragen der religiösen Erziehung bzw. Indoktrination. Insbesondere bei den Töchtern treten mit Beginn der Pubertät Fragen der (sexuellen) Freiheit und entsprechende Verbote auf. Zerbricht eine deutsch-orientalische Ehe, kann ein unlösbares Problem auftauchen: Im islamischen Verständnis gehört ein Kind eines Moslems immer dem Mann und dem Islam. Aus dieser islamischen Pflicht heraus erklärt sich so manche Kindesentführung durch den orientalischen Vater.

Der Blick auf Ehekonflikte zwischen deutschen Frauen und orientalischen Männern sei mit einem Zitat Spuler-Stegemanns abgerundet. Die Autorin beschreibt die Situation der Vielzahl kulturell verschiedener Ehepartner, die sich am Ende noch irgendwie zusammengerauft haben: »Eine binationale oder gar noch bireligiöse Ehe zwischen Muslimen und Nicht-Musliminnen ist wegen der ganz unterschiedlichen kulturellen und religiösen Sozialisation beider Partner oft großen Belastungen ausgesetzt. Das Glück, die Andersartigkeit des Partners als Bereicherung zu erleben, widerfährt nicht allen Paaren; nur allzu oft steht eine bleibende Fremdheit zwischen beiden wie eine Trennwand, und jeder führt sein eigenes Leben.« (U. Spuler-Stegemann 1998, S. 187)

Selbstverständlich können europäisch-orientalische Ehen auch sehr positiv geführt werden und eine Bereicherung darstellen. Konflikte ergeben sich um so weniger, je mehr sich eine (r) der Partner(innen) an die kulturellen Andersartigkeiten des/r anderen assimiliert. Viele orientalische Ehemänner passen sich den Gepflogenheiten der neuen Heimat an und führen eine ›westliche‹ Ehe. In anderen Fällen unterwirft sich die deutsche Ehefrau von sich aus ihrem traditionellen islamischen Ehemann, läuft nur noch mit dem Kopftuch außer Haus und akzeptiert vielleicht auch noch dessen Vielweiberei. Der letztere Fall mag zwar ohne Kulturkonflikte zwischen den Ehegatten verlaufen, stellt jedoch hierzulande nur bei den Anhängern einer ›multikulturellen‹ Gesellschaft wirklich ein ernst zu nehmendes Vorbild dar...

Eine Frage harrt noch der Antwort: Sind ›sexistische‹ Verhaltensweisen orientalischer Migrantenmänner wirklich durch deren andersartige kulturelle Prägung bedingt? Dürfen wir ›Kultur‹ als Erklärung heranziehen, wenn zum Beispiel ein orientalischer Asylbewerber seine deutsche Frau mit Ausgehverboten behängt und streng überwacht? Oder dürfen wir nicht? Schließlich gibt es auch deutsche Ehemänner, die krankhaft eifersüchtig sind und das gleiche Herrenmenschenverhalten zeigen.

Die Antwort muß wohl lauten: »ja, aber«. Ja, man darf dieses geradezu krankhaft eifersüchtige Verhalten orientalischer Migranten-Männer mit deren kultureller Herkunft erklären – aber man darf nicht verallgemeinern. In der orientalischen Herkunftskultur ist die Abschottung und Überwachung von Frauen die Regel. Dieser Regel können sich jedoch Männer im Orient (teilweise) entziehen, die auf westlich beeinflußten liberalen gesellschaftlichen ›Inseln‹ leben. Auch distanziert sich ein kleiner Teil orientalischer Migranten in Deutschland (schrittweise) von seiner Herkunftskultur und übernimmt westliche Geschlechternormen.

Umgekehrt kommt die Äußerung absoluter Besitzansprüche von deutschen Männern gegenüber ihren Frauen zwar ebenfalls vor, dies entspricht aber in keiner Weise den in unseren Breiten üblichen Verhaltensnormen. Kulturbedingt ist es also wesentlich wahrscheinlicher, daß ein orientalischer Migrant seine Frau wegsperrt als etwa ein originär deutscher oder skandinavischer Mann. Wir sehen hier, daß unterschiedliche kulturelle Hintergründe einen quantitativen Unterschied erzeugen, der über Einzelfälle keine sicheren Aussagen zuläßt.

Neben den quantitativen Unterschieden können wir in der Geschlechterfrage jedoch auch kulturell bedingte qualitative Unterschiede feststellen. Qualitative Unterschiede sind ausschließlich auf Unterschiede in den Kulturen zurückzuführen. In der einen Kultur treten

Praktiken auf, die in der anderen völlig unbekannt sind. So ist zum Beispiel die Verstümmelung weiblicher Geschlechtsteile der westlichen Gegenwartskultur völlig fremd - auch wenn Multikulti-Fanatiker das Gegenteil behaupten, wie wir noch sehen werden.[1]

---

[1] Unbestreitbar ist, daß auch südländische, christliche Migranten gewisse Übereinstimmungen in der Frauenfrage mit islamischen Migranten aufweisen. So steht zum Beispiel die Jungfräulichkeit in vielen Familien süditalienischer Herkunft - entsprechend den Gepflogenheiten ihrer Heimat - hoch im Kurs. Dennoch können Unterschiede zu islamischen Migranten festgestellt werden: Daß ein süditalienischer Jugendlicher seine verliebte Schwester verprügelt, weil er diese beim Küssen entdeckt, ist zwar nicht ausgeschlossen, jedoch unwahrscheinlicher als bei einem gleichaltrigen Moslem. Noch deutlicher wird der Unterschied zum Beispiel in der Kleiderfrage: Weder italienische noch griechische Eltern hängen ihre sexualreifen Töchter in der Öffentlichkeit mit Tüchern zu.

Kapitel 4

Abgrenzende Wirkungen islamisch-orientalischer Geschlechterverhältnisse

Dieses Kapitel stellt das Eindringen islamisch-orientalischer Geschlechternormen nach Deutschland in einen breiteren Zusammenhang. Dabei wird aufgezeigt, daß das starre Festhalten orientalischer Migranten an traditionellen Geschlechternormen eine Selbstausgrenzung aus der deutschsprachigen Umgebung bewirkt. Eines kommt hinzu: Die Vorenthaltung westlicher Freiheiten für islamische Frauen erfüllt eine zentrale Voraussetzung für den Ausbau menschenrechtswidriger islamischer Parallelgesellschaften. In diesem Zusammenhang wird auf die zivilisatorische Abgrenzung der islamischen Welt von der Welt der ›Ungläubigen‹ einzugehen sein. Dabei kommt auch die Tatsache zur Sprache, daß der Islam an sich ein sehr doppelsinniges Verhältnis zur Gewalt pflegt.

4.1. Gesellschaftliche Ab- und Ausgrenzungseffekte islamisch-orientalischer Geschlechternormen

4.1.1. Strikte Abschottung von Orientalinnen

Die orientalische Vorstellung von einer ehrenhaften Frau steht mit den liberalen deutschen Gepflogenheiten in einem grundsätzlichen Konflikt. Für traditionell geprägte Orientalen stellt bereits der unverbindliche Flirt eines Mädchens ein unehrenhaftes Vergehen dar. In vielen orientalischen Migrantenfamilien herrscht eine Phobie, ihre Töchter würden von der deutschen ›Unmoral‹ infiziert und könnten Schande über die Familie bringen.

Wie bereits in vorhergehenden Kapiteln aufgezeigt, hat dies zur Folge, daß im westlichen Einwanderungsland gebärfähige Orientalinnen oftmals noch rigider weggesperrt oder überwacht werden, als es im Ursprungsland üblich ist.

Die Einschränkungen, denen orientalische Mädchen und Frauen ausgesetzt werden, sind vielfältig: Ehemänner verhindern, daß ihre Ehefrauen an Bildungsveranstaltungen teilnehmen; Eltern verbieten ihren jugendlichen Töchtern, mit deutschen Mitschülern auf Schulfeste zu gehen, Jugendtreffs zu besuchen, auf Schulausflüge mit Übernachtungen zu fahren, sich mit Jungs in Cliquen einzufinden, an gemischtgeschlechtlichem Sportunterricht teilzunehmen und vieles mehr. Brüder spielen sich als Kontrolleure der sexuellen Reinheit ihrer Schwestern auf und verlieren jede Fassung, wenn sich die Schwester nur ansatzweise so verhält, wie es sich junge Frauen für ihren eigenen Umgang vorstellen.

Wenn ein Ehrverlust bereits durch das harmlose Gespräch eines sexualreifen weiblichen Familienmitgliedes mit einem familienfremden Mann droht, lauert sprichwörtlich an jeder Ecke das Fiasko: Im Deutschkurs könnte ein Teilnehmer die Ehefrau anflirten; auf der Schulparty die Tochter in ausgelassener Stimmung für die Annäherungsversuche von Mitschülern anfällig werden; beim Kaffeehausbesuch taucht vielleicht ein charmanter Kavalier auf und gibt der Schwester ein Getränk aus – und so weiter, und so fort.

Auch wenn die äußere Kontrolle sehr weitreichend sein kann – indem etwa Freunde von Brüdern Spitzeldienste leisten, perfekt kann sie gerade in einer westlichen Gesellschaft niemals sein. Nicht alle Lebensbereiche können ständig überwacht werden. Zudem stützen das Recht des Einwanderungslandes sowie soziale Einrichtungen (etwa Frauenhäuser) die Eigenentscheidungen erwachsener Frauen. Zur Sicherstellung der Familienehre ist deshalb in der Fremde die ›freiwillige‹ Unterordnung der Frau noch unabdingbarer als in der traditionellen Heimat. Diese ›Freiwilligkeit‹ wird am wirksamsten durch gezielte Indoktrination von Kindesbeinen an garantiert. Indoktrinations- und Kontrollinstanzen sind die Familie, die Verwandtschaft, Religionsschulen, kurzum das gesamte ethnisch-religiöse Milieu. Das Optimum der Indoktrination ist dann erreicht, wenn die Verinnerlichung der Unterordnung religiös einzementiert wurde, nach dem Motto: Gott sieht jede Abweichung, selbst wenn kein Mensch davon Wind bekommt; Gott bestraft alle Sünden, wird zornig, wenn frau sich seinem Willen widersetzt. Und Gottes oder Allahs Wille beinhaltet selbstverständlich die Unterwerfung der Frau unter das Diktat des Mannes und der Tradition.

Aufgrund dieser Mechanismen verinnerlichen viele Orientalinnen die ihnen eingetrichterte Ablehnung westlicher Freiheiten und greifen von ›sich aus‹ zum Kopftuch, wenn sie das Haus verlassen.

Selbst wenn Orientalinnen sich innerlich von ihrer Herkunftskultur distanzieren, stellt das Eingebunden-Sein in ein traditionelles

Milieu ihnen Barrikaden in den Weg zum modernen Leben. (Stienen 1994, S. 7) formuliert diese Schwierigkeiten am Beispiel türkischer Frauen: »Um sich in der deutschen Gesellschaft zurechtzufinden bzw. die Möglichkeiten zur Lebensgestaltung, die sie bietet, überhaupt nutzen zu können, ist es notwendig, daß man die Chance hat, eigenverantwortlich Entscheidungen zu treffen. Doch dies wird den meisten türkischen Frauen von klein auf systematisch aus der Hand genommen oder sogar verweigert, weil es nicht dem eigenen Gesellschaftssystem entspricht, in dem der Frau eine ›private‹ und dem Mann eine ›öffentliche‹ Rolle zugewiesen wird.« (Stienen 1994, S. 7)

Allgemeiner formuliert: Die Einbindung in traditionell-orientalische Lebensweisen führt dazu, daß moslemischen Migrantinnen von Haus aus die Befähigung fehlt, sich ein modernes Leben in der westlichen Gesellschaft einzurichten. Selbst wenn diese Befähigung (mühevoll) erlernt wird, taucht ein weiteres Hindernis auf: Ein selbstbestimmtes modernes Leben zu führen ist innerhalb des traditionellen Milieus nicht möglich, der nötige Ausbruch mit Schmerzen verbunden. Das Verlassen des gewohnten Umfeldes bedeutet den Verlust der vorhandenen zwischenmenschlichen Beziehungen sowie des Gewohnten, das innerhalb des Unterordnungsverhältnisses Sicherheit und Schutz gewährt.

Das moderne Leben in Freiheit ist ein anstrengendes Unterfangen. Es verlangt ständig, sich individuell zu entscheiden, ohne alle Folgen absehen zu können. Daß gerade Menschen, denen Freiheit systematisch vorenthalten wurde, auf Freiheit ›freiwillig‹ verzichten, ist menschlich nachvollziehbar. Mancher Langzeitsträfling ängstigt sich in erheblichem Maße vor der Entlassung und würde seinen gewohnten Gefängnisalltag dem Leben draußen vorziehen. Noch Jahre nach der Abschaffung der Sklaverei in den USA sehnten viele Schwarze die alten Abhängigkeiten wieder herbei. In gleicher Weise wünscht auch ein Teil der orientalischen Frauen die Beibehaltung der alten Traditionen. Diese Frauen opponieren in der Migration weder gegen die Abschottung von der westlichen Gesellschaft noch gegen die patriarchalen Regeln, denen sie unterworfen sind. Im Gegenteil: Zuständig für die Kindererziehung, geben sie von sich aus traditionell orientalische Werte und Normen weiter und sorgen dadurch für die Abgrenzung ihrer Kinder von der deutschen Mehrheitsgesellschaft.

4.1.2. Begrenzte Ausgrenzung männlicher Jungorientalen von Privatbeziehungen zu Deutschen

In einer wesentlich günstigeren Situation als gebärfähige Orientalinnen befinden sich die orientalischen Jungmänner. Ob volljährig oder noch minderjährig: Ihr Freiraum ist bedeutend größer als derjenige altersgleicher Mädchen und Frauen aus ihrem Milieu. Sie, die Herren, sind meist so frei, am gemischtgeschlechtlichen, westlichen Leben teilzunehmen: auf Schulparties oder in Discos zu gehen, Jugendhäuser zu besuchen, sich mit ihrer Clique herumzutreiben, junge Frauen ›aufzureißen‹, eingehende sexuelle Erfahrungen mit dem anderen Geschlecht zu sammeln – vorausgesetzt, es handelt sich nicht um überwachte Mädchen und Frauen aus dem eigenen Milieu.

Wie bereits festgestellt wurde, ergibt sich aus dieser Konstellation eine doppelte Schieflage. Ein Großteil der männlichen Jungorientalen kommt zu sexuellen Erfahrungen vor der Ehe – zumeist mit nichtmoslemischen Mädchen. Moslemische Orientalinnen dagegen sind vor entsprechenden Erfahrungen durch rigide Normen und strenge Restriktionen ›geschützt‹. Als absolutes Tabu gelten sexuelle Beziehungen zu männlichen ›Ungläubigen‹.

Nicht zuletzt aus Angst vor den drohenden Konsequenzen islamisch-orientalischer Ehrvorstellungen meiden viele (junge) männliche Deutsche von sich aus Freizeitkontakte zu Orientalen beiderlei Geschlechts. Die einseitige Konkurrenz um freie Frauen schränkt die Chancen für deutsche und andere westliche junge Männer beim anderen Geschlecht ein. Deutsche Mädchen und Frauen hingegen gelangen zu einem quantitativen Vorteil, einer größeren Auswahl an Männern. Ein (kleiner) Teil von ihnen nutzt die zusätzliche Option und geht sexuelle Beziehungen mit Orientalen ein. Bestimmte Umstände erleichtern diesen Mädchen und Frauen eine solche Entscheidung: Wie oben an einigen Beispielen aufgezeigt wurde, passen traditionsgebundene Orientalen ihr Verhalten aus taktischen Gründen bisweilen an die Erwartungen deutscher Mädchen an. Manche junge Deutsche fühlt sich mit ihrem orientalischen Freund und seiner Clique einfach sicherer. Nicht nur Besitzdenken mit Blick auf die Freundin, sondern auch Zusammenhalt gegenüber Gruppenfremden wird dort meist größer geschrieben als in der individualisierten deutschen Lebenswelt. Zudem: Mancher junge Orientale versteht es einfach besser, Mädchen mit Charme und Aufmerksamkeiten einzunehmen als die zum Teil hölzern auftretenden deutschen Gleichaltrigen. Und eines haben männliche Orientalen deutschen Jungmännern (in aller Regel!) unzweifelhaft voraus: ein nach außen zur Schau gestelltes hohes ›Selbstbewußtsein‹ als Mann, gepaart mit klassisch ›männlichen‹ Attributen. Dafür sorgt schon die Erziehung: Wer bereits mit der Muttermilch einsaugt, daß er als Junge und zukünftiger Patriarch eine Stufe über der Frau steht und ihr Befehle zu erteilen hat, lernt frühzeitig, sich gegenüber dem weiblichen Geschlecht standhaft zu verhalten.

Trotz Frauenbewegung und vieler anderslautender Bekenntnisse haben auch am Beginn des 21. Jahrhunderts Männer mit demonstrativ zur Schau gestelltem Selbstbewußtsein ihren Marktwert in der Frauenwelt. Verunsicherte Männer fallen rasch durchs Raster selbstbewußter Frauen, wie Frauke LUDOWIG, *RTL*-Moderatorin im *Stern,* einräumt. »Denn nichts ist kleiner als ein Mann mit kleinem Selbstbewußtsein«, fügt sie hinzu. (*Stern* 25/1998, S. 62d)

Hat die moderne Frau die oftmals (auch von einem überzogenen Feminismus) verunsicherten deutschen oder westlichen Männer satt, kann sie mithin immer noch auf ›richtige‹ Männer aus der multikulturellen Nachbarschaft zurückgreifen. Wie STEFFI, 23 Jahre alt, aus Allmendingen, die sich aus genau diesem Grund einen türkischen Freund zugelegt hat.

Ihre Begründung: »Die Türken sind mehr stolz als die deutschen Männer. Die [Türken] heben sich von ihrem Niveau viel mehr ab. Die deutschen Männer lassen sich schnell von emanzipierten Frauen unter Dach und Fach kriegen, aber es ist schwerer, einen Ausländer umzuerziehen, mit seinem Stolz!« Für die ›richtige‹ Männlichkeit nimmt STEFFI sogar befremdenden Nationalstolz auf sich: »Manchmal wiederum kann ich damit überhaupt nix anfangen, wenn sie tierisch stolz sind auf ihr türkisches Land, obwohl er doch hier geboren ist. Da müßte er doch eigentlich für Deutschland fiebern. Aber da ist der totale türkische Stolz dahinter.« (*Jugend 2000,* Bd. 2, S. 245 f.)

Trotz gewisser Unzufriedenheiten mit ›verweichlichten‹ westlichen Männern fühlt sich die Mehrzahl deutscher Mädchen und Frauen von orientalisch geprägter Männlichkeit und ihren Ehrvorstellungen abgeschreckt. Wenn deren Vertreter dann noch von jungfräulichen Ehefrauen schwärmen, für sich selbst jedoch ›freien Verkehr‹

beanspruchen, sind sie bei modernen Frauen völlig ›out‹. Hinzu kommt, daß manche (junge) deutsche Frau verallgemeinert und aus pauschaler Ängstlichkeit den näheren Umgang mit (jungen) moslemischen Migrantenmännern schlechthin meidet. Wie sich dies aus der Sicht eines Betroffenen zeigt, schildert der vierundzwanzigjährige türkische Student MAHMAT, der zum Zeitpunkt seiner Äußerung seit zweieinhalb Jahren in München lebt. MAHMAT wörtlich:

»Ich habe eigentlich nie schlechte Erfahrungen gemacht, was so mein alltägliches Leben anbelangt. Nur in einem ganz bestimmten Punkt habe ich ganz schlechte Erfahrungen gemacht, das sind die Mädchen hier. Die wollen, das kann man drehen, wie man möchte, mit arabischen Männern, mit türkischen Männern und mit persischen Männern überhaupt nichts zu tun haben. Nicht einmal ein normales freundliches Gespräch ist da möglich; sie sind alle sofort alarmiert. Es wird so viel Propaganda betrieben gegen Männer aus der moslemischen Welt, wir werden dargestellt wie Tiere, wie Raubtiere, so, als ob wir die Frauen hier überfallen und gleich in den Orient abschleppen würden. Das habe ich ganz merkwürdig gefunden, weil doch alle hier sehr aufgeklärt sind und einen ganz anderen Informationsstand haben sollten und anders denken sollten über diese Fragen. Wo es doch immer heißt, daß die Frauen, die Mädchen viel lockerer sind, alles viel leichter nehmen. Diese Feststellung fand ich überhaupt nicht bestätigt, ganz im Gegenteil, die sind absolut eng, ganz eng, ganz verschlossen, wenn sie auf einen von uns treffen.« (BENARD/SCHLAFFER 1992, S. 146 f.)

In dieser Äußerung schwingt die Ahnung mit, daß sich viele deutsche Mädchen und Frauen regelrecht vor Kontakten zu orientalischen und moslemischen Männern ängstigen. Ursache dafür sind jedoch nicht nur böse Vorurteile, sondern auch die bereits dargestellten kulturellen Unterschiede in der Geschlechterfrage. Viele junge Frauen sind schlicht und einfach nicht bereit, ein Kulturrisiko einzugehen, und diskriminieren lieber ihrerseits orientalische Verehrer, die sich von einschlägigen Ehrvorstellungen bereits gelöst haben.

Hiervon kann bei MAHMAT jedoch (noch?) keine Rede sein: Die Lockerheit, die er von deutschen Mädchen einfordert, würde er bei seiner eigenen Schwester, mit der er in München ohne Eltern zusammenlebt, nicht akzeptieren. Im Gegenteil, ausgeprägte Ängste, die MAHMAT bei deutschen Frauen beklagt, artikuliert er in bezug auf die eigene zwanzigjährige Schwester selbst – und dies, obwohl er aus einer türkischen Mittelschichtsfamilie stammt und in der Geschlechterfrage, was den Sinn der türkischen Traditionen angeht, stark verunsichert ist. Noch einmal MAHMAT:

»Ich kann sie [die Schwester, der Verf.] doch nicht wild hier durch die Straßen laufen lassen, einfach so, und das hat sie getan. Sie ist einfach kreuz und quer durch die Straßen gegangen, hat sich alles angeschaut, stundenlang, tagelang, wochenlang. Sie ist in ihre Kurse gegangen, hat irgendwelche Leute getroffen, ist am Abend meistens nie wie vereinbart um zehn Uhr nach Hause gekommen. Ich bin dann ganz panisch dagesessen und habe mir vorgestellt, was ihr alles passiert sein könnte: vergewaltigt an der U-Bahn-Station, in irgendeinem Park niedergeschlagen, ich weiß nicht, was alles, oder, genauso schlimm im Grunde, händchenhaltend mit einem fremden Mann in einem dunklen Kinosaal.« (BENARD/SCHLAFFER 1992, S. 148)

Hierzu eine kommentierende Anmerkung: Wer aus kultureller Prägung heraus das freiwillige Händchenhalten seiner Schwester im Kino mit ihrer Vergewaltigung gleichstellt, braucht sich nicht zu wundern, wenn ihm als Vertreter dieser Kultur Verschlossenheit entgegengebracht wird. Schade deshalb, daß MAHMAT in der kritischen Durchleuchtung der Abwehrreaktionen westlicher Frauen gegenüber Orientalen nicht auf die Idee kommt, auch traditionelle orientalische Geschlechternormen könnten die beklagte Verschlossenheit provozieren. Lockerheit und Freizügigkeit zwischen den Geschlechtern setzen nämlich eine gemeinsame Werte- und Verhaltensbasis voraus.

4.2. Die islamische Weltgemeinschaft in der zivilisatorischen Abgrenzung und die Frauenfrage

4.2.1 Fehlende Menschenrechte und Schwarz-Weiß-Denken im Islam

Der türkische Germanist Sargut SÖLÇÜN, Lehrender an der Universität Erlangen-Nürnberg, betrachtet den Islam als totalitäre Ideologie, die mit Freiheit und Menschenrechten nicht zu vereinbaren ist. In einem Interview mit den *Nürnberger Nachrichten* betont er:[1]

»Nach meiner Überzeugung sollte der Islam im europäischen Zusammenhang keine Rolle spielen. Da habe ich genauso wenig

[1] *Nürnberger Nachrichten,* 3./4. Mai 1997.

Toleranz wie bei Faschismus und Neonazismus. Ich bin Türke, aber nicht in der islamischen Tradition erzogen worden. . . Der Islam ist nicht nur eine Religion, sondern auch eine Ideologie, die politische Macht beansprucht. Die christliche Kirche hat sich dagegen seit dem Mittelalter immer den gesellschaftlichen Verhältnissen angepaßt. Der Islam will darüber hinaus auch das Leben einzelner Personen bestimmen. Ich mache da keinen Unterschied zwischen ›gutem‹ Islam und ›schlechtem‹ Fundamentalismus. Das wird für das Europa der Zukunft die größte Gefahr sein.«

Selbst wenn man die Einschätzung SÖLÇÜNS für übertrieben hält: Die islamisch-orientalische Zivilisation unterscheidet sich von der modernen, säkularisierten, westlichen nicht zuletzt durch die fehlende Freiheit des Individuums und die Abwesenheit von Menschenrechten.[1] Die Idee unveräußerlicher Menschenrechte ist weder im klassischen noch im heutigen islamischen Denken enthalten, allenfalls die Vorstellung von Menschwürde. (TIBI 1994, S. 171 u. 227) Keine der verschiedenen islamischen Kulturen besitzt die Vorstellung eines freien Individuums. (ebenda, S. 237) Islamisches Denken betrachtet Individuen stets als Teile von Kollektiven. Dabei werden den Gläubigen keine Rechte zuerkannt, aber Pflichten auferlegt gegenüber der Umma, der Gemeinschaft der Gläubigen. Rechte besitzt nur Allah, die sich in Pflichten der Menschen verwandeln. (ebenda, S. 108)

Zwar zeigt die muslimische Welt in Wirklichkeit das Antlitz religiöser, ethnischer und kultureller Vielfalt. Dennoch ist die Vielfalt islamischer Kulturen in eine gemeinsame islamische Zivilisation eingebettet. Islamisches Denken geht grundsätzlich von der Einheit der Muslime als einer Weltgemeinschaft (Umma) aus. Trotz ihrer inneren Vielfalt grenzen sich Muslime deshalb als einheitliche Weltgemeinschaft gegen ihre Umwelt ab – auch wenn sie in Europa als Migranten leben. (ebenda, S. 68) TIBI spricht davon, daß zwar kein weltweit einheitlicher Islam existiere, dafür jedoch »eine Vielzahl lokaler Kulturen, die sich um den Islam als eine Zivilisation gruppieren«. (ebenda, S. 234)

---

[1] Auch wenn der Vorwurf berechtigt ist, westliche Regierungen würden menschenrechtsfeindliche Kräfte in fremden Ländern stützen: Innerhalb des eigenen Landes und für die eigene Bevölkerung besitzen Menschenrechte eine gewisse Gültigkeit.

Ein zentraler Bestandteil der islamischen Offenbarung ist der islamische Glaube an die Überlegenheit über Nichtmuslime. Im Rahmen dieses Überlegenheitsanspruchs wird nach vorherrschender Scharia-Sicht die Menschheit in drei Gruppen eingeteilt: in Muslime, in Dhimmi (Juden und Christen) und in Ungläubige. Nur die Dhimmi können unter dem Banner des Islams toleriert werden, jedoch auch sie nur als Schutzbefohlene, das heißt als Menschen zweiter Klasse. (ebenda, S. 230)

Mit diesem Überlegenheitsanspruch wird der Islam sämtlichen Kriterien eines ›kulturellen Rassismus‹ gerecht. Selbstverständlich wenden unsere zwanghaft falschen Fremdenfreunde diesen von ihnen selbst geschaffenen Begriff hier nicht an.

Unter Hinweis auf das islamische Weltbild führt Tibi wörtlich aus: »Das islamische Weltbild ist manichäisch, d.h. auf die Zweiteilung der Welt in Gut und Böse gerichtet. So gibt es das Haus des Islams (Dar al-Islam) für den islamischen Teil der Welt und das Haus des Krieges (Dar al-Harb) für den Rest der außerhalb des Islams liegenden Welt. Die islamische Scharia gibt strenge Anweisungen für den Umgang der Muslime mit der ›Welt der Ungläubigen‹, mit der sie Frieden/Hudna nur temporär, d.h. nur dann, wenn die Muslime schwach sind, schließen dürfen.« (Tibi 1994, S. 78) Zwar sei dieser angesprochene Inhalt dieses Weltbildes ein Merkmal des Scharia-Islams, dennoch habe im islamischen Schrifttum bis heute noch kein Muslim gewagt, diese mittelalterliche Lehre an die veränderte Situation anzupassen. (ebenda)

4.2.2. Das seltsame Verständnis von Frieden und Toleranz im Islam

Das islamische Verständnis von ›Frieden‹ bedeutet nicht die Verurteilung jedweden Krieges. Vollständiger Friede auf der Erde wird nach moslemischer Sicht erst herrschen, wenn die gesamte Welt islamisch beherrscht ist. John Kelsay schreibt hierzu (zitiert nach: Tibi 1998, S. 192 f.):

»Der Weltfriede ist nicht vollständig gesichert, solange nicht alle Menschen unter dem Schutz eines islamischen Staates leben... Ein Gebiet für Muslime: zu kämpfen, um die Grenzen des islamischen Territoriums zu erweitern... Gewalt ist ein mögliches und nützliches Mittel, um das Territorium des Islams zu erweitern, und daher ein Instrument zur Erlangung des Friedens.«

Nur das Gebiet des Islams ist nach moslemischer Tradition »Gottes Staat, das Reich des Friedens, in dem das islamische Gesetz und die vom Islam festgelegte Gesellschaftsordnung und politische Struktur herrschen. Das Gebiet der Nicht-Muslime wird grundsätzlich als das Gebiet des Krieges bezeichnet. Darin herrscht das Gesetz der Ungläubigen und der Nicht-Muslime vor, das in einigen oder gar zahlreichen Punkten den Bestimmungen des göttlichen Gesetzes widerspricht. Die Muslime haben die Pflicht, ihr eigenes Gebiet gegen die Angriffe des Feindes zu verteidigen. Darüber hinaus haben sie sich aktiv einzusetzen, um auch im Gebiet der Nicht-Muslime dem Gesetz Gottes zum Sieg zu verhelfen und die Rechte Gottes zur Geltung zu bringen«. (KHOURY 2001, S. 115)

In diesem Zusammenhang soll kurz auf die Bedeutung des ›heiligen Kriegs‹, des Djihad, eingegangen werden. Gerade seit dem 11. September 2001 und dem anhaltenden islamistischen Terror in vielen Teilen der Welt wird die Multikulti-Lobby nicht müde, darauf hinzuweisen, daß in islamischer Tradition der Djihad nur eine innere Anstrengung zur Verteidigung des Glaubens bedeute. Wenn Terroristen Gewalt und Terror mit Djihad begründen, könnten diese sich legitimerweise nicht auf den Islam berufen.

Die Einschätzung mag korrekt sein, daß der aktuelle Terrorismus islamistischer Fanatiker nicht im Sinne des Korans und MOHAMMEDS ist. Dennoch muß festgestellt werden, daß im Koran ebenso wie in der islamischen Tradition Gewalt und das Töten von Menschen in den Dienst des Glaubens gestellt werden können. Wenn es dem Islam nützt, umfaßt der Djihad seit jeher neben innerer Anstrengung und friedlicher islamischer Mission auch die Anwendung von Waffengewalt. TIBI stellt denn auch fest: »Der Djihad kann sich jedoch zum Qitatal/Krieg im Sinne eines bewaffneten Kampfes gegen diejenigen entwickeln, die die islamische Mission behindern und sich der Da'wa nicht friedlich unterwerfen. Obwohl der Koran weder Krieg noch eine andere Form von Gewalt verherrlicht, betrachtet die islamische Offenbarung die Muslime, die für die Da'wa gekämpft haben und für die Verbreitung des Islams gefallen sind, als von Allah gesegnet. . . Es existiert keine islamische Tradition der Gewaltlosigkeit und des Vorbehalts gegen Krieg.« (TIBI 1998, S. 195)

Interessant ist ferner, »daß Muslime den Ausdruck Harb/Krieg nicht für ihre eigenen Handlungen, sondern nur für die ihrer Gegner verwenden. Islamische Kriege werden als Futuhat/Öffnungen bezeichnet. Gewaltanwendung dient als kleineres Übel, wenn es um die Verbreitung des Islams über den gesamten Globus geht«. (ebenda, S. 196) In letzter Konsequenz hat der islamische Krieg nach Auffassung der Muslime der Abschaffung des Krieges zu dienen durch die globale Ausweitung islamischer Herrschaft. (ebenda) Diese imperialistische Ader des Islams bestätigt auch KHOURY, wenn er schreibt: »Das Endziel des Kampfes auf dem ›Weg Gottes‹, wie sich der Koran ausdrückt (z. B. 2, 190 usw.), wird erst erreicht, wenn auch das Gebiet der Feinde dem Gebiet des Islams angegliedert wird, wenn der Unglaube endgültig überwunden ist, wenn die Nicht-Muslime sich der Oberherrschaft des Islams unterworfen haben. Solange die alleinige Herrschaft des Islams nicht die ganze Welt umfaßt hat, bleibt der heilige Krieg ein Dauerzustand, und zwar ein solcher, der entweder durch militärische Aktionen oder wenigstens durch politische Versuche oder auf irgendeine Weise erfolgen muß.« (KHOURY 2001, S. 116)

Trotz dieses Dauerzustandes kann der islamische Staat Verträge und Abkommen mit nicht-islamischen Staaten schließen, Vereinbarungen treffen und kulturelle sowie wirtschaftliche Beziehungen pflegen. Die Aufnahme solcher Beziehungen beinhaltet in der Einschätzung des klassischen islamischen Rechtssystems jedoch nicht die Anerkennung und Legitimität dieser Staaten. Lediglich die Tatsache bestehender Fakten wird anerkannt und gleichzeitig der Versuch unternommen, mit der jeweiligen nicht-muslimischen Regierung in Kontakt zu treten und vorübergehend friedliche Beziehungen zu vereinbaren – immer nur, soweit dies den Interessen der Muslime dient. Gebiete, mit denen solche vorübergehenden Beziehungen bestehen, gelten als ›Gebiet des Vertrages‹. Auch hier bleibt aus islamischer Sicht die grundsätzliche Aufteilung der Welt in ein ›Gebiet des Islams‹ und ein ›Gebiet des Krieges‹ bestehen, ebenso das Ziel, diese nicht-islamischen Länder dem islamischen Herrschaftsgebilde zu unterwerfen. Die vorübergehenden und befristeten Friedenszeiten gelten nur als Pause auf dem Weg zur Islamisierung der gesamten Welt. (KHOURY 2001, S. 116 f.)

Auf der anderen Seite ist nicht zu bestreiten, daß verschiedene Aussagen des Korans und MOHAMMEDS Toleranz der Muslime gegenüber Juden und Christen verlangen und sich gegen Zwang im

Glauben wenden. Wie ist dieser Widerspruch zu deuten und zu erklären, daß der islamische Glaube sowohl zu Toleranz als auch zu Gewalt gegenüber Andersgläubigen aufruft?

Der iranische Schriftsteller Ali DASHTI[1] zeigt, daß die Antwort in den machtpolitischen Umständen der Entstehung des Korans wie des Wirkens MOHAMMEDS liegt. Nur in der ersten Phase der Entstehung des Islams, solange die Muslime in einer schwachen Position waren, predigte MOHAMMED eindrucksvoll Toleranz und Mitgefühl. Diese Phase bezieht sich auf die Zeit vor der Übersiedlung MOHAMMEDS und seiner Getreuen von Mekka nach Medina. Nach der Übersiedlung im machtpolitischen Aufstieg begriffen, änderte er jedoch unwiderruflich seinen Kurs. Neue Koransuren erteilten Befehle zum Kampf und Krieg gegen ›Ungläubige‹. (DASHTI 1994, S. 173)

Einige einschlägige Beispiele dieser neuen Richtung sind: (ebenda, S. 173) [eckige Klammern auch bei DASHTI]:

»Der Krieg [das Töten] ist euch vorgeschrieben.« (Sure 2, Vers 212)

»Tötet [bekämpft] diejenigen. . ., welche nicht glauben.« (Sure 9, Vers 29)

»Und wenn ihr die Ungläubigen trefft, dann herunter mit dem Haupt, bis ihr ein Gemetzel unter ihnen angerichtet habt. Die übrigen legt in Ketten (daß sie nicht fliehen können).« (Sure 47, Vers 4)

DASHTI belegt, daß mit zunehmender Macht in Medina und der Eroberung Mekkas durch die Muslime die Toleranz in MOHAMMEDS Verkündigungen gegen Andersgläubige dahinschmolz. Zur Stabilisierung der Macht betrieb MOHAMMED nicht nur intensiv das Kriegshandwerk, sondern ließ auch Gegner ermorden, jüdische Stämme vertreiben und einen von ihnen vernichten. (vgl. DASHTI 1994, S. 165 ff.; RODINSON 1973, S. 154; PARET 2001, S. 122 u. 155)

In der Betrachtung dieser islamischen Frühentwicklungen kommt DASHTI zu dem Schluß, »daß der Islam, wenn er erst mal an die Macht gekommen ist, keine höfliche und vernünftige Diskussion mit Andersdenkenden für nötig erachtet. Die Sprache des zukünftigen Gesprächs mit ihnen war die des Schwerts«. (ebenda, S. 154)

---

[1] DASHTI bezahlte seine kritische Analyse des Islams mit einem hohen Preis. Er starb unter anderem an den Folgen seiner Haft in iranischen Gefängnissen.

Auch GLAGOW betont den imperialistischen Anspruch des früheren wie heutigen Islams: »Nach islamischer Lehre sind alle Länder und Völker heilsgeschichtlich dazu bestimmt, in das ›Haus des Islams‹ einzutreten, ob durch Bekehrung zum Islam, durch freiwillige Unterwerfung oder durch Eroberung. Der Frieden mit dem ›Haus des Krieges‹ kann deswegen immer nur ein vorübergehender Zustand sein. Der Krieg zwischen beiden Weltteilen ist nach dieser Lehre bis zum vollständigen Sieg des Islams permanent und normal... Der Dschihad kann nichts anderes als gerechter Krieg sein.« (GLAGOW, in: THAMM 2002, S. 401)

Unter Berücksichtigung dieser Fakten erscheint der islamistische Terror nicht so unislamisch, wie er gern dargestellt wird. Die am islamischen Nutzenkalkül orientierte Haltung des Korans wie MOHAMMEDS zur Gewalt und zum Töten ›Ungläubiger‹ erlaubt es Terroristen immerhin, die islamische Religion für ihr mörderisches Treiben zu instrumentalisieren! Die italienische Schriftstellerin Daniele DELL'AGLI sieht sogar einen unmittelbaren Zusammenhang zwischen der Gewaltbereitschaft des Islams und dem aktuellen Terrorismus. Im *Merkur* schreibt sie:[1]

»Die immer wieder bemühte ›Vielfalt‹ des Islams reduziert sich vor dem Hintergrund der Berichte von Amnesty International als nicht zu überbietende Variationsbreite an Menschenrechtsverletzungen in ausnahmslos allen islamisch regierten oder mehrheitlich von Muslimen bewohnten Staaten und Regionen der Welt. In diesem Panoptikum religiös induzierten Grauens bildet der Terrorismus lediglich die Rauchwolke über dem Vulkan, die der Westen nicht mehr ignorieren kann, auch wenn er ihm beflissen rationale Motive wie Armut, Ungerechtigkeit, Unterdrückung etc. zu unterstellen sucht.«

In diesem Zusammenhang muß ein weiteres mögliches Mißverständnis ausgeräumt werden.

Der traditionelle islamische Anspruch auf Weltherrschaft bedeutet nicht, daß die ganze Welt islamisiert werden soll. Das islamische Endziel besteht ›nur‹ darin, die gesamte Menschheit unter den Machtanspruch des Islams zu bringen. Insbesondere Juden und Christen würden gemäß der islamischen Tradition nicht zum Übertritt zum

---

[1] DELL'AGLI, »Über Religion und Totalitarismus«, in: *Merkur. Deutsche Zeitschrift für europäisches Denken*, Januar 2002.

Islam gezwungen, dafür jedoch zu ›Schutzbefohlenen‹ degradiert. Als Bürger zweiter Klasse würden diesen Schutzbefohlenen bestimmte Rechte vorenthalten. Gleichzeitig wären sie verpflichtet, dem islamischen Staat eine Sondersteuer (also eine Art Schutzgeld) zu zahlen. Als Schutzbefohlene könnten sie unter islamischer Kontrolle ihren Glauben ziemlich unbehelligt leben. Atheisten und Verehrer mehrerer Götter hätten demgegenüber kein Existenzrecht. Sollten sie es wagen, öffentlich ihre Überzeugung kundzutun, wären sie rasch des Todes. (Daß ausgerechnet atheistische Linksradikale und Grüne das Vordringen des Islams in Deutschland unterstützen, spottet jeglicher Vernunft.)

Multikulturalisten und moslemische Funktionäre bezeichnen den Islam gebetsmühlenartig als tolerante Religion. Als Begründung für diese Interpretation wird meist die relative Glaubensfreiheit für Christen und Juden im islamischen Herrschaftsbereich herangezogen, die im Gegensatz zum grausam-katholischen Mittelalter stehe. Nur: Unter diesen Freunden des Islams hat sich die Einsicht noch nicht herumgesprochen, daß die europäische Kultur einschließlich des Christentums die Finsternis des Mittelalters inzwischen überwunden hat. Bezogen auf unsere heutige moderne Zeit und die Idee unveräußerlicher Menschenrechte, zeugt die angebliche islamische ›Toleranz‹ demgegenüber von einer auffälligen Zurückgebliebenheit. In diesem Sinne schreibt auch Khoury (2001, S. 193):

»Die Toleranz, auf die Muslime stolz sind, gilt als eine große Leistung des Islams in früheren Zeiten. Aber gemessen an den politischen Vorstellungen einer modernen zivilen Gesellschaft, erscheint diese Toleranz nicht mehr angemessen: Sie ist nämlich die Toleranz der Herrschenden gegenüber den Unterworfenen, nicht die Toleranz der gleichberechtigten Bürger.«

Wenn in der heutigen Zeit islamische Führer gegenüber westlichen Gesprächspartnern der Toleranz das Wort reden (vor allem, um dabei Toleranz für ihre Religion zu beanspruchen), ist dies lange noch kein Zeichen für tatsächliche Toleranz. Dahinter steht oftmals eine Doppelstrategie: Es geht nur darum, in der westlichen Öffentlichkeit Toleranz zu heucheln und von der Aufnahmegesellschaft äußerste Liberalität zu fordern – und gleichzeitig alle ihre Freiräume für die Durchsetzung der eigenen, antiliberalen, menschenrechtswidrigen Ziele zu nutzen.

Aufschluß über die Hintergedanken islamischer Funktionäre hierzulande gibt zum Beispiel eine Äußerung Nadeem ELYAS', des Vorsitzenden des Zentralrats der Muslime in Deutschland. Auf die Frage, ob der Koran mit dem säkularen Rechtsstaat vereinbar sei, gibt er zur Antwort: »Ja, solange Muslime in der Minderheit sind.« (*Stern* 34/2002) Zwar hat sich inzwischen der Zentralrat der Muslime in Deutschland nach außen hin zum Grundgesetz bekannt, gleichzeitig jedoch das grundgesetzwidrige islamische Recht in das entsprechende Bekenntnis einbezogen. (BREUER, in: SPULER-STEGEMANN 2004b, S. 42) Auf entsprechende Taten wartet man ohnehin vergebens. Moslemische Frauen in Deutschland sind weiterhin den grundgesetzwidrigen islamischen Normen unterworfen – ohne daß der Zentralrat dagegen vorgeht. Und es kommt noch schlimmer: SCHIRRMACHER erläutert im Jahre 2004, daß der genannte ELYAS – Vorsitzender des Zentralrats der Muslime in Deutschland – grundsätzlich die Steinigung der Frau bei Ehebruch verteidigt. (SCHIRRMACHER 2004, S. 209)

Dennoch wird ELYAS »allzeit hofiert von den höchsten Repräsentanten unserer Gesellschaft und anerkannt als bevorzugter Ansprechpartner der hiesigen Muslime«. (ebenda) Bodenloser läßt sich totale ›Fremdenliebe‹ kaum mehr vorstellen. Freilich: Herr ELYAS kommt aus Saudi-Arabien, einem Land, das für seine tolerante Behandlung Andersgläubiger und Andersdenkender bekannt ist. Da ist es nur politisch korrekt, daß Herr ELYAS die deutsche Staatsbürgerschaft erhielt und als gerngesehener Gast im öffentlich-rechtlichen Fernsehen unseres Landes auftritt.

Zynismus beiseite: Das reale Gesicht des ›toleranten‹ Islams wird erkennbar, wenn man einen Blick in islamische Länder riskiert. Von den Rechten, die Moslems für sich im Westen einfordern (und größtenteils auch zugesprochen bekommen), können Andersgläubige in islamischen Herrschaftsgebieten nur träumen. Menschen, die sich vom Islam abkehren, bekommen in islamischen Ländern allen Grund zu Alpträumen. Die Gründe hierfür lesen sich bei BREUER so: »Neben die drohende Todesstrafe treten bei Abkehr vom Islam schwerwiegende soziale Konsequenzen: Bekennende Konvertiten verfügen in traditionellen islamischen Gesellschaften über keinen eigentlichen Status und werden kaum Arbeit oder Wohnung finden. Dramatisch ist der oft vollständige Verlust des Familienverbandes. Ein Verlust, der in einer wenig individualisierten Gesellschaft existentielle Dimensionen besitzt und zu einer materiellen und psychischen Zerreißprobe für die isolierten Betroffenen führt.« (Breuer, in: Spuler-Stegemann 2004b, S. 40 f.)

Das alles hindert unsere multikulturellen trojanischen Esel jedoch nicht, sich hierzulande für die Ausbreitung des Islams einzusetzen und sich dabei selbst mit verfassungsfeindlichen fundamentalistischen Organisationen einzulassen. Auch weite Teile der Kirchen sind daran beteiligt – wobei Diskriminierungen und Verfolgungen von Christen in islamischen Ländern geradezu unterwürfig unter den Tisch gekehrt werden. In vielen kirchlichen Zirkeln kann man sich des Eindrucks nicht erwehren, als werde das Werben um Verständnis für den Islam dort mit ungleich mehr Engagement betrieben als die Verkündigung des Evangeliums.

Seit Jahren führen islamische Dogmatiker naive Kirchenführer in sogenannten ›interreligiösen Dialogen‹ an der Nase herum. Wie dummgläubig mancher Kirchenmann, manches Kirchengremium den falschen Spielchen der islamischen Seite dabei auf den Leim geht, beschreibt unter anderen der Insider Tibi in einigen seiner Bücher.

Trotz aller Islamkritik: Bei Allgemeinurteilen und pauschalen Bewertungen ist höchste Vorsicht geboten. Obwohl der Islam bis heute eine potentiell gewaltbereite Religion ist, deren Dogmatik in wesentlichen Punkten unserem Grundgesetz widerspricht, ist die aktive Verfassungsfeindlichkeit eine Randerscheinung in islamischen Migrantenmilieus. Diese Feststellung soll nicht die Risiken verschleiern, die durch die Masseneinwanderung von Moslems in unserem Land entstanden sind. Je nach Lage der Dinge kann sich das Verhalten vieler bislang friedlicher Moslems rasch ändern. Dazu stellt Bassam Tibi fest:

»Denn jeder muslimische arbeitslose Zuwanderer befindet sich in einer Krise, die sich nicht auf seine ökonomische Situation beschränkt und ihn folglich für den Fundamentalismus anfällig macht. Es wird einem solchen Zuwanderer schwer begreiflich zu machen sein, daß der Arbeitsmarkt und nicht irgendeine ›kreuzzüglerische Mentalität/al-Salibiyya‹ seinen ökonomischen Zustand verursacht. . . Die Diaspora-Islam-Gemeinde, die Gemeinde in den Ursprungsländern und das europäische Gastland bilden ein konfliktbeladenes Dreieck der Konfrontation unterschiedlicher Zivilisationen, die politisch entschärft werden muß.« (Tibi 1994, S. 307)

Jeder muslimische Einwanderer, der nicht kulturell und wirtschaftlich integriert ist, so TIBI weiter, sei anfällig für das »islamische Ghetto eines anti-westlich gesinnten Kollektivs«. Solche nicht-integrierten Minderheiten stellten eine Gefahr für die Demokratie dar. Als Konsequenz fordert TIBI eine »quantitative und qualitative, sehr restriktive Einwanderungspolitik«. (ebenda, S. 308 f.) Dieser Forderung ist ohne Wenn und Aber zuzustimmen. Auf die bundesdeutsche Situation übertragen, muß sie lauten: Wer bereits nach Deutschland zugewandert ist und dort auf Dauer bleiben möchte, hat die Werte dieses Landes zu respektieren und sich seinen Gesetzen vorbehaltlos unterzuordnen.

4.2.3 Einige Fragen zum Mord an Theo van Gogh

»Im Islam versteht man unter Recht ›Scharia‹. Die Europäer dagegen verstehen unter ›Recht‹ das, was die Parlamente, also die Gesetzgeber, verabschieden. Zwischen diesen beiden Konzepten gibt es einen Konflikt. Die Scharia erlaubt die Tötung von Ungläubigen, und sie erlaubt die Tötung von Menschen, die von der Religion abgefallen sind. Nach europäischem Recht ist das Mord. Diesen Konflikt muß man durchstehen. Es reicht nicht aus, daß man Gewalt verurteilt – es gibt Konflikte, die darf man einfach nicht unter den Teppich kehren. Man muß über diese Konflikte reden, und zwar im Dialog mit denjenigen Muslimen, die es wirklich ernst meinen mit einem friedlichen Zusammenleben der islamischen Gemeinde und den ursprünglichen europäischen Gesellschaften.« (Bassam TIBI, in: *Frankfurter Rundschau*, 24. 11. 2004)

Ein ebenso anschauliches wie tragisches Beispiel dafür, wie die Normen und Werte der dogmatisch-islamischen Weltsicht mit der westlichen Zivilisation in Konflikt liegen, liefert der Mord an Theo VAN GOGH in den Niederlanden am 2. November 2004 durch einen Moslem marokkanischer Herkunft. Mohamed BOUYERI, der Mörder, konnte als Musterbeispiel gelungener Integration betrachtet werden. Er »zeichnete sich durch gute Schulleistungen aus und engagierte sich in der Stadtteilarbeit... Von Freunden wird es als umgänglich und freundlich beschrieben.« (*Frankfurter Rundschau*, 6. 11. 2004). Was war der Anlaß, der diesen islamischen Vorzeigemigranten zum Mörder werden ließ?

VAN GOGH hatte einen Film gedreht, *Submission*, der an einem biographischen Beispiel die brutale, islamisch geprägte Frauenunterdrückung mit drastischen Mitteln schilderte. Unter anderem zeigt der Film Koranverse auf der nackten Haut einer geschlagenen Frau. Auch beschimpfte VAN GOGH den Islam und seine Anhänger äußerst provokativ. Zum Beispiel beleidigte er Moslems als »Ziegenficker« und nannte den Religionsgründer MOHAMMED einen »pädophilen Vergewaltiger«.[1] (*Der Spiegel*, Nr. 47/2004)

Ähnliches hatte die Dichterin ASSMA BINT MARWAN zu Zeiten des Religionsgründers MOHAMMED getan: ASSMA hatte bissige Spottverse auf MOHAMMED gedichtet, die diesen übel beleidigten:[2]

> »Ihr gefickten der Malik und der Nabit
> Und der Auf [arabischer Stamm] ihr gefickten der Chasradsch! [Medineser Sippen und Stämme],
> Ihr gehorcht einem Ausländer, der nicht aus eurer Gegend stammt,
> Der weder von Morad noch von Madhhidsch! [Jemenitische Stämme],
> Hofft ihr auf ihn nach der Ermordung eurer Häuptlinge,
> Als giéret ihr nach der Suppe eines siedenden Fleisches?
> Gibt es denn keinen Mann von Ehre, der einen Augenblick der Unachtsamkeit nutzt
> Und den Hoffnungen der Gimpelfänger eine Ende setzt?«
>
> (Zitiert nach: RODINSON 1975, *Mohammed*, S. 154 f.)

Als MOHAMMED von diesen Versen erfuhr, sagte er laut: »Findet sich denn keiner, der mir die Tochter MARWANS vom Hals schafft?« (ebenda, S. 166) Auf Seite 167 seiner MOHAMMED-Biographie schildert RODINSON die weiteren Ereignisse. Noch am selben Abend sei der Getreue

---

1 Anscheinend spielte VAN GOGH auf Berichte an, wonach MOHAMMED im Alter von 50 Jahren seine Ehefrau AISCHA als sechsjähriges Kind ehelichte. Rund drei Jahre später soll er die Ehe mit AISCHA vollzogen haben. (SCHIRRMACHER 2004, S. 114 f.; RODINSON 1975, S. 148) MOHAMMED ehelichte insgesamt 13 Frauen.

2 Die nachfolgenden Schilderungen sind entnommen aus der international anerkannten Biographie: RODINSON 1975, *Mohammed*, S. 154 ff. (runde Klammern innerhalb der Zitate im Original, eckige Klammern eingefügt). Auch in anderen Biographien über MOHAMMED ist von Mordaufrufen MOHAMMEDS die Rede, etwa bei Rudi PARET 2001 oder Ali DASHTI 1994.

MOHAMMEDS, Omar IBN ADI, in das Haus der Dichterin ASSMA BINT MARWAN eingedrungen. Die Dichterin sei schlafend dagelegen, von ihren Kindern umringt. Das jüngste Kind, noch ein Säugling, schlummerte an ihrer Brust. Omar IBN ADI durchbohrte sie mit seinem Degen und entfernte sich rasch aus dem Haus. Am folgenden Tag begab er sich zu MOHAMMED und teilte mit, daß er die Dichterin getötet habe. MOHAMMED antwortete: »Du hast Allah und seinem Abgesandten einen Dienst erwiesen.« (ebenda, S. 167)

Im darauffolgenden Monat wurde der hundertjährige Dichter Abu AFAK ebenfalls im Schlaf getötet. Auch er hatte MOHAMMED mit Spottversen überzogen. (ebenda)

Szenenwechsel: Amsterdam, 2. November 2004. Mohamed BOUYERI, marokkanischer Einwanderer mit niederländischem Paß, schießt mit etlichen Kugeln den niederländischen Filmemacher Theo VAN GOGH vom Fahrrad. Anschließend schneidet er ihm wie einem Tier die Kehle durch und heftet ihm mit dem Messer ein beschriebenes Blatt Papier auf die Brust. Inhalt des Papiers: eine Todesdrohung im Namen Allahs. Adressatin: die Politikerin Ayaan HIRSI ALI, Autorin des Kurzfilms *Submission* (›Unterwerfung‹).

Nachgewiesen werden konnten Verbindungen BOUYERIS zu extremistischen islamischen Gruppierungen. Bei jungen Muslimen in den Niederlanden ist die Auffassung recht weit vertreten, daß der ermordete VAN GOGH durch seine provokativen Beschimpfungen des Islams eine Mitschuld an seinem Tod trage. (*Frankfurter Rundschau*, 6. 11. 2004)

Ist dies verwunderlich? Schließlich gilt MOHAMMEDS Leben »als Vorbild für Muslime und als Erläuterung des Korans. Die Überlieferung davon, wie MUHAMMAD in bestimmten Situationen gehandelt hat, wird *sunna* genannt (das, was gilt nach MUHAMMAD) und ist die zweite Quelle islamischen Glaubens. Taten und Aussprüche sind gesammelt in den *haditen* (›Berichte‹)«.[1]

---

[1] Zitiert aus: *Islam. Fremd und nah. Werkbrief für die Landjugend*, Hg. Katholische Landjugend Bayern, München 1995, S. 31. Nach bester Gutmenschenmanier werden in der Broschüre allerdings ausschließlich die positive Religiosität MOHAMMEDS und des Islams dargestellt. Selbst die Scharia wird vor Kritik in Schutz genommen: »Die Vorstellungen zur Scharia sind hierzulande etwas platt... Wir haben in der Scharia eine in der Menschheitsgeschichte ganz außergewöhnliche Kulturleistung

Aus dem bisher Geschilderten ergeben sich einige Fragen, die einer dringenden Klärung bedürfen:

1. Was würde der islamische Religionsgründer MOHAMMED zum Mord an VAN GOGH meinen? Würde sich JESUS CHRISTUS anders äußern?

2. Muß dem Mörder Mohammed BOUYERI das Moslemsein abgesprochen werden? Oder handelte er sogar im Einklang mit seinem Glauben? Schließlich stiftete sein großes Vorbild selbst zum Mord an Provokateuren des ›wahren Glaubens‹ an.

3. Ist es ausschließlich ›Islamfeindlichkeit‹ oder auch Ausdruck eines verständlichen Gefühls, wenn sich in Deutschland und in Europa Ängste vor den Konsequenzen einer fortschreitenden Islamisierung ausbreiten?

Auch Prof. Peter STEINACKER, Kirchenpräsident der Evangelischen Kirche in Hessen und Nassau, sieht unter den Muslimen in Deutschland Klärungsbedarf, was ihr Verhältnis zu Menschenrechten und Verfassungstreue angeht. STEINACKER wörtlich in der *Frankfurter Rundschau* vom 26. November 2004: »Unklar ist das Verhältnis der Muslime zum Grundgesetz und zu den Menschenrechten. Der religionsneutrale demokratische Staat als Prinzip auch für Muslime ist ohne Sachkritik am Koran überhaupt nicht denkbar. Die ist auch nicht möglich, solange der Koran buchstabengetreu für das unmittelbare Wort Gottes gehalten wird. Die Muslime müssen zumindest in Europa einen Weg finden, wie sie ihr Eintreten für die Menschenrechte und das im Grundgesetz niedergelegte Staatsverständnis mit Koran und Sunna harmonisieren können. Es genügt nicht, als Minderheit im Lande die bestehende Ordnung zu respektieren.«

STEINACKER ist in einem Punkt zu ergänzen: Die Verfassungstreue von Muslimen in Deutschland setzt auch deren kritische Distanz zu ihrem Religionsstifter MOHAMMED voraus. Zumindest, was Beleidigungen ihres Propheten und ihres Glaubens betrifft, darf in der heutigen Zeit muslimischen Gläubigen MOHAMMED nicht mehr als Vorbild dienen.

---

vor uns.« (S. 39 f.) Es scheint, als würde der Autor dieses Pamphlets den guten alten katholischen Zeiten nachtrauern, in denen Glaubensabtrünnige auf dem Scheiterhaufen verbrannt wurden. Denn die »außergewöhnliche Kulturleistung« des Mordes an Glaubensabtrünnigen ist in der Scharia bis heute als Forderung enthalten.

4.2.4. Zur Bedeutung der Frau in der zivilisatorischen Abgrenzung islamischer Migranten

Das menschliche Leben ist während der Schwangerschaft und im Zuge der Geburt in absolutem Sinne von der werdenden Mutter abhängig. Auch die ersten Jahre nach der Geburt ist der menschliche Nachwuchs überwiegend an Frauen gebunden, die ihn verköstigen, erziehen und entscheidend prägen. In traditionellen Gesellschaften hat der Mann im Gegenzug den Schutz und die materielle Versorgung der Familie zu gewährleisten. Die körperliche Überlegenheit des Mannes und seine stärker ausgeprägte Aggressivität sorgen dort in der Regel dafür, daß innerhalb dieses gegenseitigen Abhängigkeitsverhältnisses Frauen sich den Bedürfnissen der Männer unterordnen müssen.

Männlich dominierten (Stammes-)Gesellschaften war und ist bewußt, daß der Besitz von gebärfähigen Frauen Voraussetzung für ihre Fortexistenz ist. Dies gilt insbesondere bei hohen Sterblichkeitsraten. Wie im Falle anderer wichtiger Güter, so ist auch der Transfer der ›Ware‹ Frau an andere Familien, Sippen und Stämme Marktgesetzen unterworfen (Brautkauf) und wird immer wieder auch im Wege gewalttätiger Konflikte geregelt.

Was nützt die Kuh dem Bauern, wenn sie keine Milch gibt? In diesem Sinne werden Frauen in traditionellen Gesellschaften weitgehend an ihrer Gebär- und Aufzuchtleistung gemessen und bewertet. Der Islam verhält sich in dieser Angelegenheit seit seiner Entstehung besonders rigoros. Frauen der eigenen Gemeinschaft werden zum Gebären möglichst vieler Kinder für die eigene Gemeinschaft verpflichtet. Nach islamischer Tradition werden kinderlose Frauen verstoßen oder zur Nebenfrau degradiert. Die Mehrehe für Männer sorgt dafür, daß jede Frau ihre Gebärfunktion erfüllen kann - selbst bei kriegsbedingtem hohen Frauenüberschuß.

Halten wir fest: Was dem Nationalsozialismus recht war, ist dem Islam bis heute billig - die Verpflichtung der Frau auf die Fortpflanzung mit Männern der gleichen ›Rasse‹ oder Religionsgemeinschaft zum Zweck der Stärkung des eigenen Volkes und Glaubens.

Freiheitsbeschränkungen für Mädchen und Frauen in islamischen Migrantenmilieus haben also durchaus System. Islamische Gruppierungen können sich in der Migration auf Dauer nur dann erfolgreich von der Kultur der Mehrheitsgesellschaft abgrenzen, wenn die

›eigenen‹ Frauen der islamischen Gemeinschaft loyal erhalten bleiben und die ihnen zugewiesene Gebärfunktion erfüllen. Wandern im Aufnahmeland massenhaft islamische Frauen in kulturfremde Milieus ab, gebären und erziehen sie dort ihre Kinder, trocknet die eigene Herkunftskultur aus (wir unterstellen dabei, daß die abgängigen Frauen nicht in ausreichender Zahl durch Frauen aus dem Herkunftsland ersetzt werden können.)

Auch die Bestimmung, daß andersgläubige Männer erst nach Bekehrung zum Islam eine Moslemin ehelichen dürfen, dient der Stabilisierung und Ausbreitung des Islams. Die Soziologin Hiltrud SCHRÖTER analysiert dieses Phänomen ohne multikulturelle Scheuklappen für die deutsche Gesellschaft: »Objektiv betrachtet handelt es sich bei dem Konversions- und Heiratszwang um Gewalt. Daß eine Muslima nicht heiraten kann, wen sie will und wie sie will, das steht im Widerspruch zu den Menschenrechten und zu unserer Verfassung, die die Freiheitsrechte des Individuums und die Gleichberechtigung der Frau fordern und schützen. Der Islam unterwandert Schritt für Schritt - anders gesagt, Heirat für Heirat - diese Rechte und breitet auch auf diese Weise seinen Machtbereich bei uns aus.« (SCHRÖTER 2002, S. 70)

Wir sehen: Der Islam steht erst dann der Werteordnung westlicher Gesellschaften loyal gegenüber, wenn moslemische Frauen über die Fragen der Ehe und des Gebärens individuell entscheiden können. Diese individuelle Entscheidungsbefugnis bedeutet allerdings den Verlust eines Teils der eigenen islamisch-orientalischen Identität und würde zur Einschmelzung islamischer Parallelgesellschaften führen. Auch der französische Soziologe Emmanuel TODD argumentiert in diese Richtung und stellt fest, »daß es nur zwei mögliche Varianten von Einwandererschicksalen gibt: Assimilation oder Segregation. Übersteigt der matrimoniale Tausch einen bestimmten Prozentsatz, so führt er dazu, daß die eingewanderte Bevölkerung in der des Einwanderungslandes aufgeht. Unterhalb dieser Schwelle sorgt die Ablehnung des matrimonialen Tauschs dafür, daß sich die eingewanderte Bevölkerung zu einer in einer Enklave lebenden Gruppe verfestigt«. (TODD 1998, S. 14)

Die Anpassung des Islams an die Grundregeln freier Gesellschaften sowie das Verschmelzen islamischer Migranten in die Gesellschaft des Einwanderungslandes würde nicht das Verschwinden des Islams zur Folge haben. Gemischtreligiöse Paare könnten sich im Blick auf die Zuordnung ihrer Kinder in freier Absprache für die eine oder andere Religion (oder auch für gar keine) entscheiden. Das heißt, in diesen Fällen würde ein Wettbewerb der Überzeugungen unter toleranten (!) Religionen stattfinden. Bedingung wäre allerdings, daß sich der Islam - ohne Wenn und Aber - an die westliche Gesellschaft angleicht, und nicht umgekehrt. Unter dieser Voraussetzung besteht selbst dann kein Grund zur Beunruhigung, wenn eines Tages der Islam zur dominanten Religion in Deutschland werden sollte.[1]

4.3. Einige Beispiele islamisch geprägter Selbstabgrenzung

4.3.1. Abgrenzungsbeispiel Kopftuch und Verschleierung

Historischer Sinn der Verhüllung islamischer Frauen ist es, diese vor sexueller Gewalt von seiten der Männer zu schützen. Dies geschieht, indem Frauen durch Kopftuch und Schleier in ihrer Weiblichkeit unsichtbar gemacht und so weit wie möglich aus der Öffentlichkeit verbannt werden. Damit dreht die Pflicht der Frau zur Verhüllung die Schuldfrage um: Statt den potentiellen Täter bei Androhung von Strafe zur Selbstbeherrschung zu motivieren, wird das potentielle Opfer zur Freiheitsbeschränkung gezwungen. Dieser Vorgang vollzieht sich ganz im Sinne traditionellen orientalischen Denkens. In diesem Denken werden die Männer ständig durch die teuflische Verführungskraft der Frau in Versuchung geführt und können sich nicht beherrschen. Die traditionelle orientalische Kultur degradiert den Mann somit auf den Status eines wilden Tieres, unfähig zur Selbstkontrolle und nicht verantwortlich für sein sexuelles Verhalten gegenüber Frauen. Dies widerspricht unserer westlichen Weltsicht: Hier hat der Mann zumindest einigermaßen gelernt, sich an zivilisierte Umgangsformen zu halten, auch und gerade gegenüber Frauen. Männer werden frühzeitig darauf hin erzogen, den Willen der Frauen zu respektieren - zumindest bei groben Verstößen drohen ihnen Sanktionen.

In der westlichen Diaspora tragen gerade junge, formal gebildete islamische Frauen das Kopftuch. Sie tragen es, weil sie es wollen,

---

[1] Christlich-theologische Bedenken gegen eine Islamisierung Europas wären dann ausschließlich ein religionsinternes Problem.

und begreifen es als Symbol der Emanzipation. Dieser Sachverhalt mutet auf den ersten Blick seltsam an, wird jedoch verständlich, wenn man die tieferen Zusammenhänge betrachtet.

Innerhalb der islamischen Geschlechterordnung verschafft das Kopftuch tatsächlich einen erweiterten Freiheitsraum für junge islamische Frauen. Indem sie sich in Glaubensfragen als mustergültige Musliminnen geben und dies nach außen durch ihr Kopftuch dokumentieren, erwerben sie in der islamischen Gemeinschaft ein gewisses Maß an Vertrauen und Freiheit. Überanpassung an die religiöse Tradition verschafft ihnen also ein wenig Freiheit. Für die allermeisten jungen Orientalinnen kommt die Alternative der Rebellion nicht in Frage. Anders als bei deutschen Gleichaltrigen würde Rebellion gegen die Traditionen des Elternhauses bei ihnen den Bruch mit der Familie bedeuten, ein Preis, der für sie viel zu hoch ist. (Kelek 2005, S. 245 f.)

Hinter Kopftuch und Schleier stehen jedoch fatale Deutungsmuster. Das Verhüllen sagt über die Trägerin aus: Ich bin ehrbar. Im Umkehrschluß heißt das: Alle nicht verhüllten Frauen sind unrein und damit letztlich eine Schande für die muslimische Gemeinschaft, der Schikanierung durch andere preisgegeben. Die Folgen, die das Kopftuch für die jungen Frauen hat, sind für aufgeklärte Menschen fatal. Transportiert wird mit diesem Stück Stoff die traditionell orientalisch-islamische Unterordnung der Frau und ihre Trennung von der öffentlichen Welt des Mannes. (ebenda, S. 245)

Kelek zeigt auf, wie sehr das Kopftuch die Ab- und Ausgrenzung von der modernen Gesellschaft symbolisiert, aber auch konstruiert. Die Autorin befragte in Deutschland eine Reihe kopftuchtragender islamischer Frauen. Kelek wörtlich über die Kopftuchfrauen: »Sie seien stolz, sich von nicht Kopftuch tragenden Musliminnen und von Ungläubigen zu unterscheiden. Sie wollen mit den Deutschen, den Unreinen nichts zu tun haben, wie mir eine Vertreterin der Schura, einer Vereinigung muslimischer Vereine in Hamburg, stolz erklärte. Sie verabscheuen das ehrlose Leben der Frauen im Westen, sie fühlen sich stark und den Unreinen moralisch und geistig überlegen. Als Zeichen ihrer Abgrenzung tragen sie das Kopftuch.« (Kelek 2005, S. 243 f.)

4.3.2. Noch ein Abgrenzungsbeispiel: islamische Mehrehen in Deutschland

Das Beispiel islamischer Mehrehen zeigt, wie weit die zivilisatorische Abgrenzung durch islamische Migranten hierzulande bereits fortgeschritten ist.

Spuler-Stegemann belegt, daß die Mehrehe auch in Deutschland von islamischen Männern praktiziert wird; selbstverständlich nicht standesamtlich, jedoch durch islamische Zeugnisse bei einem Imam. Das Scharia-Verständnis der deutschen Muslim-Liga, der islamischen Zentren aller Ausrichtungen und vieler anderer islamischer Vereinigungen, gestattet islamischen Männern auch in Deutschland die Mehrehe. (Spuler- Stegemann 1998, S. 191)

Das quantitative Ausmaß realer Vielehen in der Bundesrepublik ist unklar, dürfte jedoch beträchtlich sein. So berichtet eine betroffene Muslimin: »Ich weiß von ca. einem Dutzend Mehrehen, mir persönlich bekannt sind sechs Fälle. Dabei sind zwei Verbindungen, in denen die Männer als gebürtige Muslime aus dem Nahen oder Mittleren Osten kommen, ansonsten sind alle Beteiligten in der abendländischen Kultur aufgewachsen, wo diese Mehrehen nun auch außerhalb einer islamischen Kultur gelebt werden.« (nach: Spuler-Stegemann 1998, S. 191 f.)

Kulturrelativistische ›Fremdenfreunde‹ verleugnen für die ›gute‹ Sache die Werte ihrer eigenen Kultur. Eine winzige Minderheit deutscher (vom Wohlstand gelangweilter?) Frauen treibt die Selbstverleugnung jedoch auf die Spitze. Zum Islam übergetreten, ›erfreuen‹ sie sich daran, ihren geehelichten Herrn und Gebieter mit Geschlechtsgenossinnen zu teilen. Spuler-Stegemann schreibt über dieses Phänomen: »Gerade deutsche Konvertitinnen treten öffentlich vehement für die Mehrehe des Mannes ein. Sie erklären, die islamische Polygynie unterscheide sich von der im Westen ausgeübten Vielweiberei dadurch, daß sie die islamische Zweitfrau gesetzlich legitimiert und finanziell absichert, während sich die deutschen Männer mit Mätressen in beliebiger Zahl abgeben und ihre heimlichen Liebschaften jederzeit ablegen können wie ein schmutziges Hemd.« (Spuler-Stegemann 1998, S. 192)

Die entscheidenden Unterschiede zur islamischen Vielweiberei scheinen diese trojanischen Kamele jedoch zu übersehen oder zu verdrängen: Nicht nur (einige) deutsche Männer, auch (einige) deutsche Frauen geben sich mit Liebhabern in beliebiger Zahl ab. Wie ein ›schmutziges Hemd‹ werden auch deutsche Männer von ihren Liebhaberinnen abgelegt. Demgegenüber lassen sich die Konvertitinnen auf ein ungleiches Verhältnis ein: Zwar räumen sie ihren angeheirateten moslemischen Herren das Recht auf mehrere Sexualbeziehungen ein, für sich selbst werden sie dieses jedoch nicht durchsetzen können. Und was die Versorgung von Frauen in der islamischen Vielehe betrifft: Diese ist auf eine kriegerische Halbnomaden- und Händlergesellschaft des Mittelalters zugeschnitten. Ohne männliche Unterstützung hätten damals massenhaft Kriegerwitwen am Hungertuch genagt. Demgegenüber lebt die typische ›Liebhaberin‹ deutscher Männer in einem modernen Wohlfahrtsstaat, oftmals versorgt durch eigenes Arbeitseinkommen.

Daß die Ehe auch mit einem Muslim unerträglich werden kann und sie nach islamischem Recht dann die Dummen sind, merken Selbstverleugnerinnen der hier gemeinten Gattung erst, wenn es so weit ist. SPULER-STEGEMANN beschreibt den Fall einer vom islamischen Recht betrogenen deutschen Konvertitin. Die Geschichte beginnt, als die betreffende Deutsche einen islamischen Asylbewerber in Deutschland nach islamischem Recht heiratet, um ihm die Abschiebung zu ersparen. Die Ehe wird für sie zum Fiasko, obwohl sie zum Islam übergetreten ist und Kinder von ihrem Mann bekommt. Der Mann arbeitet nicht und sorgt auch sonst nicht für den Lebensunterhalt der Familie. Statt dessen lebt er ›satt‹ vom Geld der Ehefrau. Nachdem er sie auch noch rüde beschimpft und schlägt, will sich die deutsche Frau von ihm trennen. Doch der Mann möchte nicht auf seine einträgliche Quelle verzichten und weigert sich, die für eine islamische Trennung erforderliche Formel auszusprechen, das dreimalige »Ich verstoße dich«. Als letzter Ausweg blieb der Frau der Freikauf mit dem Brautgeld, sofern der Ehemann zugestimmt hätte. Doch dieser weigert sich trotz der Einschaltung von Hodschas. Der Fall wird an die Deutsche Muslim-Liga Hamburg herangetragen.[1] (SPULER-STEGEMANN 1998, S. 195 f.)

---

1 Die Scharia unterscheidet nicht zwischen ›religiös‹ und ›staatlich‹. Eine zivilrechtliche Trennung vor einem deutschen Gericht hätte deshalb für die moslemische Gemeinschaft die Ehe auch in ihrem gesellschaftlichen Bezug aufrechterhalten.

Wie dieser Fall ausgegangen ist, wird aus SPULERS Darstellung nicht ersichtlich. Sie schildert jedoch, daß sich ein Artikel im *Rundbrief* der Deutschen Muslim-Liga Hamburg mit dem Fall beschäftigt hat, und zitiert dessen Autor unter anderem mit folgenden Worten: »Weil es nun aber in Deutschland keine Scharia-Gerichte gibt, das Problem aber real existiert, müssen die Muslime im eigenen Interesse zur Selbsthilfe greifen... Es biete sich die Überlegung an, ob man nicht den ZMD [Zentralrat der Muslime in Deutschland; d. Verf.] bittet, beispielsweise einen Ausschuß für Familienrechtsfragen ins Leben zu rufen, der nach Prüfung der Sachlage gegebenenfalls das zivilrechtliche Urteil bestätigen kann.«

SPULER-STEGEMANN kommentiert hierzu: »Dieses Problembeispiel einer schariagemäßen Scheidung sogar in Deutschland kann zeigen, wie schwierig es ist, den Anforderungen zweier recht unterschiedlicher Kulturen gleichzeitig gerecht zu werden.« (ebenda, S. 196)

Eine Frage am Rande: Sollten wir Europäer in derart zentralen Fragen überhaupt den Anforderungen zweier »recht unterschiedlicher Kulturen« gleichzeitig gerecht werden? Wäre es nicht vielmehr sinnvoll, hier einzig und allein den Anforderungen unserer europäisch-deutschen Kultur gerecht zu werden? Und sollten wir deshalb nicht Parallelgesellschaften mit islamischer Gerichtsbarkeit unter Aufbietung aller rechtsstaatlichen Mittel verhindern? Auch Moslems sollten sich in Deutschland an deutsches Recht und deutsche Gesetze halten. Im übrigen gibt es genügend Länder, in denen islamische Gemeinschaften nach islamischem (Familien-)Recht leben und dennoch die Menschenrechte mit Füßen treten können.

Zur Vermeidung von Mißverständnissen sei darauf hingewiesen, daß die zivilisatorische Abgrenzung im geschilderten Beispiel nicht darin besteht, daß sich der islamische Mann zu arbeiten weigert. Nach islamischem Recht muß der Mann die Familie unterhalten. Die besondere Qualität ergibt sich daraus, daß im Scheidungsbegehren die moslemische Gemeinschaft das Urteil eines deutschen Gerichts nicht anerkennt und auf ihrer eigenen Rechtsprechung beharrt, einer Rechtsprechung, die die Mehrehe für Männer erlaubt und Frauen mancher Rechte des deutschen Gesetzes beraubt.

Und der deutsche Staat?

Er erkennt die Vielweiberei islamischer Männer an, »wenn sie dem Heimatrecht der in Betracht kommenden Personen entspricht... Es ist daher rechtlich nicht zu beanstanden, wenn diese Frauen beitragsfrei familienversichert sind«, so das Bundesfamilienministerium in einer Stellungnahme an den Petitionsausschuß des Deutschen Bundestages vom Oktober 2004. (KELEK 2005, S. 169)

»Warum soll einem Muslim erlaubt sein, was einem Deutschen verboten ist?« fragt KELEK und faßt zusammen: »Dem Familienministerium scheint das kein Problem zu sein. Da wundert man sich nicht, warum ein muslimischer Prediger aus Hamburg-Wilhelmsburg Deutschland für ›das islamfreundlichste Land der Welt‹ hält.« (ebenda, S. 169) Dazu erübrigt sich jeder weitere Kommentar. An seiner statt eine kurze Pressenotiz:

Papst JOHANNES PAUL II.: Rassist oder Realist?

»In ungewöhnlich scharfer Form warnt der Vatikan katholische Frauen vor Mischehen mit Muslimen und kritisiert zugleich den Islam. . . Nicht nur die Warnung vor Mischehen zwischen katholischen Frauen und Muslimen in dem Dokument ›Erga migrantes caritas Christi‹ (Die Liebe Christi zu den Migranten) ist ungewöhnlich scharf. Neu ist in der Instruktion auch die Weisung an die Priester, in der Gemeindearbeit das klipp und klar herauszuarbeiten, was am Islam nicht gefällt. . . Ausdrücklich und unmißverständlich ermahnt der Vatikan die ›muslimischen Brüder und Schwestern‹ auch, grundlegende bürgerliche Freiheiten, die Rechte der Person und das demokratische Prinzip in der Politik anzuerkennen.« (*Nürnberger Nachrichten*, 15./16. 5. 2004)

4.3.3. Abgrenzungsbeispiel ›Kaza‹: geschlossene Parallelwelt der Türken

Die Abgrenzung islamischer Migranten von der deutschen Gesellschaft wird ermöglicht durch Zulassung von Parallelwelten (oder Parallelgesellschaften), die ihr soziales Leben nahezu vollständig unter sich regeln. Am ausgeprägtesten sind die türkischen ›Kolonien‹ zur Parallelgesellschaft ausgebaut. In nahezu jeder größeren westdeutschen Stadt, aber auch in vielen Kleinstädten existieren türkische Parallelwelten, die KELEK die »zweite Stadt« oder »Kaza« nennt. Dieses Kaza hat fast alles, was man von einer intakten Gemeinde erwartet: Lebensmittelläden, Moscheen, Sportplätze, Cafés, Zeitungen, bestimmte Schulen und Mietshäuser, in denen die eigene Ethnie konzentriert ist. Polizei und Demokratie fehlen. »Alles wird untereinander und miteinander nach den Regeln der türkisch-muslimischen

Umma geregelt. Die Gemeinschaft ist in sich geschlossen, die Berührungen mit Deutschen sind zufällig und nicht weiter von Bedeutung... Den meisten geht es gut. Wer nichts hat, der wird von der Familie versorgt. Und wer keine Arbeit hat, bekommt Arbeitslosengeld, viele auch Sozialhilfe. Das unterscheidet Kaza von einem türkischen Dorf. Da bekommt niemand etwas vom Staat.« (KELEK 2005, S. 212 f.)

Viele der in Kaza lebenden Importbräute haben keinen Kontakt zu Deutschen und zur deutschen Gesellschaft, allein schon wegen der fehlenden Deutschkenntnisse. Aber weshalb überhaupt Deutsch lernen? Eine Heirat mit Ortswechsel von Anatolien nach Köln kommt betroffenen Frauen ähnlich vor wie ein Umzug innerhalb der Türkei. Und das strenggläubige türkische Milieu grenzt sich ohnehin bewußt von den ›unmoralischen‹ Deutschen ab. So auch die Türkin SHHAZIYE. In einem Interview mit Necla KELEK erläutert sie, daß sie die deutsche Kultur und die deutsche Lebensart verabscheue. Auf die Frage, wie sie es unter diesen Umständen aushalte, in Deutschland zu leben, antwortet SHHAZIYE: »Wir können doch auch hier leben, ohne mit den anderen etwas zu tun zu haben. Wir haben unsere eigenen Vorstellungen. Wir haben hier doch alles. Wir brauchen die Deutschen nicht.« (KELEK 2005, S. 210 f.)

Auch auf die deutsche Sprache meinen viele Türken in Deutschland mittlerweile bewußt verzichten zu können. »Türken, die auch nach Jahren noch kein Deutsch sprechen, wollen das oft gar nicht, weil sie sich längst in ›Kaza‹, in ihrer türkischen Gemeinschaft eingerichtet haben.« (ebenda, S. 258) Das von deutschen Gutmenschen ebenso wie von türkischen Migranten ständig vorgebrachte Argument, der deutsche Staat tue nicht genügend für die Integration, es fehle an bezahlten Sprachkursen für Ausländer usw., läßt KELEK nicht gelten. Sie hält es für eine Selbstverständlichkeit, daß jeder, der sich entschließt, für längere Dauer in ein fremdes Land zu gehen, sich bemüht, die Sprache dieses Landes zu erlernen – auch ohne staatliche Hilfe. Statt Deutsch zu lernen, »haben die Türken sich massenhaft in ihre Moscheen zurückgezogen und verteidigen ihre islamische Welt«, so KELEK. »Sie haben sich längst ihre eigene Parallel-Gesellschaft geschaffen, auch mit Hilfe der deutschen Errungenschaften von Sozialversicherung und Arbeitslosenunterstützung. Und trotzdem meint die deutsche Gesellschaft, bei den Ausländern in der Schuld zu sein. Das kann ich nicht verstehen.« (KELEK 2005, S. 258)

Tausende der in Deutschland lebenden türkischen Migranten sind gut integriert in die deutsche Gesellschaft. Gemeinsam ist ihnen, daß sie die deutsche Gesellschaft als ihre Gesellschaft angenommen haben, sich auch mit den Grundwerten dieses Landes identifizieren und fließend seine Sprache sprechen. Diese Migranten stellen eine Bereicherung für die deutsche Kultur und Demokratie dar. Aber es handelt sich dabei nur um einen verhältnismäßig kleinen Anteil. »Wer die Augen öffnet und genau hinsieht, wird erkennen: Die Integration der Mehrheit der in Deutschland lebenden Türken ist gescheitert.« (Kelek 2005, S. 260) Für dieses Scheitern sind verschiedene Akteure und Konstellationen verantwortlich: diejenigen Türken in Deutschland, die keine Anstrengungen unternehmen, ihre zweite Heimat zu akzeptieren, ebenso wie die Anhänger des Multikulturalismus, die alles Fremde verteidigen und damit die Selbstausgrenzung der Migranten fördern; außerdem unterschwellige oder offenkundige Fremdenfeindlichkeit sowie strukturelle Benachteiligungen. Hauptursache des Problems ist jedoch eine Politik, die Deutschland zwar offiziell nicht als Einwanderungsland betrachtete, faktisch aber über viele Jahre hinweg eine mehr oder weniger unkontrollierte Einwanderung zuließ, ja aktiv förderte.

Für die Mehrheit der türkischen Migranten in Deutschland scheint der Integrationszug auf unbestimmte Zeit abgefahren zu sein. Die meisten der in Deutschland lebenden Türken haben keinen privaten Kontakt zu Deutschen, kaufen in türkischen Läden, sehen ausschließlich türkisches Fernsehen, lesen weder eine deutsche Zeitung noch deutsche Bücher. »Ihr Lebensrahmen ist und bleibt die Türkei, es sind die anderen türkischen Familien, die Koranschule, der Fußballverein, die Teestube und die Umma, die Gemeinschaft aller Muslime, und der türkische Nationalismus. Man bleibt unter sich und den türkisch-muslimischen Geboten verhaftet.« (Kelek 2005, S. 262) Auch die einflußreichen türkischen Institutionen wie Zeitungen oder islamische Vereinigungen zeigen kein Interesse, die Integration türkischer Migranten in die deutsche Gesellschaft zu unterstützen. (ebenda)

Deutschlands Zukunft – ein Multiminoritätenland? Die Zahl der Migranten, die im Land leben, aber mit deutschen Regeln von Recht und Ordnung nichts zu tun haben wollen, hat sich während der letzten Jahre deutlich erhöht. Zur Zeit deutet alles darauf hin, daß sich Deutschland zu einem Multiminoritätenland entwickelt, in dem der

Islam immer stärker an Einfluß gewinnt. »In einem Multiminoritätenland halten die einheimischen und zugewanderten Bevölkerungsgruppen an ihren unterschiedlichen kulturellen Interessen fest und versuchen, sich kulturell voneinander abzugrenzen. Es gibt keine gemeinsamen Ziele und keine gegenseitige Solidarität... Jeder Bürger gehört dann einer Minderheit unter anderen Minderheiten an.« (OPASCHOWSKI 2002, S. 112 f.) Die Konsequenzen liegen auf der Hand: heftige und dauerhafte Konflikte zwischen, teilweise auch innerhalb der verschiedenen Ethnien und Religionen. Es droht eine Balkanisierung der Bundesrepublik.

Exkurs:

Die Unmenschlichkeit kulturrelativistischer ›Fremdenfreundlichkeit‹

»Menschenrechtsverletzungen sind für Muslime, die ihren Lebenswandel nach der Scharia ausrichten, geradezu Pflicht, da für sie das ›Gottesgesetz‹ allemal über menschliche Rechtssetzungen rangiert. Multikulturalistische Toleranz war und ist daher *in praxi* auch ein Synonym für die Duldung von Verbrechen, die im Namen der ›andersartigen‹ Kultur und obendrein am offenkundig wertlosen Objekt Frau begangen werden... Und die sonst jeden männlichen Blick auf dem Campus sogleich als sexuelle Belästigung anprangernden Gender-Forscherinnen schweigen dazu.«[1]

Von der Selbstaufgabe eigener Werte...

Kulturrelativisten sind der Ansicht, fremde Kulturen seien in all ihren Eigenheiten zu akzeptieren. Meist moralisierend gehen sie dabei von einem scheinbaren Gleichheitsgrundsatz aus: Ebenso wie wir als Deutsche oder Europäer das Recht beanspruchten, in Übereinstimmung mit den Wertvorstellungen und Verhaltensmustern unserer Kultur zu leben, so müsse man dies auch den Menschen anderer Kulturkreise zubilligen. Alle Kulturen müßten aus der jeweiligen Innenperspektive heraus betrachtet werden; sie dürften nicht nach westlichen Maßstäben gemessen werden.

Real existierende falsche Fremdenfreunde wollen diesen Kulturrelativismus jedoch nicht nur auf homogene Gesellschaften angewandt sehen, deren Mitglieder ihre Sitten und Gebräuche schon seit Jahrhunderten traditionell im eigenen kulturellen Umfeld pflegen. Auch in kulturell durchmischten Zuwanderergesellschaften sollten alle Menschen das unumschränkte Recht auf die Akzeptanz ihrer eigenen Herkunftskultur haben. Die Einforderung einer ›Leitkultur‹, deren Grundwerte und Grundregeln für alle im Land lebenden Menschen und Gruppierungen verbindlich seien, sei deshalb ›kulturras-

---

[1] Daniele DELL'AGLI, »Über Religion und Totalitarismus«, in: *Merkur. Deutsche Zeitschrift für europäisches Denken,* Januar 2002.

sistisch‹ oder ethnozentristisch. Wer in Deutschland und Europa lebende Zuwanderer aufgrund ihrer traditioneller Lebensweisen kritisiert, handelt dieser Sichtweise zufolge unmoralisch und fremdenfeindlich. Denn alle fremden Gruppierungen könnten das Recht auf kulturelle Differenz einfordern.

Den so harmlos klingenden Begriff ›kulturelle Differenz‹ benutzen Multikulturalisten immer dann, wenn es darum geht, die Außerkraftsetzung von Menschenrechten schönzuschreiben. »Die wohlfeile, von den Deutschen [gemeint sind die ›Gutmenschen‹ unter den Deutschen, der Verf.] so gern bemühte Wortmünze ›kulturelle Differenz‹ verdeckt, daß damit unter Schutz gestellt wird, was unseren Grundrechten Hohn spricht.« (N. Kelek 2005, S. 255)

Der Kulturrelativismus falscher Fremdenfreunde stellt die kulturellen Eigenarten von Zuwanderern über die Menschenrechte. Wer wie G. Iletmits fordert, in Deutschland »einen öffentlichen Raum zu schaffen, in dem sich auf der Grundlage der Gleichwertigkeit eigene und fremde Kulturen entfalten können« (G. Iletmits, in: Butterwege 1992, S. 271), plädiert auch für die Steinigung untreuer Ehefrauen nach islamischem Recht. Über diese Verachtung der Menschenrechte (weiblicher) Zuwanderer hinaus beinhaltet der erwähnte Kulturrelativismus auch die kulturelle Selbstaufgabe der ›toleranten‹ Aufnahmegesellschaft. Fremde Kulturen, die absolutistische oder gar totalitäre Züge entfalten, können sich nämlich nur dann verwirklichen, wenn ihre eigenen Regeln gegenüber denen der pluralen Gesellschaft als absolut gesetzt werden. Diesem Absolutheitsanspruch kann der Kulturrelativismus - wegen seines Relativismus in kulturellen Angelegenheiten - nichts entgegensetzen.

B. Tibi schreibt über diesen immanenten Widerspruch: »Der Kulturrelativist nimmt also die Absolutheit anderer Kulturen hin, die seinen eigenen Anspruch nicht gelten lassen wollen, und räumt darüber hinaus die Relativität der eigenen Position ein.« (B. Tibi 2000, S.159) An anderer Stelle schreibt er: »Multikulturelle und kulturrelativistische Toleranz ist eine Form der Aufgabe der eigenen Werte, das heißt der Selbstaufgabe und in diesem Fall Aufgabe von Aufklärung und Freiheit.« (ebenda, S. 38)

... zu fatalen Effekten...

Zu zeigen war: Der Kulturrelativismus ermöglicht letztlich die Abschaffung des von ihm propagierten Relativismus durch absolutistische oder gar totalitäre Gruppenansprüche.

Mit welchen Folgen ein gesellschaftlich durchgesetzter Kulturrelativismus in der westlichen Einwanderungsgesellschaft verbunden wäre, wollen wir uns kurz an einem Beispiel etwas genauer ansehen. Nicht nur der islamische Fundamentalismus, sondern vielmehr der Islam schlechthin kennt keine Religionsfreiheit im modernen Sinn. Der Abfall vom Glauben gilt innerhalb der (bis heute nahezu vollständig) unreformierten islamischen Welt als schwerstmögliche Sünde. In moslemischen Staaten ist es Christen zum Beispiel noch heute unter Androhung der Todesstrafe verboten, unter Moslems zu missionieren. Menschen islamischer Herkunft, die sich dort offen zu einer anderen Religion oder zum Atheismus bekennen, sind handfester Todesgefahr ausgesetzt, ebenso Persönlichkeiten, die es wagen, öffentlich eigenständige Gedanken zu formulieren. B. Tibi merkt dazu an: »Die Diskriminierung von Frauen und Nicht-Muslimen sowie das Recht auf Tötung des Apostaten, des Andersdenkenden, als ›Outlaw‹ und ähnliche Bestimmungen sind, gemessen an international gültigen Menschenrechtsstandards, gänzlich inakzeptabel, in der islamischen Zivilisation aber ein Bestandteil der Normativität.« (B. Tibi 1998, S. 150 f.)

Mit Blick auf die gesellschaftliche Wirklichkeit in der gegenwärtigen islamischen Welt betont auch der Orientexperte Bamdadan: »Ein jeder Moslem macht sich allein dadurch, daß er vom Glauben abfällt, des Todes schuldig«. (B. Bamdadan, in: B. Nirumand 1990, S. 158)

Der denkbare Einwand, diese vernichtende Intoleranz habe mit dem Islam eigentlich gar nichts zu tun, ist falsch. Für Abtrünnige sieht die islamische Tradition zumindest für den Fall, daß eine Rückkehr zum Islam nicht mehr zu erwarten ist, die Todesstrafe vor. Der Islamexperte A. Th. Khoury wörtlich: »So sind sich die Rechtsgelehrten über das Strafmaß für die Apostasie einig. Es sind zwar einige Fälle bekannt geworden, bei denen unter besonderen Umständen oder aus besonderen Gründen die Todesstrafe nicht vollstreckt oder die Abtrünnigen nicht hingerichtet wurden. Die Todesstrafe als gesetzliche Strafe für die Abkehr vom Islam behält jedoch ihre Gültigkeit.« (A. Th. Khoury 2001, S. 123)

MOHAMMED selbst hat nach der islamischen Überlieferung für die Todesstrafe bei Abkehr vom Islam plädiert: »Wer seine Religion wechselt, den tötet. . . Und: Das Blut eines Muslims ist nur in drei Fällen freigegeben: bei Apostasie nach dem Glauben, bei Unzucht nach legitimer Eheschließung und bei einem nicht als Blutrache verübten Mord.« (Nach A. Th. KHOURY 2001, S. 123)

B. BAMDADAN betont, daß es auch im Koran selbst im Zusammenhang mit Vergehen gegen Gott »genug Stellen mit eindeutig verordneten Todesstrafen« gebe (B. BAMDADAN, in: B. NIRUMAND 1990, S. 159) Zu nennen wäre in diesem Kontext zum Beispiel die Sure 5:33,34: »Der Lohn derer, die gegen Gott und seinen Gesandten Krieg führen und im Land eifrig auf Unheil bedacht sind, soll darin bestehen, daß sie umgebracht oder gekreuzigt werden, oder daß ihnen wechselweise Hand und Fuß abgehauen wird, oder daß sie des Landes verwiesen werden. Das kommt ihnen als Schande im Diesseits zu.«

Zu bedenken ist, daß im islamischen Verständnis Krieg gegen den Islam nicht unbedingt körperlich-materielle Kämpfe bedeutet. Krieg gegen den Islam herrscht bereits, wenn sich der Islam ideell bekämpft sieht, etwa durch christliche Missionierung. Selbst MOHAMMED ließ Menschen ermorden, die ihre Worte gegen den neuen Glauben richteten.

Gewalt gegen Abweichler vom islamischen Glauben und andersgläubige Missionierende ist ein echter Bestandteil der islamischen Kultur. Wenn in Deutschland demnächst Konvertiten massakriert werden sollten, weil diese dem Islam den Rücken kehrten, müßte dies ein kulturrelativistischer westlicher Staat nicht-wertend ›tolerieren‹. In einer solchen Gesellschaft würden islamische Eiferer, die in deutschen Innenstädten missionierten, selbstverständlich unbehelligt bleiben; nicht so Christen, die weiterhin in missionarischer Absicht auf Moslems zugingen. Sie könnten von Moslems verhaftet und von einem islamischen Gericht zum Tode verurteilt werden, ohne daß ein deutsches staatliches Gericht die kulturell begründete Tat sühnen würde. Solche Szenarien sind aus kulturrelativistischer Perspektive völlig legitim und ergeben sich als unmittelbare Folge des Nicht-Wertens von Eigenschaften und Zügen fremder Kulturen.[1]

---

[1] Deutliche Ansätze hierzu sind schon erkennbar. Wer sich für die zum Teil massive Gewalt interessiert, der zum Christentum übergetretene Orientalen in Deutschland von ihren ehemaligen Glaubensbrüdern aus

Kulturrelativismus in der Einwanderungsgesellschaft führt also zu kultureller Selbstverleugnung und ethischer Gleichgültigkeit. B. Tibi argumentiert ähnlich, wenn er schreibt: »Die kulturrelativistischen Einstellungen der Multikulturalisten führen ungewollt zu der Bejahung des kommunitaristischen Neo-Absolutismus der Zuwanderer aus vormodernen Kulturen. . . Multikulti-Polemiker weisen die Kritik an vormodernen, neo-absolutistisch vorgetragenen Werten als ›rassistisch‹ zurück. Die Reaktion hierauf muß die kompromißlose Verteidigung der Demokratie gegen totalitäre Anschauungen sein. Die Demokratie darf sich nicht gegen sich selbst richten.« (B. Tibi 2000, S. 95)

Die reale Wirkung dieser übersteigerten ›Fremdenfreundlichkeit‹ läuft demnach der beabsichtigten (oder propagierten) Wirkung gänzlich zuwider. Das, was Multikulti-Fanatiker durch ihre grenzenlose Toleranz gegenüber allem Fremden zu bekämpfen glauben (oder zu bekämpfen vorgeben), stützen sie in Wirklichkeit: Ungleichheit, Intoleranz, Unterdrückung, (islamisch geprägten) Rechtsradikalismus.

. . . durch den Autorassismus falscher Fremdenfreunde

Falsche Fremdenfreunde legen in der Bundesrepublik oftmals Züge eines geradezu neurotischen nationalen und kulturellen Selbsthasses an den Tag. Kulturelle und ethnische Identität ist in ihren Augen immer dann etwas Positives, wenn es sich um die von Zuwanderern handelt. Sobald die Begriffe ›Kultur‹ und ›Nation‹ mit dem Adjektiv ›deutsch‹ verknüpft werden, wird ihr Gebrauch als rassistisch oder rechtsradikal gebrandmarkt. Der alte Spruch aus der Protestszene »Deutschland muß sterben, damit wir leben können« drückt diese zerstörerische Gesinnung in Reinform aus. Dem Credo »Ausländer sind das Problem« der Rechtsradikalen steht spiegelbildlich eine selbstbezogene deutschfeindliche Gesinnung gegenüber, die sich etwa in der Einstellung äußert: »Das Verhalten von Ausländern ist nie verantwortlich für Probleme; dort, wo sich Probleme zeigen, er-

gesetzt sind, dem sei das Buch von Spuler-Stegemann (Hg.) empfohlen: *Feindbild Christentum im Islam. Eine Bestandsaufnahme,* Herder, Freiburg i. Br. 2004. Beschrieben wird unter anderem, wie Konvertiten in Deutschland um ihr Leben fürchten müssen. Auch das Versagen der Kirchen gegenüber islamischer Intoleranz und Gewalt kommt darin zur Sprache.

geben sich diese aufgrund von Diskriminierungen durch uns durchwegs böse Deutsche.«

Die doppelte Einsicht, daß Ausländer sowohl mit Problemen aufgrund von Diskriminierung in Deutschland konfrontiert sind als auch ihrerseits Probleme aufgrund kulturfremder Eigenarten verursachen, überfordert rechte wie linke Ideologen.

Doch woher kommt dieser Autorassismus der deutschen Multikultiszene? Hinter der ›fremdenfreundlichen‹ Einäugigkeit verbergen sich häufig Schuldgefühle aufgrund eines ausgeprägten schlechten Gewissens als Deutsche, Christen, Europäer, Weiße oder ›Ausbeuter‹. Bewußt oder unbewußt versuchen die ›Guten‹ durch überzogene Fremdenfreundlichkeit, gepaart mit Selbsthaß, vergangenes Unrecht (tatsächliches wie vermeintliches) abzuarbeiten – ein Unrecht, das freilich erstens nicht von der eigenen Generation verübt wurde und zweitens schon gar nicht an Angehörigen des islamischen Kulturkreises. Kelek kommentiert diese Abstrusität treffsicher mit folgenden Worten: »Aber zuweilen verstellt das besondere Schuldgefühl gegenüber Juden, Sinti, Roma, Homosexuellen und anderen den klaren Blick auf die heutigen Realitäten von Unterdrückung und Ausgrenzung. Gerade die gutmeinenden Deutschen neigen dazu, in jedem hier asylsuchenden Ausländer gleichsam den Wiedergänger eines vor dem Holocaust zu rettenden Juden zu sehen. Schuldbewußtsein scheint hierzulande wichtiger zu sein als die Verteidigung der Verfassung. Und als Ausweis dafür, daß man aus der deutschen Schuld gelernt hat, als Fortschritt gegenüber der ›rassistischen‹ Vergangenheit gilt, daß heute in Deutschland endlich jeder Ausländer seine Kultur, seine Religion leben und jeder so sein kann, wie er möchte.« (N. Kelek 2005, S. 256)

Kulturrelativistische falsche Fremdenfreunde legen jedoch nicht nur einen Rassismus an den Tag, der sich gegen die eigene Ethnie richtet. Während sie die Kritik an islamisch geprägtem Sexismus als ›rassistisch‹ brandmarken, erkennen sie nicht, daß sie sich in eine Kulturfalle begeben und selbst rassistisch werden. Wer jede Beeinträchtigung einer weißen, europäischen Frau durch den weißen (Ehe)Mann unter der Rubrik ›Sexismus‹ verbucht, Frauen aus kulturfremden Ländern grundlegende Freiheiten jedoch vorenthalten möchte, behandelt fremde Frauen letztlich als zweitklassige Wesen.

Mit ihrer Anbiederung an antiliberale, sexistische Migranten-Gruppierungen machen sich unsere falschen Fremdenfreunde allerdings keine neuen Freunde. Das einzige, was sie von dieser Seite ernten, ist Geringschätzung und Verachtung. B. Tibi, der gebürtige Syrer und Wanderer zwischen den Kulturkreisen, erläutert:

»Eine zivilisatorische Selbstverleugnung im Namen einer oft falsch verstandenen Toleranz oder Postmoderne ist nur ein Zeichen von Ahnungslosigkeit über die absolutistischen Ansprüche der anderen. Bestenfalls kann diese Selbstlosigkeit den Europäern die Geringschätzung durch die anderen einbringen, wie ich dies aus meinem eigenen Kulturkreis und darüber hinaus in meiner eigenen Zivilisation kenne. Wirkliche Toleranz setzt gegenseitigen Respekt und Anerkennung der Spielregeln durch die beteiligten Parteien voraus. Toleranz als Einbahnstraße ist eine Eigenart von europäischen Gesinnungsethikern und ›Weltfrommen‹, für die Angehörige anderer Zivilisationen nur Verachtung empfinden. . . Wer sich selbst nicht respektiert, kann von anderen keinen Respekt verlangen.« (B. Tibi 1998, S. 23)

Unseren falschen Fremdenfreunden sei gesagt: Für bedingungslose Toleranz gegenüber intoleranten kulturellen Gruppierungen im eigenen Land einzutreten ist ungefähr so hilfreich, wie Feuerwehrmänner aufzufordern, heiße Luft in eine Glut zu pusten. Freiheit und Selbstbestimmung von Menschen ist auf Dauer nur durch die Vorherrschaft einer pluralistischen Werteordnung möglich, die ihre eigenen Grundwerte schätzt und schützt.

Klärung von Mißverständnissen

Die Ablehnung einer multikulturellen Gesellschaft schließt das Zusammenleben von Menschen aus unterschiedlichen Kulturen nicht aus. Sie richtet sich auch nicht gegen den Islam als Weltreligion, obwohl sie dem aktuellen Islam seine mangelnde Vereinbarkeit mit einem liberalen Rechtsstaat vorhalten muß. Die Kritik richtet sich aber ebenso gegen jedwede Relativierung der Werte und den Verzicht auf eine Leitkultur. Dabei kann diese Leitkultur in unserem Land nur zum Teil eine deutsche sein; wesentliche Elemente sind von übernationalem, europäischem Zuschnitt. Dies betrifft insbesondere den Vorrang der Vernunft vor religiösen Dogmen, die individuellen Menschenrechte, die Gleichstellung der Geschlechter, die Demokratie mit ihrer Trennung von Religion und Politik und nicht zuletzt die von allen Seiten anerkannten ›Kardinalwerte‹ Pluralismus und Toleranz auf Gegenseitigkeit.

Teil III

Falsche Fremdenfreundlichkeit in der Geschlechterfrage

Muslimisches Paar in Hamburg. Rigide Geschlechterrollen, die mit der europäischen Lebensart völlig unvereinbar sind. Foto: Action Press.

1. Kapitel

Zweierlei Maß

In der nachfolgenden Textpassage hat sich ein kleiner, aber bedeutsamer Fehler eingeschlichen. Wer die vorherigen Kapitel aufmerksam gelesen hat, kann ihn leicht entdecken.

»Und das im 20. Jahrhundert« – unter dieser Überschrift erschien im Januar 1998 in der Zeitschrift *Ran* der DGB-Jugend ein Artikel, in dem sich die Türkin FUNDA über Diskriminierung beklagt. Im Vorspann des Artikels steht: »Sie findet es ›vollkommen daneben‹, daß deutsche Eltern ihren Söhnen verbieten, mit Ausländerinnen zu gehen.«

Auch einige ihrer deutschen Freunde hätten die Vorurteile ihrer Eltern übernommen. FUNDA wörtlich: »Die sagen ja inzwischen selbst, daß sie nie mit 'nem ausländischen Mädchen gehen würden. Ausländerinnen nutzen Jungen aus und behandeln sie schlecht.«

Fehler entdeckt? Erkannt, daß das Geschlecht falsch eingesetzt war? Die Passage muß heißen: »Sie findet es ›vollkommen daneben‹, daß deutsche Eltern ihren Töchtern verbieten, mit Ausländern zu gehen.« Auch einige ihrer deutschen Freundinnen hätten die Vorteile ihrer Eltern übernommen. FUNDA wörtlich: »Die sagen ja inzwischen selbst, daß sie nie mit 'nem ausländischen Typen gehen würden.«

FUNDA betont, selbst keinen Unterschied zwischen Deutschen und Nicht-Deutschen zu machen. Sie habe mindestens genauso viele ausländische wie deutsche Freunde. Sehr lobenswert! Wenn die Mehrzahl der orientalischen Mädchen in Deutschland diese Einstellung an den Tag legen würde, besser gesagt, zeigen dürfte, wäre viel gewonnen. Nur: Wie oben ausführlich beschrieben, sieht die Realität leider völlig anders aus. Die geschlechtsspezifischen Zustände in islamisch geprägten Migrantenmilieus – aus denen heraus die Ablehnung junger Orientalen als Freund für deutsche Mädchen (teilweise) verständlich wird – sind nicht nur FUNDA kein Wort der Kritik wert. Auch unsere falschen Fremdenfreunde urteilen hier sehr einseitig, wie wir gleich sehen werden.

Die Tatsache, daß Mädchen aus traditionell orientalischen Migrantenfamilien überhaupt keinen Freund haben dürfen – was soll's? Daß viele dieser Mädchen, streng von ihren ›Herren‹menschen kontrolliert, grundlegender Freiheiten beraubt werden – nicht der Rede wert. Daß im Islam Mädchen und Frauen jeglicher sexueller Kontakt zu Nichtmoslems, etwa zu deutschsprachigen Christen, untersagt ist –, wird, hat es den Anschein, als völlig normale Gepflogenheit unserer Zeit akzeptiert. Daß türkische Familien massive Vorbehalte gegen deutsche Partner ihrer Töchter zeigen – völlig belanglos. Daß deutsche Mädchen auch schon schlechte Erfahrungen mit orientalischen Ehrvorstellungen gemacht haben – ein Tabu. Daß deshalb manche deutsche Eltern aus verständlicher Ängstlichkeit, nicht aus Fremdenfeindlichkeit heraus ihren Töchtern sexuelle Verhältnisse mit ›Ausländern‹ verbieten möchten – das ist, scheint es, keinen Gedanken wert. Weshalb diese Eltern mit ›Ausländer‹ nicht Schweden oder Franzosen meinen, sondern insbesondere Orientalen – auch darüber kein Ton: weder bei FUNDA noch bei unseren falschen Fremdenfreunden.

Szenenwechsel: Ein dem Autor dieses Buches beruflich bekannter 16jähriger deutscher Jugendlicher freundete sich im Jahre 1999 mit einer 14jährigen moslemischen Ausländerin an; doch nicht sehr lange. Als die Familie des Mädchens davon erfuhr, erhielt der Deutsche eine ›Hausmitteilung‹ vom Vater der Freundin: Wenn er nicht die Finger von seiner Tochter lasse, werde er den Jugendlichen umbringen. Bei ›Fremdenfeindlichkeiten‹ dieser Art wartet man vergeblich auf Empörung aus der Multikulti-Ecke.

In diesem Kapitel wird die These zu belegen sein, daß sich die Gutmenschenszene einen doppelten Maßstab zusammengezimmert hat, wenn es darum geht, das Verhalten von Migranten in der Geschlechterfrage zu beurteilen. Verhaltensweisen, bei Deutschen als frauen- oder fremdenfeindlich kritisiert, werden bei ausländischen Mitbürgern als gegeben hingenommen.

1.1. ›Ethnische Reinheit‹: Nur die anderen dürfen ›sauber‹ bleiben

Es sollen auch schon ausländische Eltern beobachtet worden sein, die das tun, was FUNDA in der Zeitschrift *Ran* an Deutschen kritisiert: ihren Töchtern verbieten, sich mit Jungs anderer Nationalität oder Religion einzulassen. Beispiel gefällig? Bei einer Befragung ausländischer Moscheebesucher in Deutschland akzeptierten 100 Prozent von ihnen keinen Deutschen als Partner für ihre Tochter. (E. Seidel-Pielen 1995, S. 34)

Ein Einzelfall? In der *Shell-Jugendstudie 2000* wird an verschiedenen Stellen deutlich, daß der Großteil der in Deutschland lebenden türkischen Eltern keinen deutschen, christlichen Ehemann ihrer Tochter akzeptieren würde (geschweige denn einen deutschen Freund). Die Autoren der Studie stellen fest: »Andererseits ist es für die meisten türkischen Befragten vorausgesetzt, jemanden mit der gleichen Nationalität zu heiraten, weil das für sie selbst und vor allem auch für ihre Eltern selbstverständlich ist. Als Grund werden Übereinstimmungen sowohl in der Mentalität als auch in der Kultur und Religion angegeben.« (*Shell 2000*, Bd. 2, S. 35)

An dieser Stelle muß man die vielen falschen Fremdenfreunde einfach auffordern, mit gleichem Maßstab zu messen: entweder alle Eltern gleichermaßen in die Rassismuskiste zu stecken, die mit derart verstaubten (oder wahlweise vernünftigen) Ansichten herumlaufen, oder auch die Ängste deutscher Eltern und Mädchen zu akzeptieren. Deutsche Eltern haben doch in genau der gleichen Weise recht bzw. unrecht, wenn sie für eine Paarbeziehung ihrer Töchter Übereinstimmung in Mentalität, Kultur und Religion fordern wie türkische oder chinesische – zumindest, wenn wir Gleichberechtigung zwischen Deutschen und Ausländern zugrunde legen.

Was Funda bei deutschen Mädchen moniert, zeigt sich auch bei türkischen: Die Ablehnung von Männern anderer Nationalität geht von den Eltern auf die Töchter über. Ayse, 18 Jahre, spricht in der *Shell-Studie* ganz offen davon: »Ein deutscher Mann würde mich nicht interessieren. Wenn man so eine Einstellung hat wie wir, und man weiß, du hast keine andere Chance, und du mußt, und es ist eben so, daß man nur einen Türken heiratet –, dann guckst du praktisch nur auf die türkischen Männer und nicht auf die italienischen, griechischen, was weiß ich.« (ebenda, S. 83)

Zusammenfassend stellt die *Shell-Studie* für türkische Mädchen fest: Es ist »offenbar schwierig, ohne Zustimmung der Eltern einen Ehepartner zu wählen und zu heiraten. Einen deutschen Ehepartner zu nehmen verstößt noch stärker gegen die Regeln«. (Bd. 2, S. 384)

Was im Umkreis unseres Themas inmitten der ›aufgeklärten‹ westlichen Gesellschaften noch alles passiert, läßt sich ebenfalls der *Shell-Studie 2000* entnehmen. So berichtet ein 19jähriger türkischstämmiger Gymnasiast aus Bielefeld, sein Vater habe daran gedacht, eine seiner Schwestern, die einen Deutschen geheiratet hat, umbringen zu lassen. Der Gymnasiast: »Wenn eine Frau halt nicht ehrenhaft aus dem Haus geht, sagt man: Der älteste Bruder muß die umbringen. Ich hab das Angebot auch bekommen. Ich hab nein gesagt. Mit 14 Jahren. Muß man sich mal vorstellen – hier in Deutschland, im Hinterzimmer von einem Lokal.« (*Shell*, Bd. 2, S. 384) Aber nicht jeder männliche orientalische Jugendliche sagt ›nein‹ zu so einem Angebot. Mancher wird zum Mörder an der eigenen Schwester in unserem Land – der traditionellen Ehrvorstellungen wegen. Der Autor dieser Zeilen würde FUNDA gern fragen, ob ihrer Meinung nach solche Normen ins 21. Jahrhundert passen. Vielleicht ist sie objektiver als unsere selbsthassenden, deutschen ›Fremdenfreunde‹: Bei diesen gilt nicht das feindliche Verhalten von Fremden als ›Fremdenfeindlichkeit‹, sondern die Kritik daran.

Noch ein letztes Beispiel zur ethnischen ›Sauberkeit‹ in Sachen Geschlechterbeziehungen. In einem Interview mit dem *WDR* verdeutlicht ein ausländischer Vater, daß er bei seiner Tochter zwar unter Umständen einen Freund der eigenen Nationalität akzeptieren würde (immerhin!), nicht jedoch einen Deutschen. Die Nationalität des Vaters wird in dem Interviewzitat nicht genannt, da laut Autor nach dem Inhalt der gegebenen Antworten mehrere Nationalitäten (welche wohl?) in Frage kämen. (Interview aus: ÖZKANA, in: K. LAJIOS 1991, S. 91 f.)

I. »Und wenn eine Ihrer Töchter sagen würde: Papa, ich habe mich in einen deutschen Jungen verliebt, was dann?«

V. »Nun ich würde sagen... nein, nein kann ich auch nicht sagen und, ja, kann ich auch nicht sagen..., aber einen Ratschlag, den ich geben könnte, ist ›immer einer aus unserer Heimat‹, wenn möglich ist.«

I. »Aber Herr..., meinen Sie nicht, daß ein Mädchen mit 16 Jahren das Recht auf eine gewisse Freiheit hat? Auch das Recht, ein gewisses Vertrauen seitens der Eltern zu haben?«

V. »Nein, wäre ich Deutscher, dann ja, aber da ich ein echter reinrassiger... bin, nein, ich erlaube es nicht.«

I. »Sie wollen nicht, daß ihre Töchter Umgang mit...«

V. »Nein, nein.«

I. ». . . mit Deutschen hat.«

V. »Mit Deutschen nicht.«

Obwohl der ausländische Vater keine grundsätzlichen Einwände gegen einen Freund seiner Tochter hat, lehnt er einen deutschen Freund ausdrücklich ab. ÖZKANA deutet diese ethnisierende Ablehnung als Ausdruck kultureller Unterschiede: »Sie [die Tochter] hat sich bei der Partnerwahl an Männer der eigenen Nationalität zu halten, weil nur sie als ›anständig‹ bewertet werden, gerade weil sie die Frau ›mehr unter Kontrolle‹ halten.« (ÖZKANA 1991, S. 92)

Wir können also festhalten: Der interviewte ausländische Vater registriert, daß Männer seiner Nationalität Frauen mehr unter Kontrolle halten. Läßt sich mit diesem ethnisch-kulturell bedingten Dominanzverhalten nicht auch die Reaktion mancher deutscher Eltern erklären, die ihre Töchter von sexuellen Beziehungen zu Ausländern gewisser Nationalitäten abhalten (wollen)? Und trägt nicht auch das Verhalten orientalischer Jungmachos dazu bei, daß deutsche Mädchen oftmals einfach kein Interesse an (sexuellen) Beziehungen mit Jungen entsprechender Herkunft haben? Diese Erklärungsmöglichkeit unterliegt allerdings der Zensur unserer falschen Fremdenfreunde. Sobald jemand auf kulturelle Unterschiede verweist, die Deutschen Probleme machen, wird er von diesen als ›kulturrassistisch‹ oder ›ausländerfeindlich‹ abgestempelt. Der Türkin YASEMIN, 16 Jahre, kann man dies natürlich nicht vorwerfen, obwohl sie in der *Shell-Studie 2000* Klartext redet:

»Eigentlich sind doch die türkischen Männer so, so anders als die deutschen. Die Deutschen hängen mehr an ihren Frauen und sagen mehr: ›Ja, Schatz, okay.‹ Die sind halt nicht wie die türkischen Männer. Die geben auch einen Wert an die Frau. Das tun die türkischen Männer nicht so arg. Weil die türkischen Männer sagen: Ich bin der Boß, du machst, was ich sage!« (*Shell 2000*, Bd. 2, S. 83)

Bei solchen Äußerungen darf man jedoch nie vergessen: Aussagen wie die von YASEMIN beschreiben Tendenzen, allenfalls Typisches. Das größte Machoschwein kann deshalb auch ein Deutscher sein. . .

1.2. Toleranz – Synonym für ›Einbahnstraße‹

»Nur sehr wenige ausländische Eltern sind bereit, Beziehungen ihrer Töchter zum männlichen Geschlecht zu akzeptieren. Dies hängt mit dem Verständnis der Familienehre zusammen. Die Ehre eines Migranten-Mädchens und seiner Familie ist verletzt, wenn es z. B. seine Jungfräulichkeit verliert«. (ÖZKARA, in: K. LAJIOS 1991, S. 98) Diese Aussage aus dem Jahre 1991 ist unter islamischen Migranten heute so gültig wie damals. Hinzu kommt, daß dieses Ehrverständnis nicht nur von den Eltern geteilt wird. Ein Großteil der männlichen orientalischen Migrantenjugendlichen schwärmt von einer Hochzeit mit einer Jungfrau, möchte jedoch selbst zumindest vor der Ehe mit möglichst vielen Mädchen sexuell verkehren. Daß dieselben Jungs ihre eigenen Schwestern bisweilen sogar mit Gewalt von sexuellen Erfahrungen abhalten, steigert die Unerträglichkeit der Doppelmoral.

An der aufgezeigten Doppelmoral von Orientalen üben unsere multikulturellen trojanischen Esel keine Kritik. Dafür verurteilen diese Esel Kritiker, die Anstoß daran nehmen, wenn orientalische Herrschaften ihre ›eigenen‹ Mädchen wegsperren, mit den europäischen jedoch Sex haben (möchten) – und ›übersehen‹ gutmenschen-artig die Tendenz junger Orientalen, die heißbegehrten, freizügigen Mädchen als unehrenhaft, als Schlampen oder Huren abzustempeln. Ihre Sichtweise von dem, was eine ehrenhafte Frau zu sein bedeutet, behalten traditionelle Orientalen auch im Blick auf europäische Mädchen bei. Dies registrierte zum Beispiel die 16jährige JASMIN.[1] Dem Autor gegenüber betont sie in einem Gespräch, daß ihr früherer türkischer Freund am Ende der Beziehung gemeint habe: »Euch deutsche Huren ficken wir, unsere türkischen Mädchen heiraten wir – selbstverständlich als Jungfrauen!« Besonders enttäuscht sei sie über diese Reaktion, da sie diesem türkischen Jungen völlig vorurteilsfrei gegenübergetreten sei. Auch anderen Mädchen in ihrem Bekanntenkreis sei Ähnliches widerfahren. Deshalb werde sie sich mit keinem Türken mehr einlassen.

Wer will diese Haltung Mädchen wie JASMIN verübeln? Mädchen, die erfahren, daß eine gute Gesinnung kulturbedingte Konflikte nicht aus der Welt schafft. Selbstverständlich ist eine ethnische Rundumdiskriminierung von der Sache her nicht gerechtfertigt. Mancher tür-

[1] Name geändert.

kische Jungmann behandelt seine (deutsche) Freundin mindestens so gleichberechtigt wie die meisten Deutschen. Doch wie wollen minderjährige Mädchen hier differenzieren lernen, wenn Aufklärung und Auseinandersetzung mit Frauenbildern von Migrantenjugendlichen in Deutschland tabuisiert ist? Dem Verfasser jedenfalls ist in über fünfzehn Jahren hauptberuflicher Jugendarbeit noch kein einziges Materialheft über den Tisch geflattert, das sich mit dieser Problematik an deutsche Mädchen richten würde. Dabei wären durchaus mädchenfreundliche Aufklärungsbroschüren vorstellbar, etwa unter Titeln wie: *Die Bedeutung der sexuellen Unberührtheit der Frau in der orientalischen Kultur* oder *Vorsicht vor Sex mit Typen, die nur eine Jungfrau heiraten möchten!*

Berge von offiziellen Stellungnahmen und Broschüren staatlicher Stellen, kommunaler und freier Träger der Jugendarbeit fordern ›Toleranz‹ von deutschen gegenüber ausländischen Jugendlichen und geben Handreichungen für Pädagogen. Eine notwendige Sache. Doch in puncto eines kulturell bedingten Sexismus vormoderner Migrantenjugendlicher in unserem Land herrscht eisiges Schweigen. Ist Toleranz gegenüber einem freien, gleichberechtigten Lebensstil der Geschlechter nicht auch eine Forderung, die die Jugendarbeit jungen Migranten übermitteln sollte? Weshalb werden Kulturkonflikte mit islamischen Migrantenjugendlichen in der offiziellen Pädagogik und weiten Teilen der Medienöffentlichkeit totgeschwiegen?

1.3. Konkurrenz um Mädchen: Problemblindheit

›Moby Dick‹ so nennt sich eine Arbeitsgruppe des Stadtjugendrings Augsburg, die überregional Thesen und Materialien gegen Fremdenfeindlichkeit veröffentlicht. Doch ›Moby Dick‹ fühlt sich anscheinend nicht nur für die Gleichstellung von Ausländern in Deutschland zuständig, sondern auch für deren positive Diskriminierung. Diesen Eindruck bekommt, wer ohne rosarote Multikultibrille die teilweise sehr einseitig argumentierende Broschüre *Gegen Ausländerfeindlichkeit*[1] betrachtet.

[1] ›Moby Dick‹ Arbeitsgruppe, Stadtjugendring Augsburg, Oktober 1992: *Gegen Ausländerfeindlichkeit.* Herausgegeben wird die Broschüre von der Arbeitsgemeinschaft christlicher Kirchen in Zusammenarbeit mit verschiedenen Organisationen.

Für unser Thema von Interesse ist hier das Kapitel, wo es um Mädchen geht. In schulmeisterlichem Ton steht dort belehrend geschrieben: »Wenn es vorkommt, daß ein Ausländer einem Deutschen das Mädchen wegnimmt: Dann hat sich das deutsche Mädchen für einen Ausländer entschieden und nun mal gerade nicht für einen Deutschen; dann gefällt dem Mädchen also der Ausländer aus allen möglichen Gründen besser. Wenn das vorkommt, dann spricht das für den Ausländer. Da müssen sich Deutsche eben mehr anstrengen, um den Mädchen zu gefallen. Verliert einer seine Freundin, dann ist es egal, ob an einen Ausländer oder einen Deutschen: er hat eben jemanden verloren, den er gerne möchte.«

Schön und gut. Mehr anstrengen sollen sich also deutsche Jugendliche, um den Mädchen zu gefallen. Doch welchen Mädchen? Natürlich deutschen Mädchen. ›Ausländische‹ stehen für sie – bis auf wenige Ausnahmen – nicht zur Verfügung: Denn ehrenhafte ›ausländische‹ Mädchen sind zu Hause weggesperrt oder werden von ihren Brüdern und sonstigen Herren ›beschützt‹, sprich sexuell kontrolliert. Wehe, ein anderer nähert sich der ›Schutzbedürftigen‹, der kann was erwarten, noch dazu, wenn er nicht der gleichen Religion oder Nationalität angehört.

Für unsere falschen Fremdenfreunde ist der Besitzanspruch von Orientalen bezüglich ›ihrer‹ Mädchen jedoch kein Grund zur Kritik. Leben orientalische Jugendliche doch nur ihre Kultur. Und Eigenschaften fremder Kulturen zu kritisieren gilt als rassistisch. Demgemäß spart die Broschüre von ›Moby Dick‹ die Problematik eines spezifisch orientalischen Sexismus völlig aus, ebenso wie die fehlenden Chancen deutscher Jugendlicher, eine orientalische Freundin zu finden.

Um Unterstellungen oder Mißverständnissen entgegenzutreten: Der Autor plädiert nicht dagegen, daß sich deutsche Mädchen für einen modernen Orientalen entscheiden; er argumentiert jedoch dafür, daß sich auch orientalische Mädchen für einen Freund entscheiden dürfen (eine entsprechende persönliche Reife selbstverständlich vorausgesetzt); einen Freund, der Orientale sein kann, Deutscher, Afrikaner oder was auch immer. Daß andererseits jedem Mädchen, gleich welcher Herkunft, von Sex mit Jungfräulichkeitsfanatikern und anderen Sexisten abzuraten ist, versteht sich dabei von selbst.

Regelgleichheit ist Voraussetzung für einen fairen Wettbewerb. Wie wir gesehen haben, ist dieser in der deutschen Multikulti-Wirklichkeit keineswegs gegeben. Benachteiligt bei diesem Spielchen sind deutsche Jungs, Hauptleidtragende aber die unmündig gehaltenen Mädchen aus vormodernen orientalischen Familien. Manchem deutschen Jugendlichen, der mit diesem doppelten Maßstab konfrontiert ist, vergeht die Lust auf Multikulti, noch dazu, wenn er von ausländischen Jugendlichen und deutschen Gutmenschen immer gleich als ›Rassist‹ beschimpft wird, falls er es wagt, gleiche Chancen einzufordern. Für unsere Multikultifans jedoch stellt die geschilderte positive Diskriminierung von Fremden (oder sich fremdartig Verhaltenden) kein Problem dar. In ihren linksalternaiven (das ›t‹ in diesem Wort kann man getrost weglassen) Zirkeln bleiben Ausländer so gut wie außen vor. Allenfalls einzelne, integrierte, ›Vorzeigeausländer‹ sind zugelassen oder fühlen sich dort wohl.

Zurück zu ›Moby Dick‹. In der erwähnten Broschüre geht es tabuisierend wie folgt weiter:

»Besonders will man sich darüber aufregen, wenn die Freundin sich für einen türkischen Jugendlichen entscheidet, weniger aber, wenn der ›Neue‹ ein Österreicher, ein Franzose oder ein Schweizer ist. Aber da gilt dasselbe wie oben und überhaupt: weg ist eben weg, egal ob an einen deutschen, an einen österreichischen oder an einen türkischen Jugendlichen.«

Die Frage, warum sich deutsche Jugendliche besonders darüber aufregen könnten, wenn sich die Freundin für einen türkischen Jungen entscheidet, blendet ›Moby Dick‹ vorsichtshalber aus. Man könnte sonst auf Ursachen stoßen, die nicht nur auf Fremdenfeindlichkeit beruhen, sondern auch mit dem unterschiedlichen Verhalten der fremden Klientel zusammenhängen. Deutsche Jugendliche kommen genauso zu einer französischen, österreichischen oder schweizerischen Freundin wie umgekehrt junge Franzosen, Österreicher oder Schweizer zu einer deutschen Freundin. Dies ist hinsichtlich türkischer und anderer orientalischer Jugendlicher nun einmal nicht der Fall.

Betroffene deutsche Jugendliche merken sehr wohl, daß linke Lehrer und Sozialpädagogen im Gleichschritt mit selbsternannten ›antirassistischen‹ Organisationen mit zweierlei Maß messen. Sie finden es schlichtweg ungerecht, nach anderem Maßstab behandelt zu werden als junge Migranten (gleichwohl zeigen viele dieser Jugendlichen nach außen hin Desinteresse an orientalischen Mädchen und werten diese ab, als häßlich, blöde, uninteressant usw., frei nach dem Motto: »Die Trauben, die zu hoch hängen, sind sauer«). Aber: Wenn weg eben weg sein soll, »egal ob an einen deutschen, an einen österreichischen oder an einen türkischen Jugendlichen«, wie ›Moby Dick‹ schlaumeiert, dann doch nur unter der Voraussetzung, daß dies für alle Beteiligten gleichermaßen gilt.

Der Fairneß halber ist anzufügen, daß ›Moby Dick‹ in der zitierten Broschüre ausdrücklich jedweden Nationalstolz ablehnt. Auch habe ein türkischer Jugendlicher keinen Grund, sich einzubilden, er sei etwas Besseres, weil sich ein deutsches Mädchen für ihn entschieden habe. (Sprüche solcher Art müssen sich nämlich deutsche Jugendliche noch zusätzlich anhören. Wer den ›Schaden‹ hat, braucht auch in dieser Angelegenheit für den Spott nicht zu sorgen.)

1.4. Sexismus: Die Verweigerung von Logik

»Schuster, bleib bei deinem Leisten! Antirassisten, laßt die Finger von der Beschäftigung mit Sexismus!« Das möchte man sagen, wenn man mit klarem Verstand die Broschüre *Rassismus begreifen – was ich schon immer über Rassismus und Gewalt wissen wollte* liest. Dort wird auf Seite 52 der Begriff ›Sexismus‹ thematisiert, natürlich zu hundert Prozent multikulturell korrekt, sprich: Sexistische Normen fremder Kulturen werden kurzerhand tabuisiert.

Zunächst werden die Gesetze der Logik noch eingehalten; die Definition von ›Sexismus‹ entspricht sozialwissenschaftlichen Standards: »Sexismus ist der Glaube an die Höherwertigkeit des männlichen und die Minderwertigkeit des weiblichen Geschlechts. Der Begriff Sexismus wurde in Anlehnung an den Begriff Rassismus geprägt. . . Die verharmlosende Begriffsklärung ›Benachteiligung der Frau‹ ist bei weitem nicht ausreichend für eine von Männern dominierte Kultur, die kontinuierliche Herrschaft und Gewalt gegen Frauen ausübt.«

Weiter geht es mit der These vom Zusammenhang zwischen geschlechtsspezifischer Arbeitsteilung und Sexismus: »Aufrechterhalten und gestützt wird Sexismus durch die geschlechtsspezifische Arbeitsteilung zwischen Männern und Frauen: Aufgrund ihrer Gebärfähigkeit und der damit verbundenen Schwangerschaft wird den Frauen in einer patriarchalischen Gesellschaft der Bereich des Haushalts und der Kindererziehung zugewiesen. Sie sind außerdem zuständig für die Rekreation des Mannes, in der Familie soll er sich erholen, um seine gesellschaftlich anerkannte Arbeitskraft zu erhalten... Die Zuordnung der Frauen in den häuslichen Bereich hat erhöhte Verfügbarkeit und Machtlosigkeit zur Folge: Frauen haben keinen Zugang zum Bereich der Öffentlichkeit, zu finanziellen Ressourcen, zur politischen Macht.«

An dieser Stelle hört jedoch die Beschäftigung mit Sexismus auf. Gerade hier könnte es spannend werden. Die Broschüre könnte uns erzählen, wer nach diesen Thesen besonders ›sexistisch‹ dasteht: nämlich die orientalisch-islamische Kultur, die, von Männern dominiert, kontinuierlich Herrschaft und Gewalt gegen Frauen ausübt und die angesprochene geschlechtsspezifische Arbeitsteilung einschließlich massiver Gebärerwartungen an Frauen praktiziert – wie der Nationalsozialismus auch. Ein Unterschied zum Nationalsozialismus besteht allerdings darin, daß sich die Frauen dort bei weitem nicht so sehr unterordnen mußten wie Frauen in der orientalischen Kultur.

Wer ins Impressum der genannten Broschüre schaut, gerät ins Staunen: Sie ist nämlich unter anderem in Zusammenarbeit mit dem Zentralrat der Muslime in Deutschland entstanden, einer Vereinigung, deren Vorsitzender die Steinigung untreuer Ehefrauen befürwortet. Bezichtigen islamische Organisationen in Deutschland seit neuestem ihre eigenen Lebensweisen als ›sexistisch‹?

Das ist nicht anzunehmen. Doppelzüngiges Verhalten steht vielmehr im Einklang insbesondere mit dem schiitischen Islam: Für Islamgläubige kann es erlaubt, sogar geboten sein, in der Diaspora die wahren Absichten gegenüber der Mehrheitsgesellschaft geheimzuhalten. Der Begriff *Taqîya* bezeichnet dieses islamische Gebot der Verstellung im ›Feindesland‹. (U. SPULER-STEGEMANN 1998, S. 65 ff.) *Taqîya* scheint sich zur systematischen Taktik gewisser islamischer Organisationen im ›Feindesland‹ Deutschland entwickelt zu haben. Diesen Eindruck bekommt im übrigen auch, wer zum Beispiel christlich-islamische ›Dialoge‹ verfolgt.

Den für die Broschüre *Rassismus begreifen...* verantwortlichen Kirchenfunktionären sei gesagt: Die Aufnahme des Zentralrats der Muslime ins Impressum einer Broschüre mit anti›sexistischem‹ Anspruch ist etwa so geistreich, wie Brandstifter für die Feuerwehr anzuwerben. Eine Vergleichsrechenaufgabe: Um Troja einzunehmen, benötigten die Athener ein trojanisches Pferd. Wieviele trojanische Esel sind nötig, damit der Islam in Deutschland die mühsam errungenen Frauenfreiheiten wieder beseitigt?

1. 5. Ausländische Mitbürger als Rassisten – wie falsche Fremdenfreunde eine Beleidigung ›wegzaubern‹

Multikulturelle Gutmenschen, die zudem noch frauenbewegt sind, sitzen in der Zwickmühle. Gleich, ob sie kulturfremden Sexismus tabuisieren oder kritisieren, immer verstoßen sie gegen eines ihrer Prinzipien. Noch komplizierter wird es allerdings, wenn die ›Guten‹ unfähig sind, Sexismus und Rassismus auseinanderzuhalten wie im vorliegenden Fall der eben zitierten Broschüre. Das Ergebnis ist ein peinliches Eigentor, eine unbeabsichtigte Beleidigung des Islams und vormoderner Zuwanderer als Rassisten. Wörtlich: »Rassismus liegt immer dann vor, wenn bestimmte Merkmale von Menschen (z. B. Hautfarbe, Asylbewerber zu sein, Geschlecht usw.) mit bestimmten Eigenschaften gekoppelt werden. . . und durch diese Konstruktion eine Bewertung entsteht.« (*Rassismus begreifen*, S. 11)

Wir erinnern uns: In islamischen Kulturen stehen Frauen unter Aufsicht und Vormundschaft von Männern; sie werden für gefühlsbezogener gehalten und deshalb für Tätigkeiten in der Familie präpariert. Ihre Wertschätzung ist an die Geburt von Söhnen geknüpft. Die Familienehre hängt einseitig von der sexuellen ›Reinheit‹ der Frauen ab. Laut Koran stehen die Männer über den Frauen unter anderem, »weil Gott sie vor diesen ausgezeichnet hat«. Auch im Einwanderungsland werden aus diesem Verständnis heraus moslemischen Frauen grundlegende Freiheiten vorenthalten. Folgt man den zitierten Aussagen der Broschüre *Rassismus begreifen*, dann beinhaltet die islamische Religion und Kultur eindeutig rassistische Elemente, verhalten sich viele orientalische Migranten rassistisch.

Der aufmerksame Leser wird sich an dieser Stelle womöglich fragen, weshalb die ›antirassistischen‹ Herausgeber dieser Broschüre:

- fremde Kulturen als rassistisch diffamieren, wo doch der Begriff Sexismus angebracht wäre;
- Hunderttausende orientalischer Migranten als Rassisten beleidigen, die ihr Leben nach patriarchalen Strukturen organisieren;

– eine ganze Weltreligion als rassistisch abstempeln, die zwar Frauen als tiefer stehend einordnet, nicht jedoch die Hautfarbe oder ethnische Herkunft von Menschen zum Maßstab von Bewertungen macht.

Logisch betrachtet, zeugen diese Beleidigungen des Islams und der orientalischen Kultur von massiver Fremdenfeindlichkeit. Weshalb äußern sich ›Antirassisten‹ fremdenfeindlich? Ist es Absicht oder Dummheit?

Die Antwort auf diese Fragen liegt im doppelten Maßstab, mit dem unsere falschen Fremdenfreunde hantieren – ein wahrer Zauberstab, der ins Herz geschlossene Fremde und deren Kulturen gegen jedwede Kritik immunisiert. Wenn aufgrund solcher ›Fremdenliebe‹ fremde Kulturen *per se* als ›gut‹ gesehen werden, haben sich Nebensächlichkeiten wie Menschen- oder Frauenrechte der paradiesischen Vision einer multikulturellen Gesellschaft unterzuordnen. Eine Herabsetzung von Frauen wird demnach nur verurteilt und als rassistisch (zutreffender wäre wohl sexistisch) bezeichnet, wenn sie von Angehörigen der eigenen westlichen Kultur ausgeht. Tritt Frauenfeindlichkeit dagegen bei Migranten zutage, gilt das multikulturelle ›Toleranz‹gebot, sprich Kritikverbot. In diesem Fall handelt es sich ja auch ›nur‹ um Ausländerinnen. Deutschen Frauen würden selbsternannte AntirassistInnen so etwas nicht zumuten. Steckt hinter diesem doppelten Maßstab deshalb nicht auch selbst ein wenig Rassismus?

Noch absurder wird das Ganze dadurch, daß im vorliegenden Fall – unserer Broschüre – an dieser Beleidigung der islamischen Religion und Kultur der Zentralrat der Muslime in Deutschland mitbeteiligt war.

1.6. Der deutsche Staat – per se ›ausländerfeindlich‹

Wir haben gesehen: Aufgrund ihrer abstrusen Rassismusdefinition müßten unsere Multikulti-Gutmenschen den Islam eigentlich als ›rassistisch‹ verdammen – gerade dann, wenn (wie von J. ZERGER) ein Zusammenhang zwischen Rassismus und Sexismus hergestellt wird. ZERGER betont: »Historisch wurden in der Verknüpfung von Rassismus und Sexismus Frauen meist auf ihre Gebärfähigkeit reduziert und ihnen die Aufgabe zugewiesen, für die biologische

Reproduktion der ›Rasse‹ zu sorgen, während gleichzeitig versucht wurde, sie vor sexuellen Kontakten mit Angehörigen anderer ›Rassen‹ zu schützen, um einer ›rassischen Entartung‹ vorzubeugen.« (J. ZERGER 1997, S. 140)

Man muß ›Rasse‹ nur durch ›Religion‹ ersetzen, und schon wird der Islam zu einer Religion, die Rassismus praktiziert. Solche Schlußfolgerungen unterliegen bei ZERGER (wie auch bei anderen aus der Szene) jedoch der Selbstzensur. ZERGERS Aufklärungsschrift tabuisiert in bekanntem Gutmenschen-Reflex diese ›bösen‹ Gedanken und beschäftigt sich ausschließlich mit dem tatsächlichen wie vermeintlichen ›Rassismus‹ unseres eigenen Kulturkreises. Ist aber nicht der auch ein bißchen rassistisch, der seine Untersuchung des Rassismus auf die weiße ›Rasse‹ bzw. die westliche Kultur beschränkt?

An dieser Stelle lohnt sich noch eine kurze Abschweifung abseits der Geschlechterfrage. Im Kapitel ›Rassismus und verwandte Phänomene‹ thematisiert ZERGER Begriffe wie Ethnozentrismus, Xenophobie, Fremdenhaß, Fremdenfeindlichkeit, bevor er auf Ausländerfeindlichkeit zu sprechen kommt. ZERGER dazu wörtlich: »Vor dem Hintergrund dieser Überlegungen [der vorangegangenen begriffstheoretischen, der Verf.] stellt sich die spezifisch deutsche Begriffsbildung ›Ausländerfeindlichkeit‹ als eine besondere Form der Fremdenfeindlichkeit dar, bei der die Staatsangehörigkeit das entscheidende Kriterium ist, an dem sich die Ausgrenzung von Fremdgruppen festmacht. In diesem Sinne definieren Lutz HOFFMANN und Herbert EVEN Ausländerfeindlichkeit in einer breiten Begriffsbestimmung als › jede Weigerung, dem Ausländer dieselben Rechte einzuräumen, die die Inländer innehaben‹.« (J. ZERGER 1997, S. 96)

Laut ZERGER wäre ein Staat bereits dann ausländerfeindlich, wenn dieser rechtsrelevant zwischen Inländern, also Staatsbürgern, und Ausländern unterscheidet. »Na so was«, denkt sich, wer bei klarem Verstand bleibt. »Die ganze Welt soll also ausländerfeindlich sein? Oder gilt dies nur für uns böse Deutsche, wie der Verweis auf die ›spezifisch deutsche Begriffsbildung Ausländerfeindlichkeit‹ andeutet?«

Hätten die HOFFMANN, EVEN und ZERGER im Sozialkundeunterricht der neunten Klasse aufgepaßt, wüßten sie, daß es das unabdingbare Kennzeichen eines jeden Staates ist, rechtsrelevant diskriminierend zwischen Staatsangehörigen (Staatsbürgern) und Nicht-Staatsangehörigen (Ausländern) zu unterscheiden. Kein Staat der Erde behandelt alle Menschen dieser Welt gleich – eine solche Gleichbehandlung würde seine Selbstauflösung bedeuten. Herr ZERGER könnte als Deutscher in den USA oder in Ägypten mit Sicherheit keine Beamtenlaufbahn einschlagen. Er würde nicht nur wegen seines Alters oder mangelnder Qualifikationen scheitern, sondern weil er als Ausländer dort nun einmal ausgegrenzt wird. Zudem bekäme er als fremder Staatsbürger wahrscheinlich nicht einmal das Daueraufenthaltsrecht.

Solange die Welt in Staaten organisiert ist, werden Staatsbürger besondere Rechte (Staatsbürgerrechte) besitzen wie etwa das Recht auf Staatsangehörigkeit, das Wahlrecht, das Recht auf Zugang zu öffentlichen Ämtern. An diesem Kriterium ›Fremdenfeindlichkeit‹ festmachen zu wollen, ist potenzierter soziologischer Schwachsinn, ein Schwachsinn, der allerdings die Absicht vermuten läßt, den deutschen Staat in seiner reinen Existenz als ›rassistisch‹ brandmarken zu wollen.

Die Frage nach der Ausländerfeindlichkeit beantwortet sich nicht daran, ob ein Land Angehörige anderer Staaten durch Vorenthaltung von Staatsbürgerrechten ausgrenzt, sondern ob diese Ausgrenzungen fundamentale Rechte erfassen, die nach aufgeklärtem Verständnis allen Menschen zustehen. Hierunter fallen Rechte wie Meinungs-, Informations- und Glaubensfreiheit oder das Recht auf Leben, auf körperliche Unversehrtheit und die Freiheit der Person, nicht jedoch Staatsbürgerrechte.

1.7. Islamische Frauen nur für Moslems!

Wir haben oben bereits erfahren, daß es männlichen Moslems erlaubt ist, zumindest eine christliche oder jüdische Frau zu ehelichen. Der sexuelle Kontakt für islamische Frauen mit nichtislamischen Männern hingegen ist tabu. Der Nachwuchs könnte sonst im falschen Glauben aufwachsen oder, was der patriarchale Islam genauso ablehnt, sich an der Religion und Kultur der Mutter ausrichten.[1]

---

[1] Der Heiratsbestimmung, der zufolge zwar der moslemische Mann eine Nichtmuslimin ehelichen darf, umgekehrt die muslimische Frau aber nur einen Moslem, liegen zwei Regeln zugrunde: Regel eins besagt, das Kind eines Moslems müsse immer auch Moslem werden. Nach Regel zwei gehört jedes Kind dem Vater. Die Frau bleibt auf ihre Gebär- und Erziehungsfunktion beschränkt und ›schenkt‹ Mann ihr Kind.

Ist diese Bestimmung nicht ungerecht? Werden neben den moslemischen Frauen nicht auch andersgläubige Männer diskriminiert? Und verbirgt sich hinter einer solchen Norm nicht auch ein imperialistisches Element?

Unsere falschen Fremdenfreunde antworten dreimal mit einem entschiedenen ›Nein‹. Um Kritik an fremden Kulturen zu verhindern, legen sie ihren doppelten Gutmenschenmaßstab an. Denn wenn zwei das gleiche tun, ist es bekanntlich noch lange nicht das gleiche. Da der Islam anscheinend vom Aussterben bedroht ist, haben wir seine Gängelungen – die denen durch die mittelalterlichen Kirchen nicht unähnlich sind – selbstverständlich nicht zu hinterfragen, geschweige denn zu kritisieren.

Dürfen wir den Islam an dieser Stelle diskriminieren, um eine Diskriminierung durch den Islam zu umgehen? Oder sollte sich der Islam nicht besser einer Reformation unterziehen, die in der globalisierten Welt ein vernünftiges Zusammenleben von Menschen unterschiedlicher Kulturen ermöglicht? Der Autor dieser Zeilen plädiert für letzteres. In einer freien Gesellschaft des 21. Jahrhunderts sollten erwachsene Menschen eigenständig entscheiden, wen sie heiraten, wie sie heiraten und wie sie es mit der Religion für sich und ihre Kinder halten.

Wenn deutsche (Glaubens)Gemeinschaften heutzutage ähnlich wie der Islam über ihre Mitglieder verfügen würden, wäre hierzulande der Gutmenschenteufel los, was nachvollziehbar wäre. In einer freiheitlichen Gesellschaft lassen sich solche Bevormundungen nun einmal nicht begründen.

1.8. Benehmen sich islamische Männer wie wilde Tiere?

Multikulturelle Gutmenschen verteidigen die Verhüllung moslemischer Frauen mit dem Argument, daß diese Frauen dadurch geschützt[1] seien und am öffentlichen Leben teilnehmen könnten. Und

---

[1] Innerhalb frauenfeindlicher orientalischer Gesellschaften bietet die Verhüllung der Frau tatsächlich Schutz. In dieser Darstellung geht es jedoch nicht darum, wie Frauen dort zu schützen sind, sondern wie das Eindringen orientalischer Frauenfeindlichkeit in westlich orientierte Länder verhindert oder rückgängig gemacht werden kann.

das sei gut so. Ihre Selbstzensur hindert die falschen Freunde der Fremden jedoch daran, weiterzudenken. Dabei sind einige kritische Überlegungen angebracht. Etwa die Frage, ob sich orientalische Männer aufdringlicher als westliche Männer verhalten, weshalb Frauen in orientalischen Milieus besonders geschützt werden müssen? Ist dieser Gedanke bereits rassistisch? Falls aber orientalische Männer auch nicht anders sind als westliche, warum können sich dann westliche Frauen relativ problemlos unverhüllt in der Öffentlichkeit zeigen? Weshalb stellen viele westliche Frauen sogar absichtlich ihre körperlichen Reize in der Öffentlichkeit dar?

Die Reflexion dieser Fragen zieht weitere Fragen nach sich. Fragen, die bereits grundlegende Einsichten enthalten: Ist die Verhüllung nicht auch ein Instrument von Männern, um orientalische Frauen vor der freien Verfügung über ihren Körper und vor eigenverantwortlicher Sexualität zu ›schützen‹, sprich sie daran zu hindern? Sollten nicht zumindest die orientalischen Frauen, die im Westen leben, frei von Männerzwängen selbst entscheiden dürfen, ob und wie sie sich verhüllen?

Aus einem der vorangegangenen Kapitel wissen wir: Das orientalische Verhüllungsgebot enthält die Annahme, Männer seien ohnmächtig den Reizen einer attraktiven Frau ausgeliefert. In der Begegnung mit ihr könne man(n) gar nicht anders als sexgierig reagieren, wenn sie ihre Reize offen darbiete. Schuld an sexuellen Übergriffen trage deshalb immer die Frau. Sie müsse dafür Sorge tragen, daß sich kein Mann durch sie sexuell herausgefordert fühlt und sich deshalb an ihr vergreift. Folgerichtig wird in der islamischen Welt bei sexuellen Übergriffen durch Männer grundsätzlich die Frau zur Schuldigen erklärt. Wer so denkt und handelt, degradiert Männer zu triebhaft-primitiven Wesen, die sich wie Tiere benehmen.

Im orientalischen Kulturraum ist die Verhüllung der Frauen historisch gewachsen. Daß viele Orientalen sie auch heute noch befürworten, ist deshalb verständlich. Befremdend wirkt jedoch die Reaktion falscher Fremdenfreunde, die die Verhüllung mit dem Schutz der Frauen rechtfertigen. Der Schriftsteller türkischer Abstammung Zafer SENOÇAK beschreibt mit deutlichen Worten, was es mit dem ›Schutz‹ der Frau durch Verhüllung auf sich hat: (*Die Welt*, 15. 9. 2001)

»Nicht zufällig richtet sich die Aggressivität der muslimischen Extremisten vor allem gegen Frauen. Die Befreiung der Frau aus den Fesseln der Tradition bringt das gesamte männlich dominierte System ins Wanken. Die Verhüllung, egal ob als Schutz oder Unterdrückung interpretiert, ist das Symbol der intakten Tradition, der funktionierenden Hierarchien, die Scheidelinie zur freien Welt. Der Islam in seiner heutigen Prägung fordert nicht nur Unterwerfung, er ist im Sinne des Wortes gleichbedeutend mit Unterwerfung. Eine mißinterpretierte, ihrem humanen Ansatz beraubte Religion, die niemandem mehr schadet als denen, die an sie glauben.«

In diesem Zusammenhang eine *multiple choice*-Frage. Ein Teil der multikulturellen Gutmenschen verteidigt das Wegsperren und Verhüllen orientalischer Frauen in Deutschland. Würde ein deutscher Mann das gleiche Recht im Umgang mit seiner deutschen Frau fordern, wäre der Teufel los. Nennt man diese Reaktionen

fremdenfreundlich
männerfreundlich
frauenfreundlich
deutschfeindlich
männerfeindlich
doppelzüngig
rassistisch
sexistisch
schizoid?
(Zutreffendes ankreuzen, mehrere Kreuze sind möglich.)

1.9. Einseitige Forderung nach Anpassung

Multikulti-Gutmenschen legen oftmals Wert darauf, daß sich westliche Frauen im Orient den kulturellen Vorstellungen des Gastlandes anzupassen hätten. Berechtigterweise würden Orientalen durch aufreizend gekleidete Frauen ›in ihren Gefühlen verletzt‹. Frauen sollten sich deshalb dort ›sittsam‹ kleiden. Seltsam nur, daß solch ›gute‹ Menschen dieses Argument nicht in unserer westlichen Kultur gelten lassen. Manch moderne, emanzipierte europäische Frau fühlt sich eben auch an ihrem Heimatort durch unangepaßtes Verhalten von Fremden in ›ihren Gefühlen verletzt‹ – so zum Beispiel, wenn sie sieht, wie traditionelle Orientalen im Gastland kulturfremd die Unterwürfigkeit ihres weiblichen Anhangs durch deren Verhüllung zur Schau stellen. Mit welcher Berechtigung wird hier schon wieder mit zweierlei Maß gemessen?

1.10. Entfaltungsverbot – nur für ›unsere‹ Kultur

Falsche Fremdenfreunde betonen oftmals, auch ihnen behage nicht, wie Frauen in islamischen Zuwanderermilieus behandelt werden. Die dort üblichen Behandlungen von Frauen seien jedoch in deren Kultur integriert. Aus Toleranz gegenüber fremden Kulturen müßten wir diese aus unserer Sicht frauendiskriminierenden Verhaltensweisen akzeptieren. Überhaupt müsse man alle Kulturen so akzeptieren, wie sie seien. Kulturen zu kritisieren sei ethnozentristisch, wenn nicht rassistisch. Gleichzeitig entspringt nach Ansicht vieler nicht-wertender ›Fremdenfreunde‹ die Fremdenfeindlichkeit in Deutschland ›aus der Mitte unserer Gesellschaft‹, wird also von ihnen als fester Bestandteil unserer Kultur betrachtet. Selbst wenn diese Sichtweise übertrieben ist, läßt sich nicht abstreiten, daß zur Tradition unseres westlichen Kulturkreises Rassismus und Feindlichkeit gegenüber Fremden gehören. Man denke nur an die ethnischen Säuberungen des amerikanischen Kontinents durch weiße Herrenmenschen oder die Versklavung der Schwarzen.

Gehört die Fremdenfeindlichkeit von Deutschen und Europäern zum Bestandteil unserer deutschen und europäischen Kultur, so besteht nach der Logik des Nicht-Wertens von Kulturen kein Grund, dagegen anzugehen. Wir Deutschen lebten dann unsere kultureigene Fremdenfeindlichkeit als Ausdruck unserer Kultur mit der gleichen Begründung aus wie Orientalen ihren kultureigenen Sexismus.

Seltsamerweise reagieren bei diesem Argument nicht werten wollende ›Fremdenfreunde‹ völlig unlogisch. Obwohl gerade sie unsere eigene Kultur als rassistisch ansehen, gilt das Bewertungsverbot nicht mehr. Im Gegensatz zum kultureigenen Sexismus von Orientalen werten sie den ›kultureigenen‹ Rassismus von Deutschen und lehnen diesen strikt ab.

Nüchtern betrachtet, nehmen Multikulti-Fanatiker ihre eigenen Argumente nicht ernst und vertreten eine positive Diskriminierung kulturfremder Zuwanderer. Damit hätten wir einen weiteren Blick auf den doppelten Maßstab unserer falschen Fremdenfreunde geworfen - ein Maßstab, der Frauenfeindlichkeit stützt und islamische Gruppierungen ermuntert, an einer der wertvollsten Errungenschaften unserer Gesellschaft zu sägen: der Freiheit und Selbstbestimmung von Frauen.

Um Sinnverdrehungen vorzubeugen: Selbstverständlich wertet und verabscheut der Schreiber dieser Zeilen Rassismus - aber eben auch Sexismus, selbst wenn dieser aus dem Orient kommt.

Bewertungsfrage: Eine deutsche Frau heiratet einen Kannibalen, der angeblich vor politischer Verfolgung nach Deutschland geflohen ist. Der Kannibale besteht auch in Deutschland auf seinen kulturell bedingten Speisegewohnheiten. Darf nach Ansicht nicht wertender ›Fremdenfreunde‹ die deutsche Frau sich den Speisegewohnheiten ihres Kannibalenmannes anschließen? Und die gemeinsamen Kinder?

2. Kapitel

Rassismusvorwürfe und andere linke Reaktionen: die Tabuisierungstaktik falscher Fremdenfreunde

Die multikulturelle Gutmenschenszene bedient sich verschiedener Taktikvarianten, um Kulturkritik an islamischen Zuwanderern in der Geschlechterfrage zu tabuisieren. Schlagwortartig lassen sich diese Taktiken folgendermaßen benennen:

1. Leugnung kultureller Unterschiede,
2. das ›Du darfst nicht bewerten‹-Gebot,
3. der Verweis auf europäische Finsternis,
4. das ›Hat mit dem Islam nichts zu tun‹-Stereotyp,
5. die ›Ist im Christentum genauso‹-Phrase,
6. die Verwendung von ›Rassismus‹ als Kampfbegriff,
7. das ›Fördert Fremdenfeindlichkeit‹-Argument,
8. die ›Man kann keine Aussage machen‹-Ansicht,
9. das ›Betrifft uns Deutsche nicht‹-Scheinargument.

Im ersten Teil dieses Kapitels werden wir die verschiedenen Taktikvarianten sowie denkbare Gegenargumente kennenlernen. Die schlagkräftigste Tabuisierungstaktik ist der Vorwurf des ›Rassismus‹. Deshalb wird dieser Variante ein eigener Abschnitt gewidmet, dem ein Fallbeispiel aus der sozialwissenschaftlichen Literatur zugrunde gelegt wird. Bei der Beschreibung der Taktik-Varianten werden auch persönliche Erfahrungen des Autors einfließen, der in dieser Hinsicht über einen reichhaltigen Vorrat an eigenen Erfahrungen verfügt.

2.1. Tabuisierungstaktiken und Gegenargumente

2.1.1. Leugnung kultureller Unterschiede

Die Szene: Besuch bei einer Street-Work-Einrichtung in Berlin im Rahmen einer Fortbildung. Eine Street-Workerin berichtet von ihren Arbeitsaufgaben, ihrer Klientel und ihren Erfahrungen in der Arbeit. Nach einiger Zeit kommt sie darauf zu sprechen, daß es die Berliner Street-Work unter anderem mit mehreren Cliquen orientalischer Jugendlicher zu tun hat. Sie berichtet, daß diese Cliquen fast ausschließlich aus männlichen Jugendlichen bestünden, die ein lebhaftes sexuelles Interesse an Mädchen bekundeten. Bemerkenswert finde sie, daß zwar so gut wie alle Jungen dieser Gruppe gern mit Mädchen sexuell verkehren wollten, daß sie jedoch durch die Bank davon sprächen, nur eine Jungfrau als Braut nehmen zu wollen. An dieser Stelle meldet sich der Verfasser dieser Zeilen zu Wort:

»Das heißt doch, wenn es euren orientalischen Jugendlichen gelingt, eine Freundin zu finden und Sex mit ihr zu haben, ist sie in deren Augen entehrt. Der gleiche Junge, der vorehelichen Sex für sich als selbstverständlich ansieht, betrachtet seine Freundin – die mit ihm Sex hatte – in seinem Jungfräulichkeitswahn dann als Schlampe oder Hure, obwohl er für den Verlust ihrer Keuschheit oder Jungfräulichkeit mitverantwortlich ist. Mädchen, die sich mit solchen Typen einlassen, tun sich da nichts Gutes.«

Gespannt hört die Street-Workerin zu und antwortet dann:

»Das ist ja interessant, was du sagst, von dieser Perspektive habe ich das noch nicht betrachtet.«

Bevor ich einwerfen kann, daß die orientalische Jungfräulichkeits-Anmaßung auch Konsequenzen für die sozialpädagogische Arbeit mit Mädchen haben sollte, meldet sich aus dem Kreis eine Vertreterin der Gutmenschen-Szene und sagt:

»Das ist nicht so, wie du behauptest! Die Einstellung, nur eine Jungfrau heiraten zu wollen, schwankt bei orientalischen Jugendlichen – genauso wie bei deutschen Jugendlichen.«

Die Street-Workerin gibt keinen weiteren Kommentar zu diesem Thema ab, die Gruppe – einschließlich des Schreibers dieser Zeilen – schweigt. Ich will die Harmonie unserer Gruppe nicht stören und vor allem nicht das Ausmaß meiner islamkritischen Gesinnung preisgeben. Einmal zum Fremdenfeind abgestempelt, müßte ich damit rechnen, daß mir einschlägige Informationen zukünftig vorenthalten würden.

Das systematische Abstreiten der Tatsache, daß der Sexismus aus dem Orient in der Praxis weitaus stärker ausgeprägt ist als westlicher Sexismus, gehört zum Standardrepertoire linksalterna(t)iver Gutmenschen. Dabei könnten sich diese ›Ausländerfreunde‹ bei den Betroffenen problemlos selbst informieren – zum Beispiel bei jener 16jährigen Türkin, die in der *Shell-Studie 2000* anonym, aber mit den recht freimütigen Worten zitiert wird:

»Bei den Deutschen ist alles viel lockerer. Da wird nicht hinterher gelästert, oh, die hat mit dem und dem rumgemacht. Aber bei uns Türken, das ist der Weltuntergang. Du kannst dich erschießen, du kannst dich umbringen, wenn über dich gesagt wird, daß du mit vielen Jungens rumgemacht hast. Ich finde, die sollten mal logischer nachdenken.« (*Shell-Studie 2000*, Bd. 2, S. 15)

Das folgende Beispiel aus der Fachliteratur zeigt, daß geistig als zurechnungsfähig geltende Menschen selbst den extremen Sexismus islamischer Gesellschaften mit der täglichen Wirklichkeit in unseren Breiten gleichsetzen, wenn es darum geht, unangenehme Tatsachen aus der Wahrnehmung auszublenden. Im *Handbuch zur interkulturellen Arbeit*[1] kommen verschiedene, erkennbar multikulturell angehauchte Autoren und Autorinnen zu Wort. Ein Kapitel trägt den Titel: »Frauen auf der Flucht – Frauenspezifische Verfolgung und ihre rechtliche soziale Situation in der BRD«. Carmen GIESIN und Eva HAUSLADEN referieren dort zunächst ohne Scheuklappen über frauenspezifische Verfolgung in kulturfremden Regionen. Zum Beispiel sei aus arabischen Ländern bekannt, daß Frauen und Mädchen von männlichen Familienangehörigen verfolgt würden, weil sie die Familienehre verletzt hätten, »dadurch daß sie:

- gegen die rigide Geschlechtertrennung verstoßen haben,
- ein uneheliches Kind geboren haben,
- in der Hochzeitsnacht nicht die Blutflecken als Beweis ihrer Jungfräulichkeit erbrachten,
- nicht heiraten wollen oder lesbisch sind,
- Ehebruch begangen haben,
- Opfer einer Vergewaltigung geworden sind«. (*Handbuch 1993*, S. 230 f.)

Das folgende Zitat schließt nahtlos an die zitierte Aufzählung der Verfolgungsgründe in arabischen Ländern an:

»Ein Übertreten der Normen, denen Frauen durch Männer unterworfen werden, wird mit verschiedenen Sanktionen und Strafen belegt, die von Beschimpfungen, Vergewaltigung, Gefängnis bis zur Todesstrafe reichen. Spezifisch für die Verfolgung von Frauen ist neben dem Motiv die Methode, mit der sie verfolgt werden – es handelt sich in erster Linie um sexuelle Gewalt, also Vergewaltigung,

---

[1] Hg. von Mehdi Jafari GORZINI u. Heinz MÜLLER, Wiesbaden 1993.

Bedrohung, sexuelle Übergriffe, Beschimpfungen als Hure etc. Dieser Angriff gegen Frauen als Geschlecht zielt einzig auf ihre weibliche Identität und darauf, die patriarchalische Gesellschaft, die Macht von Männern über Frauen unbedingt zu erhalten.« (ebenda, S. 231)

Die Freude über so kulturkritische Ausführungen in einem Multikulti-Buch hält nicht lange vor: Auf Seite 233 kommt der obligatorische Hinweis, daß der geschilderte kriminelle Männlichkeitswahn weder mit fremden Kulturen noch überhaupt mit Kultur zu tun habe:

»Frauenspezifische Verfolgung ist nicht kultur- oder systemgebunden, noch von der Religionszugehörigkeit abhängig. Sie kommt in christlichen Ländern (wie auch in der BRD, anderen europäischen Staaten und Lateinamerika), in hinduistischen Ländern (Sri Lanka/Ceylon) und in buddhistischen Ländern (Thailand, Vietnam) genauso vor wie in islamischen Ländern.«

Mit diesem Hinweis haben wir unstreitig etwas fundamental Neues erfahren. . . In der Bundesrepublik Deutschland werden genauso (!) wie in arabischen Ländern Frauen sexuell verfolgt. »Genauso« soll beispielsweise heißen: Auch in unserem Land werden Frauen bedroht, beschimpft und mit Gefängnis bis zur Todesstrafe bestraft, weil sie lesbisch sind, vergewaltigt wurden oder ein uneheliches Kind geboren haben – oder weil sie in der Hochzeitsnacht nicht die Blutflecken als Beweis ihrer Jungfräulichkeit erbrachten.

Man fragt sich, woher die Autorinnen ihre Einsicht haben mögen. Eine Wahrnehmungsstörung? Ein gutmenschenartiger Tumor im Zentralnervensystem? Oder sprechen die ›guten Frauen‹ indirekt islamische Zuwanderer in Deutschland an und behaupten durch die Blume, diese hätten derart frauenfeindliche Sitten in unseren Breiten installiert? Die letztere Vermutung scheidet freilich aus. Mit ihrer Behauptung beziehen sich die Autorinnen auch auf deutsche Lebensgewohnheiten, Sitten und Gebräuche. Dies belegt der zusätzliche Hinweis, die genannten frauenspezifischen Verfolgungen seien nicht kulturgebunden.

Wer meint, hinter der Verbreitung von Un-Sinnigkeiten wie der zitierten verberge sich eine kleine schizoide Minderheit, die niemand ernst nimmt, täuscht sich. Im Impressum des angeführten Handbuchs sind angeführt: der World University Service, die Gewerkschaft Erziehung und Wissenschaft und das Institut für Sozialforschung Mainz e.V. Finanzielle und ideelle Unterstützung haben zudem eine Reihe staatlicher und halbstaatlicher Institutionen beigesteuert, wie die Hans-Böckler-Stiftung, das Studentenwerk Mainz, das Ministerium für Jugend, Familie und Gesundheit Hessen, um nur die wenigsten zu nennen. Mit Blick auf diese honorige Sponsorenliste ist die Frage nicht ganz abwegig, ob halb Deutschland bereits debil geworden ist.

2.1.2. Das ›Du darfst nicht bewerten‹-Gebot

Selbst hartgesottenste Gutmenschen können sich der Wirklichkeit bisweilen nicht vollständig entziehen und müssen kulturelle Unterschiede im Geschlechterverhältnis eingestehen. Um ihre zwanghafte Fremdenfreundlichkeit aufrechtzuerhalten, setzen sie mit moralisch erhobenem Zeigefinger kurzerhand ein Bewertungsverbot: Man müsse fremde Kulturen verstehen und akzeptieren, wie sie sind, lautet die Begründung. Zum Beispiel könne man das Geschlechterverhältnis von Orientalen nicht mit unseren Maßstäben messen. Frauen traditionell orientalischer Familien seien auf eine andere Art und Weise ähnlich (mangelhaft) gleichberechtigt wie bei uns im Westen. Deshalb dürfe man hier auch nicht werten oder sich für ›besser‹, ›fortschrittlicher‹ und ›entwickelter‹ halten.

Auch diese Tabuisierungstaktik läßt sich gut mit einem persönlichen Erlebnis des Autors veranschaulichen. Aufgrund seiner Absurdität wohnt ihm auch ein gewisser Unterhaltungswert inne.

Einladung bei einer befreundeten Sozialpädagogin. Anwesend sind etwa fünfzehn Personen, darunter etwa zehn Sozialpädagogen,[1] die meisten davon weiblich. Fast alle Gäste kenne ich nur flüchtig oder überhaupt nicht. Die ersten beiden Stunden nimmt das Fest einen friedlichen Verlauf. Gegen 22.30 Uhr schlägt die Stimmung dann plötzlich um. Einer der Anwesenden gibt einen Kommentar ab. Eine Zeitung in der Hand, meint er entrüstet: »Die CSU hetzt schon wieder gegen Ausländer und die multikulturelle Gesellschaft. Das ist eine Sauerei, wie die das machen!«

Ich beschließe, meine anderslautende Meinung einzubringen, und werfe ein: »Gegen Ausländer zu hetzen, finde ich nicht gut, deswe-

---

[1] Nicht alle Sozialpädagogen bejubeln das frauenverachtende Treiben in orientalischen Milieus wie in der folgenden Begebenheit. Nahe dran an der Klientel, gelingt es zumindest einem Teil, sich von Denkverboten und (Selbst)zensur zu befreien.

gen bin ich aber trotzdem gegen die multikulturelle Gesellschaft.« (Anmerkung: Die CSU-Aussagen beinhalteten objektiv gesehen keinerlei Ausländer-Hetze.)

Für wenige Sekunden tritt die berühmte Situation ein, in der man eine Stecknadel fallen hören kann. In einigen Gesichtern macht sich Entsetzen bereit. Es ist förmlich zu spüren, was der harte Kern dieser Leute denkt: Einer ihrer Berufskollegen ist ein hartgesottener Ausländerfeind, vertritt ›faschistisches‹ Gedankengut und Ähnliches. Es hilft nichts, daß ich meine Position argumentativ zu begründen versuche, indem ich sage:

»Ich bin gegen die multikulturelle Gesellschaft, weil ich der Ansicht bin, daß bestimmte Kulturen Ungleichheiten beinhalten, die einer humanen Gesellschaft widersprechen. Ich finde es zumindest nicht lustig, in welcher Rolle viele islamische Migranten-Frauen bei uns in Deutschland stecken. Im Grundgesetz steht, daß Männer und Frauen gleichberechtigt sind. Das ist mir wichtiger als die Rücksichtnahme auf frauenfeindliche Eigenarten fremder Kulturen.«

Kaum ist der Satz ausgesprochen, ist der Tumult da. Dabei tun sich zwei Sozialpädagoginnen besonders hervor, von denen laut Gastgeberin bekannt ist, daß sie in einem lesbischen Verhältnis zueinander stehen. Ich müsse doch akzeptieren, daß die Frauen auf ihre – islamische bzw. orientalische – Weise gleichberechtigt seien, lautet der Tenor. Zwar sei im Orient vieles anders, aber deswegen seien die Frauen dort nicht weniger benachteiligt als im Westen. Der Mann sei für die Versorgung, den Schutz und die Außenvertretung zuständig, die Frau für Haushalt und Familie. Der Mann habe außer Haus das Sagen, die Frau innerhalb der Familie eine zentrale Machtposition, die Situation sei mithin ausgeglichen.

»Ach so«, gebe ich zurück, »das nennt ihr Gleichberechtigung. Wißt ihr eigentlich, daß die Frau in ihrer Familie nur dann eine geachtete Stellung einnehmen kann, wenn sie möglichst viele Kinder, speziell Söhne gebiert und erzieht? Wenn das Gleichberechtigung ist, weiß ich nicht, warum sich die feministische Bewegung in unserem Land fast bis zum Umfallen gegen eine gemäßigtere Rollentrennung zur Wehr gesetzt hat. Übrigens werden ja nicht nur kinderlose, sondern auch unverheiratete und vor allem geschiedene Frauen von ihrer Mitwelt verachtet. Und eine uneheliche Schwangerschaft kann den unnatürlichen Tod durch männliche Angehörige bedeuten.«

Die anwesenden Multikulti-Fans zeigen sich unbeeindruckt: Mit nebulösen Phrasen wird der Wahrheitsgehalt meiner Feststellung bestritten, vor allem von den beiden Lesben. Da ich nur unter der Hand von der Homosexualität der beiden Damen erfahren habe, verkneife ich mir aufklärende Bemerkungen zur Situation lesbischer Frauen in islamischen Ländern.[1] Statt dessen führe ich an: »Ich weiß nicht, ob ihr das wißt, aber im islamischen Kulturraum gehören die Kinder grundsätzlich dem Mann. Die Frau kann sich zwar von ihm trennen, hat aber keinen Anspruch auf ihre Kinder. Selbst wenn sie aus Erziehungsgründen bei der Mutter bleiben, ist der Vater der Vormund. Unterhaltszahlungen gibt es auch nicht. Zehntausende getrennter Väter würden bei uns in Jubelschreie ausbrechen, wenn sie auf die gleiche Regelung zurückgreifen könnten. Da dies nach eurer Ansicht Gleichberechtigung ist, könnte man doch auch deutschen Männern ein solches Vorrecht auf ihre Kinder zugestehen.«

Meinen ironisch gemeinten Vorschlag finden die anwesenden frauen- und fremden›freundlichen‹ Damen gar nicht lustig. Die nun folgende Diskussion wird weitgehend nur noch von mir und einer der beiden Lesben fortgesetzt. Hartnäckig und zunehmend aggressiv argumentieren wir noch eine Zeitlang aneinander vorbei. Am Ende der Diskussion ist die Stimmung dahin. Ich nehme mir vor - aus Rücksichtnahme auf die Gastgeberin –, mich beim nächsten Geburtstagsfest lieber auf keine Multikulti-Diskussion mehr einzulassen.

Zu Hause angekommen, fällt mir noch ein, daß ich ein wichtiges Argument glatt vergessen habe: Islamischen Vorschriften zufolge darf sich die verheiratete Frau ihrem Mann sexuell nicht verweigern. Wenn er will, muß sie im Normalfall die Beine breit machen. Zu gern hätte ich die Multikulti-Feministinnen gefragt, ob sie mit immergeilen deutschen Ehemännern für diese Art von Gleichstellung auf die Straße gehen würden...

---

[1] »Das islamische Recht verhält sich zur Homosexualität traditionell ablehnend, ungefähr so harsch wie auch zu Ehebruch, Unzucht und Prostitution. Sie [die Homosexuellen] sollen nach den Bestimmungen des etwa tausend Jahre alten islamischen Strafrechts, aber auch nach dem Koran selbst, streng bestraft werden... Die Homosexualität wird von manchen Rechtsgelehrten wie Unzucht eingestuft und entsprechend geahndet, nach anderen sogar wie Ehebruch, so daß im schlimmsten Fall die Todesstrafe verhängt werden kann.« (*Frankfurter Allgemeine Zeitung,* 28. 6. 2001)

2.1.3. Der Verweis auf europäische Finsternis

Gemäßigte Multikulti-Fans, die an fremden Kulturen durchaus manches kritisch sehen, versuchen Kulturkritik in der Geschlechterfrage durch Verweise auf Epochen der Finsternis in Europa zu entkräften: Auch in der europäischen Vergangenheit seien Frauen unterdrückt worden und hätten sehr gelitten. Deshalb sollten wir lieber vor unserer eigenen Haustüre kehren und vormoderne Zuwanderer sowie fremde Kulturen so nehmen, wie sie nun einmal seien.

Dieses Argument ist auf Treibsand gebaut und erweist dem Islam keine Ehre. Die angesprochene europäische Vergangenheit brachte auch Menschen und Strömungen hervor, die die zeittypische Unwissenheit, Unterdrückung und Gewalt kritisierten und für die Befreiung der Menschen aus ihrer Unmündigkeit kämpften. Nur dadurch, daß kritische Menschen gegen die bestehenden Herrschaftsverhältnisse angingen, kamen die Frauen in Europa zu ihren Rechten. Mit dieser historischen Erfahrung im Rücken sollten gute Menschen heute diejenigen Kräfte in islamischen Migrantenmilieus stützen, die sich auch dort für die Gleichheit der Geschlechter und die Akzeptanz unserer Grundwerte einsetzen. Leider passiert das Gegenteil: Fremdenfreunde, die sich zudem noch frauenbewegt geben, machen sich stark für das frauenverachtende Treiben unter moslemischen Migranten.

Das Eingeständnis, die islamische Welt behandle Frauen heute so schlimm (in Wirklichkeit noch schlimmer) wie die Europäer in früheren Jahrhunderten, unterstellt und belegt außerdem die Zurückgebliebenheit des Islams und islamisch geprägter Kulturen. Gerade auch deshalb muß diese Rückständigkeit als besonders schlimm angesehen werden, weil sich die Idee der Freiheit und Gleichheit dem islamischen Kulturkreis mittlerweile schon recht lange als Alternative anbietet.

2.1.4. Das ›Hat mit dem Islam nichts zu tun‹-Stereotyp

Wenn sich die orientalische Unterordnung der Frau unter den Mann offensichtlich zeigt, kommt von seiten der ›Guten‹ bisweilen das Argument: »Das hat aber mit dem Islam nichts zu tun! Da stecken andere Interessen dahinter, im Koran ist die Frau gleichgestellt!«

Ganz allgemein kursiert unter Multikulti-Fans die Behauptung, einige Sprüche des Korans privilegierten den Mann, andere die Frau, deshalb seien im Islam beide Geschlechter letztlich gleichgestellt. Tatsächlich finden sich Suren, die Partei für die Frau ergreifen. Allerdings ist dazu anzumerken, daß diese vermeintlich ›frauenfreundlichen‹ Suren allenfalls einer guten Behandlung der Frau im patriarchalen System das Wort reden. Kein einziger Spruch im Koran privilegiert Frauen in ähnlicher Weise wie Männer oder ordnet überhaupt Männer den Frauen unter. Daß hingegen Koranverse existieren, die Frauen unterhalb von Männern ansiedeln, ist nun einmal Tatsache und läßt sich auch nicht einfach unter den Teppich kehren.

2.1.5. Die ›Ist im Christentum genauso‹-Phrase

Multikulti-Gutmenschen, die den islamischen Geschlechterrollen kritisch gegenüberstehen, betonen stereotyp, im Christentum seien die Bestimmungen für die Frau auch nicht anders als im Islam. In der Bibel würde die Frau ebenso diskriminiert wie im Koran, man denke nur an den Spruch »Die Frau sei dem Manne untertan« und erst recht an ›die frauenfeindliche katholische Kirche‹. Aus diesen Gründen hätten wir schlechterdings kein Recht, andere Religionen oder deren Anhänger zu kritisieren.

Diese Ansicht scheint zunächst plausibel. Bei näherem Hinsehen zeigen sich jedoch Risse in der Argumentation:

- Im Unterschied zu MOHAMMED und dem Koran sind von JESUS keine Aussagen überliefert, die Männer über Frauen stellen. Auch behandelte JESUS Frauen als gleichberechtigte Menschen.

- Frauen diskriminierende Sprüche der Bibel sind zwar im alten Testament enthalten und im Neuen Testament von PAULUS überliefert. Entscheidend ist aber: Für Christen hat an erster Stelle die Botschaft CHRISTI Bedeutung; ihm sollen sie nachfolgen, nicht PAULUS oder dem alten jüdischen Gesetz. Frauenfeindliches Verhalten im Christentum war deshalb nicht christlich begründet, sondern alttestamentarisch oder paulinisch und speiste sich aus kirchlich-patriarchalen Interessen.

- Die christliche Theologie relativiert heute die in Teilen der Bibel geforderte Unterordnung der Frau unter den Mann und erklärt diese Unterordnung aus der damaligen Zeit und den zeitgenössischen Rahmenbedingungen heraus. Zumindest in Europa predigen nur noch christliche Randgruppen die Untertänigkeit der Frau unter den

Mann. Selbst die katholische Kirche erkennt die gesellschaftliche Gleichstellung der Frau an. Daß sie innerhalb ihrer eigenen Institution Frauen diskriminiert, mag man zu Recht kritisieren. Noch schlechter für die Frauen wäre es jedoch, wenn die katholische Kirche auch deren gesellschaftliche Unterordnung einfordern würde. Wie wir bereits aufzeigen konnten, erhebt der (aktuelle) Islam im Gegensatz zu den heutigen Kirchen den Anspruch, die Geschlechterbeziehungen nicht nur innerhalb des religiösen Bereichs zu regeln, sondern auch in privater und gesellschaftlicher Hinsicht. Selbst wenn das Christentum Frauen tatsächlich in ähnlich diskriminierender Weise behandeln würde wie der Islam, ließe sich die argumentative Position einnehmen, beide Religionen gleichermaßen zu kritisieren und von beiden die Gleichheit für Frau und Mann einzufordern.

2.1.6. ›Rassismus‹ als Kampfbegriff

Wie falsche Fremdenfreunde ›Rassismus‹ als Kampfbegriff für ihre Zwangsvorstellungen mißbrauchen, zeigt sich am Beispiel der feministisch ausgerichteten Zeitschrift *Emma*. Sogenannte ›linke Feministinnen‹ verliehen *Emma* das fragwürdige Prädikat ›rassistisch‹. (Vgl. *Emma*, Nov./Dez. 2001) Was hatte das feministische Kampfblatt geschrieben, was die Kritikerinnen so erzürnte?

In einem Beitrag war die These geäußert worden, daß seit dem Zusammenbruch des Kommunismus Anti-Rassismus und Anti-Faschismus bei deutschen Linken die Parolen des Klassenkampfes ersetzt hätten, während die Männer tabu blieben, einschießlich dunkelhäutiger Immigranten. *Emma* beschrieb und kritisierte die erkennbare Tabuisierung von Kritik an Zuwanderern mit folgenden Worten:

»Wehe eine ›weiße Mittäterin‹ wagt es, sich ›eurozentristisch‹ über Belästigungen durch einen dunkelhäutigen ›Immigranten‹ zu beklagen. . . Das ist Rassismus! Das meinen, versteht sich, weniger die Ausländer selbst (denn die wissen ja nur zu genau, daß sie Täter und Opfer zugleich sein können). Es behaupten vor allem diejenigen, die – mal wieder – stellvertretend für sie Politik machen: meist weiße AkademikerInnen.« (*Emma*, November/Dezember 2001)

Als ›Rassist‹ zu gelten bedeutet heute das gesellschaftliche Aus. Kein Wunder, daß falsche Fremdenfreunde Rassismusvorwürfe als moralisches Totschlagargument mißbrauchen, um jedwede Kritik an

Migranten oder fremden Kulturen zu verhindern. Dadurch fügen skrupellose linke Moralisten auch der Gleichberechtigung von Frauen schweren Schaden zu.

Die Taktik falscher Fremdenfreunde, Kritik an orientalischem Sexismus mit ›Rassismus‹ gleichzusetzen, stellt letztendlich eine Perversion dar, verharmlost den realen Rassismus und beleidigt seine Opfer.

2.1.7. Das ›Fördert Fremdenfeindlichkeit‹-Argument

Der folgenden Tabuisierungstaktik liegt ein ernst zu nehmendes Argument zugrunde. Es besagt, daß Kulturkritik an islamischen Zuwanderern Vorurteile in der Bevölkerung gegenüber Migranten fördern, Aversionen schüren und von ›Rechtsradikalen‹ zur Agitation mißbraucht werden könnte.

Doch eine Tabuisierung von Kritik an Mißständen schafft diese nicht aus der Welt. Orientalischer Sexismus könnte sich unbehelligt weiter in unserem Land ausbreiten, und das mit zunehmender Brisanz. Nach und nach träten Konflikte immer offener zu Tage und würden auch für Einheimische immer mehr zur Belastung. Die Tabuisierung würde einen Problemstau fördern und Aversionen gegen orientalische Migranten erst recht anheizen. Vermeintliche oder tatsächliche ›rechtsradikale‹ Agitation fiele dann erst recht auf fruchtbaren Boden.

Es ist nie verkehrt, Probleme möglichst frühzeitig anzugehen und auf eine Lösung hinzuarbeiten, solange die Probleme noch klein sind. Als unbedeutend lassen sich die mit dem islamisch-orientalischen Sexismus einhergehenden Probleme in unseren Breiten zwar schon heute nicht mehr abtun, andererseits sind wir noch weit davon entfernt, daß eine offene Diskussion darüber einen gesellschaftlichen Dammbruch auslösen würde.

Wenn wir uns in der Bundesrepublik zumuten, aus Angst vor dem Vorwurf der ›Fremdenfeindlichkeit‹ berechtigte Kritik an Zuwanderern lieber nicht zu artikulieren, muß sich geradezu zwangsläufig der Eindruck einstellen, Fremde hätten Sonderrechte. Aus der Sozialforschung wissen wir, daß das Gefühl, gegenüber Fremden benachteiligt zu sein, den besten Nährboden für tatsächliche Fremdenfeindlichkeit abgibt – noch dazu, wenn sich die Wahrnehmung als zutreffend herausstellt. So provoziert das Unterlassen berechtigter

Kritik an Zuwanderern gerade das, was es vermeiden will: Fremdenfeindlichkeit.

Noch etwas: Wer die Meinung vertritt, ›die‹ Deutschen seien derart fremdenfeindlich, daß offene Kritik an Zuwanderern zu Ausschreitungen führen könnte und deshalb nicht zu verantworten sei, der müßte konsequenterweise jeder weiteren Zuwanderung eine klare Absage erteilen – schon aus Sorge um die Sicherheit der Zuwanderer. Seltsamerweise jedoch geben sich gerade diejenigen noch immer irrwitzigen Zuwanderungsphantasien (aus dem islamischen Kulturraum!) hin, die Rassismus und Fremdenfeindlichkeit bei jeder sich bietenden Gelegenheit in der ›Mitte der Gesellschaft‹ angesiedelt sehen.

Übrigens: Wer keine Vorurteile schüren möchte, müßte konsequenterweise sich auch dafür aussprechen, auf die öffentliche Darstellung von Fakten zu verzichten, die Deutsche negativ darstellen: Zum Beispiel könnten durch Berichte über rechtsradikale, ausländerfeindliche Umtriebe von Deutschen weltweit Vorurteile gegen unser Land geschürt und verstärkt werden.

2.1.8. Die ›Man kann keine Aussage machen‹-Ansicht

Die Taktik der Aussage-Verweigerung läuft darauf hinaus, daß man in der Geschlechterfrage keine Aussagen über (orientalische) Migranten treffen zu können vorgibt, da diese unterschiedliche Einstellungen und Verhaltensweisen zeigten. Aber diese Haltung ist irrig. Wir konnten oben bereits feststellen, daß eine Einteilung in Typen sowie das Feststellen von Wahrscheinlichkeiten zu ziemlich genauen und sinnvollen Aussagen führen kann – selbst bei heterogenen Gruppierungen wie türkischen Migranten.

2.1.9. Das ›Betrifft uns Deutsche nicht‹-Scheinargument

Manche Gutmenschen tabuisieren Kritik an den Geschlechterverhältnissen unter islamischen Zuwanderern mit dem Argument, dies betreffe ›uns‹ als Deutsche nicht. Deswegen sollten wir uns auch nicht einmischen, sondern uns aus allem heraushalten.

Dieses Argument ist nicht nur zynisch. Logisch weitergedacht, müßten wir dann nämlich alle Menschenrechtsverletzungen in unserem Land dulden, soweit sie sich innerhalb der Migrantenbevölkerung vollziehen – zum Beispiel auch Sklavenhaltung im Haushaltsbereich, wie sie im arabischen Sudan auftritt. Davon abgesehen, ist die Ansicht, wir Deutschen wären von alledem nicht betroffen, auch noch falsch. Deutsche beiderlei Geschlechts werden sehr wohl von den Auswirkungen einschlägiger orientalischer Geschlechternormen berührt - spätestens dann, wenn sie sich auf sexuelle Kontakte mit traditionellen Orientalen einlassen. Daß orientalische Migranten in Deutschland alteingesessene Einheimische zwingen, sich mit deren fremden Geschlechternormen auseinanderzusetzen, kann übrigens auch als Einmischung betrachtet werden - als Einmischung in unsere eigenen deutschen Angelegenheiten.

An dieser Stelle ist es Zeit für ein kleines Plädoyer. Rassismus und Sexismus gelten für aufgeklärte Menschen zu Recht als Grundübel (nicht nur) unserer Zeit. Der Autor dieser Zeilen spricht sich eindringlich dafür aus, diese Ansicht auch dann beizubehalten, wenn extremer Sexismus aus der Mitte islamisch geprägter Kulturen kommt und Zuwanderer aus dem Orient diesen Bazillus in den Westen (wieder) einschleppen. Auch Fremde sollten - ob selbst diskriminiert oder nicht - keinen Freifahrschein zur Unterdrückung anderer Menschen erhalten.

Im linksalterna(t)iven Milieu ist es leider üblich, die eigene Wahrnehmung einzuschränken, die Gedanken zu zensieren und Werte über Bord zu werfen, wenn orientalischer Sexismus auf der Tagesordnung steht. Die Folge sind Vor- und Fehlurteile über die Kritiker orientalischer Geschlechterverhältnisse, denen keine Erfahrung widersprechen kann. Solche Vorurteile sind im übrigen bestens bekannt aus der Rechtsextremismusforschung. Der psychologische Fachbegriff hierzu lautet ›Blik‹.

Wir wollen uns diesem Phänomen noch kurz eingehender zuwenden, und zwar mit einem Experiment, das sich fast beliebig nachstellen läßt. Die diesem Experiment zugrunde liegende Geschichte[1] hat sich tatsächlich so zugetragen; die Anleitung zum Experiment spiegelt persönliche Erfahrungen des Autors wider.

Wie läßt sich schnell austesten, wie es sich anfühlt, unbeliebt zu sein? Wie läßt sich ganz einfach an leibhaftigen trojanischen Eseln beobachten, wie innere Spannungen entstehen, verarbeitet werden

---

[1] Persönliche Daten wurden so verändert, daß eine Identifizierung der Beteiligten unmöglich ist.

und sich schließlich auf Kosten des Gesprächspartners Luft machen? Wie läßt sich ganz schnell beobachten, wie gute Menschen richtig böse werden, wenn man es wagt, sich kritisch über Migranten zu äußern? Dann bietet sich das nachfolgend geschilderte Experiment an. Aber Vorsicht, die Folgen sind möglicherweise unkalkulierbar. Man muß damit rechnen, aus dem Bekanntenkreis der eingesetzten Probanden entfernt zu werden.

Zur Durchführung des Experiments wird mindestens ein landläufiger Gutmensch benötigt, der sowohl frauenbewegt als auch kulturrelativistisch veranlagt ist. Eine größere Wirkung läßt sich allerdings erzielen, wenn man sich gleich mehrere Exemplare der genannten Spezies beschaffen kann. Zu Beginn des Experiments lasse man sich bestätigen, wie wichtig es ist, daß alle Zuwanderer in Deutschland ihre Kultur so leben dürften, wie sie es aus ihrer Herkunftsgesellschaft gewohnt sind. Dann empfiehlt es sich, die folgende Geschichte zu erzählen, mit dem Hinweis, daß diese sich wirklich so zugetragen hat. Die Informationen stammten aus erster Hand und seien verbürgt. Man wird erstaunt sein, welche Reaktionen sich bei den Probanden einstellen:

In einem kommunalen Jugendhaus begegneten einander Lisa und Achmed – zwei junge Menschen aus unterschiedlichen Kulturen. Lisa, die sechzehnjährige Deutsche, vorurteilsfrei und anderen Kulturen gegenüber aufgeschlossen, verliebt sich rasch in den Orientalen Achmed. Dieser gibt sich Lisa gegenüber nicht nur sehr aufmerksam und von ihrem attraktivem Äußeren beeindruckt, sondern legt zudem ein ausgesprochen männlich-selbstbewußtes Verhalten an den Tag. Auch Achmed findet sofort Gefallen an Lisa, der hübschen jungen Frau. Hinzu kommt, daß für Achmed kaum die Möglichkeit besteht, mit Mädchen seiner Nationalität und Religionszugehörigkeit ein freundschaftliches Verhältnis anzuknüpfen. So gehen die beiden eine richtige Beziehung ein.

Von Anfang an möchte Achmed mit Lisa möglichst oft zusammen sein und würde sie am liebsten von Kontakten mit anderen Jungen fernhalten. In seiner Herkunftskultur des ländlichen Orients gibt es zwar keine Freundschaften wie zwischen ihm und Lisa, dafür aber strenge Geschlechterregeln. Männer haben ›ihre‹ Frauen zu kontrollieren und ihnen den Umgang mit anderen Männern zu verbieten, wenn es sein muß, auch mit Gewalt. Wer diese Regel nicht durchsetzt, verliert seine Ehre, wird von der dortigen Männerwelt verachtet und aus dieser ausgeschlossen. Nicht viel anders verhält es sich im orientalischen Umfeld in ACHMEDS deutscher Neuheimat.

LISA ist ein modernes Mädchen, das viele Freunde hat und bei gleichaltrigen Jungen recht beliebt ist. Trotz der Freundschaft zu ACHMED findet sie nichts dabei, weiterhin mit ihrer Clique Spaß zu haben und auch mal mit den Jungen zu schäkern. Bei der deutschen Clique ist ein bißchen Herumflirten gang und gäbe – einerlei, ob mit oder ohne festen Freund. Probleme hat es damit noch nie gegeben.

ACHMED hat LISA schon ein paarmal deutlich gesagt, wie sehr es ihn störe, wenn sie ihre ausgelassenen Kontakte zu anderen Jungen pflege. Dies mache ihn rasend eifersüchtig, außerdem verliere er das Gesicht bei seiner orientalischen Clique. LISA beteuert daraufhin jedes Mal, daß sich ACHMED keine Sorgen machen müsse, sie sei treu, und die Kontakte mit den Jungen aus ihrer Clique seien rein kumpelhaft. Letztlich argumentieren aber beide aneinander vorbei, da sich beide nicht in die Regeln und Gefühle des anderen hineinversetzen können.

Als LISA eines Tages einen Freund aus ihrer Clique vor den Augen ACHMEDS in den Arm nimmt, rastet dieser aus und schlägt LISA zusammen. LISA muß sich ärztlich behandeln lassen und zeigt ACHMED an.[1]

An dieser Stelle sollte man beim Erzählen der Geschichte eine kleine Pause machen und die versammelten Gutmenschen fragen, ob es statthaft sei, wenn ACHMED im Umgang mit LISA dem in seiner Heimat üblichen Verhalten Frauen gegenüber verhaftet bleibe. Fragen Sie konkret, ob sich LISA ACHMEDS Wunsch hätte fügen, die Kontakte zu ihren Freunden aus der Clique abbrechen und ihrem ›Herrn‹ folgen sollen. Fragen Sie insbesondere auch, ob ACHMED LISA hätte zusammenschlagen dürfen, als sie sich ihm gegenüber als unfolgsam erwiesen habe. Es sei unter diesen Umständen in ACHMEDS Kulturkreis nun einmal so üblich.

Normalerweise läßt sich gut beobachten, wie es jetzt in den Köpfen der anwesenden Gutmenschen zu arbeiten beginnt. Zwei unvereinbare Einstellungen prallen aufeinander, eine kognitive Spannung

---

[1] Die Geschichte soll nicht die falsche Behauptung transportieren, es komme in deutsch-orientalischen Jugendbeziehungen systematisch zu Gewalthandlungen an Mädchen. Mir geht es hier darum, die Naivität einer kulturellen Rundumakzeptanz von Migranten durch falsche Fremdenfreunde aufzuzeigen.

entsteht, ein klassischer Zielkonflikt. Einstellung eins – Frauen sollen frei sein – prallt auf Einstellung zwei: Kulturen aus aller Herren Länder sollen sich in Deutschland frei entfalten dürfen. Natürlich ist klar, was in den Gehirnwindungen unserer Gutmenschen abläuft: Die wahrgenommenen Dissonanzen (Widersprüchlichkeiten) sollen aufgelöst werden. Man kann fast darauf wetten, daß dies mit der Argumentationsfigur versucht wird, den kulturellen Einfluß abzustreiten – ACHMEDS Verhalten habe mit der fremden Kultur rein gar nichts zu tun; ACHMED habe LISA verprügelt, weil er ein Mann sei, Deutsche täten dies nicht anders.

Man könnte den Anwesenden daraufhin einen fruchtlosen Vortrag über die üblichen Geschlechterverhältnisse im ländlichen Orient halten. In diesem Fall empfiehlt sich das aber nicht, es gibt nämlich ein viel effektiveres Argument: die Tatsache, daß ACHMED in der Gerichtsverhandlung selbst eingestanden habe, er habe so reagiert, weil dies in »seinem Land« so üblich sei. Und weil es nach den Regeln seines Landes am Platze sei, Frauen wie LISA zu verprügeln, befolge er diese Regeln auch in Deutschland; diese Regeln seien überall gültig, wo er sich gerade befinde.

Hier sollte man den Gesprächspartnern die Frage stellen, ob ACHMED denn wohl nicht besser Bescheid wisse, was in dieser Angelegenheit auf seiner Herkunftskultur beruhe und was nicht. Gut eignet sich auch der Einwurf, daß verschiedene Jugendstudien belegten, in westlichen Kulturen sei es üblich, daß sich Mädchen heutzutage ihre Freiheiten ganz selbstbewußt nähmen. Unverbindliches Flirten zwischen den Geschlechtern gehöre nun einmal zum Erfahrungsfeld der Geschlechtersozialisation.

Erneut dürfte es an dieser Stelle des Gespräches bei den ›Guten‹ heftig zu arbeiten beginnen. Da der kulturelle Faktor offenkundig wird, lassen sich die Widersprüche schlechterdings nicht mehr auflösen. Ab hier genügt es völlig, sich auf die Beobachterposition zurückzuziehen und zuzusehen, wie die Multikulti-Anhänger in ihrer Kulturfalle zappeln. Man hüte sich aber davor, ihnen jetzt zu nahe zu treten. Es besteht nämlich die Gefahr, daß die schwer auflösbaren Spannungen an demjenigen abgeleitet werden, der es gewagt hat, liebgewonnene Einstellungen und Stereotypen zu hinterfragen und zu demontieren. Auf weitere Einladungen aus diesem Kreis wartet man besser gar nicht mehr. Der Richter in unserer Geschichte war übrigens der Ansicht, daß ACHMED nicht in »seinem« Land, sondern in Deutschland lebe und sich an deutschen Gesetzen zu orientieren habe. Nach diesen Gesetzen habe ACHMED eine Straftat begangen. Eine Strafe sei unausweichlich. Und weil ACHMED auch keinerlei Einsicht zeige, sei eine Verschärfung angezeigt.

LISAS Beziehung zu ACHMED hatte sich durch den Vorfall natürlich erledigt. LISA hatte die Nase voll. Unser ›Herren‹mensch mußte freilich sein Gesicht wahren und behauptete, er habe Schluß gemacht. Außerdem sei er an »so einer Hure« ohnehin nicht mehr interessiert.

2.2. Wie falsche Fremdenfreundlichkeit zur Wissenschaft erhoben wird – ein Fallbeispiel

Nachdem ihnen der Klassenkampf abhanden gekommen ist, beschäftigen sich linke Akademiker in Deutschland verstärkt mit der Zuwandererfrage. Mit unerschütterlicher Selbstgerechtigkeit geben sie vor, im Namen der Unterdrücktesten zu sprechen. In der Hoffnung, daß sich randständige Zuwanderer als Ersatzproletariat mißbrauchen lassen, bemühen sich die falschen Freunde der Fremden, jede noch so sexistische Norm in islamischen Migrantenmilieus mit Hilfe vermeintlich ›wissenschaftlicher‹ Beiträge gegen Kritik zu immunisieren. Um potentielle Kritiker islamisch geprägter Geschlechterverhältnisse einzuschüchtern, greifen sie zu Moralkeulen wie ›Feindbild Islam‹ oder ›kultureller Rassismus‹. Absichtlich unterschlagen wird dabei die Beschäftigung mit der sexistischen Wirklichkeit orientalischer Parallelkulturen.

Fatale Effekte – die Kritik am Patriarchat im Einwanderungsdiskurs,[1] so lautet der Titel einer im Jahre 1996 veröffentlichten Dissertation der Sozialwissenschaften, die in das eben beschriebene Schema einzuordnen ist. Die Autorin Margret JÄGER stellt darin die These auf, daß von der »Kritik am islamischen Patriarchat... massive rassistische (und sexistische) Effekte«[2] ausgingen, obwohl viele, die derartige Kritik äußerten, damit selbst gar keine rassistischen Absichten verbänden.

---

[1] Duisburg 1996.

[2] Nicht nur, daß JÄGER den Nachweis der Rassismusvorwürfe schuldig bleibt. Völlig im Nebel steht ihre Behauptung, Kritik am islamischen Patriarchat würde auch massive sexistische Effekte zeigen.

In ihrer Arbeit analysiert M. Jäger Interviews mit sieben Frauen und acht Männern deutsch-christlicher Herkunft. Die Interviews sollen die Einstellungen der befragten Deutschen zu moslemischen Migranten im Hinblick auf die Geschlechterfrage thematisieren.

Nach einem methodologischen Vorbau und einigen Definitionen analysiert die Autorin einzelne Passagen ihrer Interviews. Das Entscheidende wird in der Zusammenfassung der Interviewanalysen deutlich, wo die Verfasserin die Aussagen ihrer Interviewpartner über Moslems bzw. moslemische Migranten wiederholt und rundheraus als »rassistisch« apostrophiert, wie zum Beispiel im folgenden Passus:

»Auf große Vorbehalte stoßen Moslems, auch wenn sie sich in ihren Heimatländern aufhalten. Diese rassistischen Vorbehalte werden jedoch im Unterschied zu den zuvor genannten meistenteils eigens expliziert und häufig mit kulturrassistischen Argumenten untermauert. So werden zum Beispiel die Zustände in islamisch geprägten Ländern von den Interviewten als sehr rückständig und als teilweise unüberbrückbar zu europäischen Lebenslagen angesehen. Mehrfach wird der fundamentale Unterschied zwischen Orient und Okzident beschrieben, wobei dieser Unterschied an der Stellung der Frauen in Familie und Öffentlichkeit festgemacht wird.« (ebenda, S. 147 f.)

Frau Jäger beurteilt Äußerungen ihrer Interviewpartner als »rassistisch«, ohne die gemachten Aussagen auf ihren Wahrheitsgehalt hin zu überprüfen. Daß die Interviewten Moslems gegenüber Vorbehalte äußern, einen fundamentalen Unterschied zwischen Orient und Okzident hinsichtlich der Stellung der Frau ausmachen und islamische Länder als rückständig betrachten, reicht ihr für den Rassismusvorwurf. Welche Geschlechterverhältnisse im Orient tatsächlich existieren, spielt für sie überhaupt keine Rolle, ebensowenig die Frage, inwiefern sich Moslems einer bestimmten Geschlechterordnung unterwerfen. Nirgendwo in ihren Ausführungen untersucht die Autorin diese Thematik. Sie gibt in einer Fußnote sogar selbst zu, daß es ihr in dieser Arbeit an keiner Stelle darum geht, »ob und in welcher Weise im Islam frauenfeindliche Elemente enthalten sind. Dies ist allein schon deshalb auch gar nicht möglich, weil es *den* Islam nicht gibt.

Islam wird – wie jede andere Religion auch – immer konkret gelebt. Seine Normen und Werte, die z. B. durch den Koran vermittelt werden, vermischen sich immer mit weiteren gesellschaftlichen Komponenten, beispielsweise politischen Machtverhältnissen«. (ebenda, S. 10, Fußnote Nr. 4)

Angesichts der Weigerung, die Ansichten ihrer Interviewpartner an den Realitäten zu messen, bleibt der ›Rassismus‹-Vorwurf letztlich völlig unbegründet. Hinzu kommt der Umstand, daß mittels der an sich widersinnigen Begriffskonstruktion ›kultureller Rassismus‹ jede Kritik an kulturfremdem Sexismus *per se* tabuisiert wird.

Denn: Wenn der Islam konkret gelebt wird, wie die Verfasserin betont, dann wäre es möglich, zu beschreiben, wie sich die Geschlechterverhältnisse im Alltag islamischer bzw. islamisch geprägter Gesellschaften auswirken. Diese Beschreibung könnte durchaus Differenzierungen zwischen verschiedenen islamischen Regionen und Milieus berücksichtigen.

Daß Großgruppen aufgrund kultureller Prägungen spezifische Mentalitäten aufweisen, gibt M. JÄGER sogar selbst zu, wo sie den Begriff der ›Ethnie‹ definiert: »Der Begriff Ethnie soll hier keinesfalls als Synonym für ›Rasse‹ verstanden werden. . . Unter Ethnie verstehe ich einen Zusammenhang von Personen, die durch eine relativ einheitliche kulturelle Praxis ein Gefühl für kollektive Identität herausbilden, das von Generation zu Generation überliefert wird und sich im Prozeß dieser Überlieferung verändert.« (ebenda, S. 10, Fußnote Nr. 6)

Die Frage stellt sich also, weshalb M. JÄGER die Realität der Geschlechterverhältnisse in islamisch geprägten Gesellschaften nicht darstellt und nicht mit denen des westlichen Kulturraumes vergleicht. Könnte es nicht sein, daß sich manche vermeintlich ›rassistische‹ Äußerungen ihrer Interviewpartner dann nicht als wirklichkeitsnah erweisen?

Denn, und trotz aller notwendigen Differenzierungen innerhalb des islamischen Kulturkreises: Die Wirklichkeit belegt, daß Moslems – in ihrer angestammten Heimat ebenso wie in der Migration – Frauen in stärkerem Maße diskriminieren als christliche Deutsche. (Was selbstverständlich nicht heißt, daß diese Tendenz auch für den Einzelfall stets zutreffen muß!) Die Soziologin Hiltrud SCHRÖTER formuliert diesen elementaren Unterschied zwischen christlichem und islamischem Kulturkreis in der Geschlechterfrage folgendermaßen:

»In der einen [christlichen, der Verf.] Kultur wird der Mann diszipliniert und lernt, sich selbst zu disziplinieren, besonders sein Triebleben zu beherrschen;[1] dadurch kann sich die Frau frei bewegen. In der anderen [islamischen Kultur, der Verf.] wird die Frau diszipliniert und in ihren Rechten und Freiheiten eingeschränkt, besonders in ihrer Bewegungsfreiheit, und Männer bleiben oft undiszipliniert und triebhaft.« (H. SCHRÖTER 2002, S. 153)

Diese Wahrnehmung eines elementaren Unterschiedes in der Geschlechterfrage zwischen den beiden Kulturkreisen müßte auch bei M. JÄGER möglich sein. Wir wissen nicht, ob ihre Unwissenheit über die Lebenswirklichkeit in islamisch geprägten Kulturen geheuchelt ist oder auf Wahrnehmungsstörungen und Denkverboten gründet. Festzustellen ist nur, daß sie in ihrer Dissertation die Realitäten der dortigen Geschlechterverhältnisse schlicht und einfach ausklammert. Würde sie diese Realitäten beschreiben, müßte sie sich der Kulturkritik am real praktizierten Sexismus islamischer Zuwanderer anschließen. Schließlich verurteilt auch Frau JÄGER Sexismus ebenso wie Rassismus und Ethnozentrismus – dies behauptet sie jedenfalls:

»Die wertende Unterstellung, die in diese Analyse eingeht, ist dabei die, daß rassistische und sexistische Wirkungen für die gegebene Gesellschaft und die in ihr lebenden Personen – gleich welcher Ethnie und welchen Geschlechts – schädlich sind.« (M. JÄGER 1996, S. 42)

Wir haben gesehen: M. JÄGER tabuisiert Kulturkritik an islamischen Zuwanderern in der Geschlechterfrage mittels zweier kombinierter Denkfiguren: erstens durch ihre Weigerung, die Realitäten zu prüfen, und zweitens, indem sie mit dem Begriff ›kultureller Rassismus‹ operiert. Auf diese Weise lassen sich letztlich alle Menschen an den braunen Pranger stellen, die Kritik an islamisch geprägtem Sexismus üben. Noch einmal Originalton JÄGER:

»In der Wahrnehmung der Interviewten zeigen Moslems aufgrund ihrer ›Kultur‹ sexistische Verhaltensweisen gegenüber Frauen. Hier wird Sexismus als eine natürliche Eigenschaft von Moslems definiert. Demgegenüber haben in der Sicht der Interviewten Deutsche bzw. Angehörige christlicher Kulturen ein gleichberechtigteres Verhältnis untereinander. Diese Form von Ethnisierung verweist auf einen ihr

---

1 SCHRÖTER beschreibt hier eine Tendenz, die die Existenz undisziplinierter Männer im christlichen Kulturkreis nicht leugnet, jedoch als abweichend von den kulturellen Gepflogenheiten sieht.

zugrunde liegenden Rassismus, und sie muß als eine Ausdrucksform von Rassismus begriffen werden.« (ebenda, S. 156)

2. 2.1. Wie Jäger selbst Antifaschisten zu Rassisten abstempelt

Ideologisches Vokabular entbehrt gemeinhin der Wissenschaftlichkeit und ist in der Regel von einem geschlossenen, statischen Weltbild des Autors geprägt. Begriffe dieser Art bilden nicht die Wirklichkeit ab, sondern haben die Aufgabe, die Wirklichkeit in das ideologische Gefäß des konkreten Weltbildes zu pressen. ›Kultureller Rassismus‹ ist so eine Begriffskonstruktion aus der linksideologischen Multikulti-Ecke, die nicht nur bei M. Jäger dazu dient, Kritik an anderen Kulturen zu tabuisieren. Daß es nur dann Sinn hat, von ›Rassismus‹ zu sprechen, wenn *biologische* Merkmale zur Bewertung von Menschengruppen herangezogen werden, interessiert Ideologen nicht. Um Kampfbegriffe für die ›gute‹ Sache zu schmieden, bedienen sie sich eines Wortmaterials, das gesellschaftlich geächtete Tatbestände bezeichnet, und übertragen dieses sinnwidrig. In unserem Beispiel soll der unseriös zusammengebastelte Begriff des ›kulturellen Rassismus‹ Kritik an fremden Kulturen ächten und Kritiker verunglimpfen.

Für M. Jäger müssen drei Bedingungen erfüllt sein, damit von einem biologisch oder kulturell gearteten ›Rassismus‹ gesprochen werden kann: (ebenda, S. 74 ff.) Erstens müsse eine Rassenkonstruktion vorliegen. Diese beziehe sich nicht nur auf körperliche Eigenschaften, sondern liege »auch dann vor, wenn sozial angeeignete Merkmale und Eigenschaften zum Kennzeichen einer Menschengruppe gemacht werden und ihnen als natürlich unterstellt werden«. Zweite Bedingung: »Die so konstruierte andere ›Rasse‹ wird gegenüber der eigenen bewertet, in der Regel negativ.« Drittens werde eine solche negative Bewertung zum Rassismus, »wenn der herrschende, hegemoniale Diskurs diese Bewertung in seiner Tendenz als gesellschaftliche Norm setzt, wenn also diese Bewertung mit Macht ausgestattet ist«.

Dabei »läßt sich ein genetischer oder biologischer Rassismus von einem kulturellen Rassismus unterscheiden, je nachdem, ob sich die Rassenkonstruktion an genetischen oder kulturellen Merkmalen orientiert«. (ebenda, S. 77)

Wie wirklichkeitsfremd die Konstruktion des ›kulturellen Rassismus‹ ist, zeigt sich spätestens dann, wenn man sie ernst nimmt. Betrachten wir als Beispiel die Menschengruppe der Nationalsozialisten. Ordnen wir dieser Menschengruppe sozial angeeignete Merkmale und Eigenschaften als Kennzeichen zu, wie Antisemitismus, Rassismus, Führerprinzip, extremer Nationalismus, Gewaltbereitschaft usw. Unterstellen wir diese Eigenschaften als natürlich für Nationalsozialisten, und informieren wir uns darüber, daß dem so ist. Bewerten wir schließlich diese Nazi-Eigenschaften möglichst negativ und sind unsere Bewertungen mit Macht ausgestattet, dann haben wir den Salat: Wer den Nationalsozialismus ablehnt und Neonazismus bekämpft, ist kultureller Rassist.

Durch die Verwendung des Begriffs ›kultureller Rassismus‹ stempelt M. JÄGER sogar sich selbst[1] als Rassisten ab. Ist dies Absicht oder unbewußter Ausdruck eines latenten Selbsthasses? Wie dem auch sei: Das intellektuelle Niveau, das solchen Argumentationsfiguren zugrunde liegt, läßt sich mit einem Zitat von B. TIBI kommentieren. TIBI schreibt, die Europäer würden derart an sich selbst zweifeln, »daß viele unter ihnen – aus der Perspektive eines Nicht-Europäers betrachtet – zu rationaler Erkenntnis scheinbar nicht mehr fähig sind. . . Vorrangig kritisiere ich hier viele gesinnungsethische deutsche Intellektuelle sowie ihre Denkmuster, die Alfred GROSSER ›Selbstmitleid‹ genannt hat. Ihre Gesinnungsethik wird bis zur Selbstverleugnung gesteigert. Die Folge ist die Unfähigkeit, zwischen Aufklärung und Faschismus, demokratischen Menschenrechten und Kultur-Imperialismus. . . zu unterscheiden. Indifferenz, Werte-Verlust und fehlende Maßstäbe reichen einander die Hand«. (B. TIBI 2000, 177 f.)

In ihrer systematisierenden Zusammenfassung schreibt JÄGER: »Die Feinanalysen der Interviewpassagen haben aufzeigen können, daß eine Ethnisierung sexistischer Verhaltensweisen innerhalb des Einwandererdiskurses vor allem dessen rassistische und ethnozentristische Gehalte stärkt. Sexismus, der den Einwanderern unterstellt wird, wird als Stütze verwendet.« (M. JÄGER 1996, S. 266 f.)

Wie gezeigt wurde, ist diese Behauptung allein schon deshalb falsch, weil die Autorin den Begriff ›Rassismus‹ nicht korrekt verwendet. Offensichtlich ist auch, wie sie versucht, mittels künstlich

[1] Aufgrund des ausgeprägten Hasses auf die eigene Kultur und Nation trifft auf Leute wie JÄGER die Definition des (kulturellen) Rassismus zu. In dieser Hinsicht kann ein selbstbezogener, ein Auto-Rassismus festgestellt werden.

konstruierter Rassismusvorwürfe die Darstellung und Kritik sexistischer Verhältnisse in islamisch geprägten Milieus zu zensieren.

M. JÄGER sieht durch »die ethnisierende Aufladung sexistischer Haltungen« das Zusammenleben der Menschen in unserer Gesellschaft behindert; ferner werde dadurch ein kultureller Gegensatz sowie eine kulturelle Spaltung erst etabliert oder weiter verfestigt. Daran anschließend, stellt sie »die Frage, wie sich die Bundesrepublik Deutschland zu einer Einwanderungsgesellschaft entwickeln soll, in der Menschen verschiedener Herkunft und verschiedener Traditionen nicht nur friedlich, sondern auch freundlich miteinander auskommen, wenn ein ganz zentraler Aspekt dieses Zusammenlebens, das Verhältnis zwischen Männern und Frauen, so grundsätzlich in Frage gestellt wird«. (ebenda, S. 284)

Damit kein Mißverständnis entsteht: Die Verfasserin der in Rede stehenden Studie betrachtet als Unfrieden stiftende Bösewichter nicht etwa die Akteure, sondern die Kritiker sexistischer Verhältnisse in islamisch geprägten Migrantenmilieus. Kritiker(innen) wie Necla KELEK, die für das Selbstbestimmungsrecht orientalischer Frauen in Deutschland kämpfen, behindern dieser Unlogik zufolge das friedlich-freundliche Zusammenleben von Menschen verschiedener Herkunft und verschiedener Traditionen. Frau KELEK ›ethnisiere‹ sexistische Haltungen ungerechtfertigt und rufe mit ihrer Kritik kulturelle Spaltungen erst hervor. Seltsam ist nur, daß selbst das Zentrum für Türkeistudien die untergeordnete Stellung türkischer Migrantinnen in Deutschland beschreibt und damit »ethnisierend aufgeladene Aussagen über sexistische Haltungen« trifft.

Angesichts der real existierenden Geschlechterverhältnisse unter orientalischen Migranten im westlichen Europa gehen JÄGERS Vorwürfe schlichtweg an die falsche Adresse: Gerade islamische Migranten und ihr starres Festhalten an überkommenen Geschlechternormen stellen doch das Verhältnis zwischen Männern und Frauen als gleichwertige Menschen in Frage. Islamisch geprägter Sexismus degradiert Frauen zu Menschen zweiter Klasse – nicht die Kritik daran.

Daß Frau JÄGER, die angeblich für ein gleichberechtigtes Zusammenleben der Geschlechter eintritt, nicht den Sexismus islamischer Milieus, sondern dessen Kritiker verurteilt, stellt eine kabarettreife Groteske dar. Für eine wissenschaftliche Abhandlung ist dies allerdings mehr als peinlich. Woher die Autorin ihr Weltbild bezieht und welche Interessen sie letztendlich im Sinn hat, kann man erahnen, wenn sie schreibt: »Die Wahrheit liegt in den Dingen, das Bewußtsein der Menschen spiegelt sie – im Kapitalismus notwendig verzerrt – wider.« (M. JÄGER 1996, S. 34) Der Leser kann sich diesem Eingeständnis zufolge heraussuchen, wo nach Ansicht von Frau JÄGER die Wahrheit nicht verzerrt wird: a) im Kommunismus? Oder b) im islamischen Gottesstaat?

Einerlei, ob Antwort a) oder Antwort b) zutrifft: In der hier diskutierten Dissertation spielt die Wirklichkeit der Geschlechterverhältnisse islamisch geprägter Milieus keine Rolle. Ideologische Gesinnung wird zur Wissenschaft erhoben. Die abschließende Bewertung dieser Arbeit kann deshalb nur lauten: Sechs, setzen! Nachhilfestunden sind dringend angeraten.

2.2.2. Nachhilfestunde: Der Koran enthält eindeutige Aussagen über die untergeordnete Stellung der Frau

Im Gegensatz zu M. JÄGER und vielen anderen tabuisieren – die Sozialwissenschaftlerinnen Cheril BENARD und Edit SCHLAFFER islamisch geprägten Sexismus nicht. Sie kommentieren zutreffend: »Die islamische Kultur behandelt Frauen und Sexualität gegenwärtig in einer Art und Weise, die keine kulturelle Eigenart darstellt, sondern eine tiefgreifende strukturelle Perversion zeigt und ein Verstoß gegen die Würde und Rechte des Menschen ist.« (Ch. BENARD/E. SCHLAFFER 1984, S. 130)

M. JÄGER erläutert die Zielsetzung ihrer Arbeit unter anderem dahingehend, daß es nicht darum gehen solle, »den durchaus vorhandenen frauenfeindlichen Auslegungen des Korans entsprechende Auslegungen der Bibel entgegenzusetzen«. (S. 10, Fußnote 4)

Damit werden also »durchaus vorhandene frauenfeindliche *Auslegungen* des Korans« eingeräumt. In einigen Suren des Korans sind die Geschlechterverhältnisse jedoch unmißverständlich hierarchisch festgelegt, zum Beispiel in Vers 228 der 2. Sure: »Und die Männer stehen eine Stufe über ihnen [den Frauen]. Gott ist mächtig und weise.«

Die untergeordnete Stellung der Frau im Koran ist *keine Frage der Auslegung*, sondern schlechthin konstituierendes Wesensmerkmal des Korans. Eine Frage der Auslegung ist nur, wie diese Unterordnung ausgestaltet werden soll. Wie wir bereits gesehen haben, verlangt Sure 4,34 f. vom übergeordneten Ehemann sogar, unter gewissen Umständen seine Frau(en) zu schlagen. Der Anschaulichkeit halber sei die Stelle hier nochmals zitiert:

»Die Männer stehen über den Frauen, weil Gott sie (von Natur) vor diesen ausgezeichnet hat, und wegen der Ausgaben, die sie von ihrem Vermögen (als Morgengabe für die Frauen) gemacht haben... Und wenn ihr fürchtet, daß (irgendwelche) Frauen sich auflehnen, dann vermahnt sie, meidet sie im Ehebett und schlagt sie.« (Zitiert aus dem Koran nach: R. PARET 2001)

Man(n) kann selbstverständlich darüber diskutieren, mit welchen Gegenständen und in welchem Maße Ehemännern das Schlagen ihrer Frauen geboten ist. Die Meinungen der islamischen Rechtsgelehrten gehen hier auch deutlich auseinander. Tatsache ist aber, daß die Frau im Koran weder die Pflicht noch das Recht zugesprochen bekommt, unter gewissen Umständen ihrerseits ihren Ehemann zu schlagen. Ob man(n) nach den unterschiedlichen Auslegungen der Rechtsgelehrten seine Frau nun mit einem Handtuch, dem Handrücken, nur mit einem Zweiglein oder auch mit einem Besen schlagen darf, kann nicht darüber hinwegtäuschen, daß diese einseitige Prügelerlaubnis die Frau grundsätzlich dem Mann unterordnet.

Eine aufgeklärte Frau müßte diese eindeutige koranische Festlegung samt ihrer Disziplinierungsanweisung – zumindest für die heutige Zeit – als frauenfeindlich bezeichnen. Durch die Weigerung, dies zu tun, befremden ›Wissenschaftler(innen)‹ alle Menschen über die Maßen, die Frauen und Männer als gleichwertig betrachten. Manche falsche Fremdenfreunde gehen sogar so weit, zu bestreiten, daß islamische Geschlechternormen für Moslems überhaupt Gültigkeit besitzen. Aber diese Position ist unhaltbar: Bis heute gilt nahezu in der gesamten islamischen Welt der Koran als das unmittelbare, zeitlos gültige Wort Gottes an die Menschen. Die Konsequenz, die sich daraus für die Beziehungen der Geschlechter zueinander ergibt, beschreibt Bassam TIBI wie folgt:

»Ein offener Islam erlaubt dagegen [im Gegensatz zum unreformierten Islam, der Verf.] den Muslimen, den Koran unterschiedlich zu interpretieren. Dies schließt aber kein reflexives Hinterfragen oder gar eine Lektüre im Licht der veränderten Zeit ein. Um diese Leistung müßte der offene Islam bereichert werden, was nach meiner

Interpretation möglich wäre. Solange kritische Lektüre, also ein Historisieren, nicht zugelassen wird, ist jeder Reformversuch im Islam lebensgefährlich. Auch eine aufgeklärte Muslimin muß demnach den Koran-Vers ›Die Männer sind den Frauen überlegen, weil Gott sie ausgezeichnet hat‹ (Sure 4, Vers 34) hinnehmen, selbst wenn sie Feministin ist.« (B. TIBI 1998, S. 301 f.)

Von Argumenten, die ihrem ideologischen Denken widersprechen, lassen sich linksakademische ›Fremdenfreunde‹ allerdings meist so wenig beeindrucken wie Eisbären von der Ankündigung leichten Nachtfrostes. Hier trifft Albert EINSTEINS Einsicht zu, daß es schwieriger sei, »eine vorgefaßte Meinung zu zertrümmern als ein Atom«. Doch gelegentlich geschehen Zeichen und Wunder. Die ehedem überzeugte Kulturrelativistin Gabriele RASULY-PALECZEK, frauenbewegte Soziologin und Völkerkundlerin, berichtet darüber (in: A. VAUTI/M. SULZBACHER 1999, S. 12) freimütig (wenn auch in komplizierten Schachtelsätzen):

»Auf der Grundlage meiner seit mehr als 20 Jahren erfolgten Auseinandersetzungen mit islamischen Welten, die zu recht unterschiedlichen Erfahrungen führten, hat sich auch meine Sichtweise und mein Analyserahmen über die islamischen Gesellschaften im allgemeinen und die Rolle der Frauen im besonderen geändert. Ursprünglich ging ich davon aus, daß man als westlicher Beobachter und Forscher die islamischen Gesellschaften nicht mit euroamerikanischen Maßstäben beurteilen kann und darf, sondern Verständnis und Toleranz für die Andersartigkeit aufbringen muß und damit die Rolle der Frau vor dem kulturspezifischen Hintergrund der jeweiligen Gesellschaften betrachten und somit – überspitzt formuliert – auch viele, die Frauen besonders diskriminierende Aspekte ›entschuldigen‹ muß. Heute hingegen bin ich, basierend auf meinen unter afghanischen Flüchtlingen gemachten Erfahrungen, der Meinung – ohne für eine Idealisierung westlicher Gesellschaften plädieren zu wollen –, daß dieser Kulturrelativismus aufgegeben werden muß und gewisse menschliche Grundwerte und -rechte (siehe z. B. die Allgemeine Erklärung der Menschenrechte seitens der UNO) zu verwirklichen sind.«

In den afghanischen Flüchtlingslagern, schreibt Frau RASULY-PALECZEK, sei man nicht nur ihren wissenschaftlichen Interessen mit völligem Unverständnis begegnet; auch ihr Bewegungsspielraum sei äußerst eingeschränkt gewesen. Ihr Verhalten und ihre Interessen seien als das ›Fremde‹ einseitig negativ dargestellt worden. In den Augen der meisten Frauen und Männer habe sie, die Kinderlose, als Mensch versagt. Sie habe die ihr zugewiesene Rolle der Mutterschaft nicht erfüllt; eine Rolle, die dort als eine der wesentlichsten gesellschaftlichen Aufgaben der Frau betrachtet werde. Ein Dialog über unterschiedliche Lebensweisen und Interessen sei nicht möglich gewesen. (ebenda, S. 11)

Es geht also doch: Gerade mal etwas über zwanzig Jahre intensive Beschäftigung mit der Problematik, dann fiel der Groschen; das Kulturrelativismus-Atom wurde zertrümmert. Allerdings erst, als die persönliche Erfahrung kulturbedingter Diskriminierung hinzukam. Es ist eben etwas anderes, islamisch geprägten Sexismus am eigenen Leib zu erleben, als in ideologischen Zirkeln mit der Moralkeule leeres Stroh und hohle Phrasen zu dreschen. Manchmal sind Schläge auf den Hinterkopf dem Denken halt doch förderlich. . .

3. Kapitel

Risiken und Nebenwirkungen falscher Fremdenfreundlichkeit

Wir konnten aufzeigen, wie Multikulturalisten selbst gravierende Menschenrechtsverstöße in islamisch geprägten Migrantenmilieus gegen Kritik immunisieren. Um potentielle Kritiker einzuschüchtern, greifen sie zur Strategie der Tabuisierung und zur Taktik der Verordnung von Denk- wie Redeverboten. Wer sich nicht einschüchtern läßt und islamisch geprägten Sexismus aufzeigt oder kritisiert, bekommt die Moralkeule dieser ›Fremdenfreunde‹ zu spüren, wird als ethnozentristisch, fremdenfeindlich oder gar rassistisch abgestempelt.

Gefangen in ihrem Multikulti-Fundamentalismus, merken die selbsternannten ›Freunde‹ der Fremden nicht, wie sie selbst einem verdrehten Rassismus anhängen, einem Rassismus, mit dem sie orientalischen Mädchen und Frauen Freiheitsrechte absprechen, die sie bei deutschen Frauen für selbstverständlich halten.

Die totale Toleranz von Multikulturalisten gegenüber Menschenrechtsverletzungen in Subkulturen islamischer Migranten zeugt nicht nur von falscher Fremdenfreundlichkeit, sondern ist auch mit beträchtlichen Risiken und Nebenwirkungen behaftet. Wir werden drei davon näher beleuchten:

Erstens: Hand in Hand mit realer Fremdfeindlichkeit und islamischer Militanz fördert falsche Fremdenfreundlichkeit die dauerhafte Ausgrenzung moslemischer Migranten.

Zweitens verteilt falsche Fremdenfreundlichkeit sexistische Freibriefe und demotiviert orientalische Migranten, sich dem schmerzhaften Prozeß der Angleichung an westliche Standards auszusetzen. Zu welchen sexistischen Verhältnissen die Abschottung junger Muslime in ihren traditionellen Milieus führen kann, zeigt - drittens - ein Blick ins benachbarte Frankreich.

3.1. Falsche Fremdenfreunde Hand in Hand mit realen Fremdenfeinden und militanten Moslems

Dort, wo reale Fremdenfeindlichkeit gegenüber moslemischen Zuwanderern aufttritt, grenzt sie aus und verstärkt deren krampfhaftes Festhalten bzw. Rückzug auf die herkunftseigene Ethnie, Kultur und insbesondere Religion. Dabei dürfen wir uns nicht täuschen: Der Islam kultiviert bis heute selbst einen Chauvinismus, auf den sogar die Definition ›kultureller Rassismus‹[1] zutrifft. Islamischer Chauvinismus zeigt sich in der elitären Anmaßung, die (göttliche) ›Wahrheit‹ für sich gepachtet zu haben und eine Monopolstellung für den Weltfrieden zu besitzen. In diesem Chauvinismus gelten ›Ungläubige‹ zwar nicht biologisch, dafür jedoch kulturell-religiös als minderwertig.[2] Jedem steht jedoch die Möglichkeit offen, durch Übertritt zum (richtigen) Islam, Teil der elitären Heilsgemeinschaft zu werden. Aus dieser Position heraus haben sich moslemische Migranten nicht an die Verhältnisse des Aufnahmelandes anzupassen, sondern umgekehrt die Einheimischen zu rechtgläubigen Moslems zu bekehren oder zumindest sich als Schutzbefohlene dem Islam unterzuordnen.

Militant zugespitzt lautet die islamische Position: Wir als moslemische Migranten werden niemals eure verrotteten, westlichen Verhaltensweisen übernehmen und eure ungläubigen Grundwerte akzeptieren. Wir werden immer fremd in eurer westlichen Welt, im Haus des Krieges, bleiben. Erst wenn ihr so werdet wie wir, euch uns Moslems in Deutschland angleicht, kommt es zu einem dauerhaft friedlichen Zusammenleben im Einwanderungsland – einem Land, das durch die Anerkennung des wahren Glaubens ins Haus des Friedens übertritt.

---

[1] Aufgrund der nicht biologisch, sondern ausschließlich religiös-kulturell definierten Überlegenheit ist dieses Sendungsbewußtsein zwar chauvinistisch, aber eben nicht (!) rassistisch. Ich verwende hier den Begriff ›kultureller Rassismus‹ einzig, um Aspekte des Islams in einer von falschen Fremdenfreunden kreierten Kategorie zu beschreiben. Allerdings wenden falsche Fremdenfreunde diesen Begriff nie an, wenn dieser auf Fremde oder Fremdes zutrifft.

[2] Wo der Islam und islamisches Recht dominieren, werden Andersgläubige konsequenterweise gesellschaftlich und politisch an den Rand gedrängt.

Allerdings vertritt nur die radikale Minderheit der Muslime in Deutschland diese offenkundig imperialistische Position in Reinform. Auf eine begrenzte Anpassung läßt sich der gemäßigtere Islam ein, dem die große Mehrheit moslemischer Migranten angehört. Solange Muslime in der Minderheit (!) sind, erlaubt ihnen dieser Islam, sich weitgehend den fremden Umständen anzupassen. Der bosnische Moslem S. BALIC formuliert dies so: »Die hanafitische Rechtsschule, zu der sich bekanntlich die erdrückende Mehrheit der in der Bundesrepublik lebenden Muslime bekennt, hält den strafrechtlichen und gesellschaftspolitischen Teil der Scharia in den erschwerten Verhältnissen der Diaspora-Situation für aufgebbar. Sie entläßt den Gläubigen in einer solchen Lebenslage gewissermaßen in die Freiheit.« (S. BALIC 2001, S. 34)

Oberflächlich betrachtet, klingt dies tolerant. Bei näherem Hinsehen hält sich die Toleranz jedoch in engen Grenzen. Nicht nur, daß von dieser Bestimmung das Familienrecht, also unter anderem die Stellung der Frau in der Familie, ausgenommen ist; sobald die Muslime die Mehrheit stellen (sollten), ist Schluß mit der Treue zur westlichen Verfassung. Ist die Diaspora-Situation überwunden, haben für Moslems zuallererst islamische Bestimmungen, insbesondere die Scharia zu gelten; deutsche Gesetze hätten sich dem unterzuordnen. Bei Abfall vom islamischen Glauben droht dann die Todesstrafe, untreue Ehefrauen könnten gesteinigt werden.

Dennoch folgert BALIC: »In diesem Standpunkt der hanafitischen Rechtsschule bekundet sich praktisch die Haltung des Islams zum Grundgesetz. Diese Haltung ist bejahend und loyal.« (ebenda) Wie BALIC zu dieser Schlußfolgerung gelangt, bleibt schleierhaft. Eindeutig ist jedoch, was sich für die deutsche Gesellschaft aus der hanafitischen Bestimmung folgern läßt: daß der unreformierte Islam in Deutschland nie die Mehrheit der Bevölkerung stellen darf, wenn wir Wert auf eine freie, demokratische Gesellschaft legen. ›Ungläubige‹ hätten sich der islamischen Dominanz unterzuordnen.

Der unreformierte, insbesondere militante Islam trägt entscheidend zur dauerhaften Abgrenzung orientalischer Migranten von der deutschen Gesellschaft bei.[1] Hinzu kommt: Das Vordringen des unrefor-

---

[1] TIBI vertritt die Ansicht, daß durch islamisch-fundamentalistische Migranten eine neue Form des Rechtsradikalismus Eingang in Europa

mierten Islams mit seinen überkommenen Normen verunsichert die einheimische Bevölkerung, schürt berechtigte Sorgen und Ängste.

Für Multikulturalisten stellen islamische Parallelkulturen in Deutschland und Europa kein Problem dar. Das eigentliche Problem liege in den ›falschen‹ Gefühlen der Einheimischen, in ›irrationalen‹ Angst- und Überfremdungsgefühlen, die sich im Wohlwollen gegenüber einer schleichenden Islamisierung Deutschlands und Europas aufzulösen haben. Um diese ›falschen‹ Gefühle aufzulösen, betonen Multikulturalisten regelmäßig, wie sehr der Islam die deutsche Gesellschaft bereichere, und ›klären‹ durch einseitige und verzerrende ›Informationen‹ über die Friedfertigkeit dieser Religion ›auf‹. Dabei werden alle Aspekte moslemischer Aggression – von Gewalt an Frauen bis hin zu blutigen Terroranschlägen – gebetsmühlenartig als ›unislamisch‹ bezeichnet oder als Randerscheinung des islamischen Fundamentalismus abgetan. Wer auf Information hofft, worin die angebliche Bereicherung der deutschen Gesellschaft durch den Islam besteht, wartet dagegen vergeblich. Anscheinend fällt selbst Multikulturalisten bei intensivem Nachdenken dazu nichts ein.

Eine Folge dieser Ausblendung realer Problemstellungen ist die Verstärkung von Abwehrhaltungen in der alteingesessenen Bevölkerung gegenüber (orientalischen) Migranten und gegenüber zukünftiger Einwanderung. In diesem Sinne kritisiert auch TODD mit Blick auf die Situation in Frankreich die Multikulti-Fraktion:

»Die Unfähigkeit, anzuerkennen, daß es Frankreich gibt und die Zukunft der Einwanderer nur in einer Anpassung an das Verhalten der Mehrheit liegen kann, bringt Unruhe in die Aufnahmegesellschaft. Das herrschende anthropologische System widersetzt sich einer Immigration, die doch möglich sein müßte in einem Frankreich, dem so manche Gruppen ohne individualistisch-egalitäre Basis angehören. Die abstrakte Toleranz des Multikulturalismus hat so zur Schließung der Grenzen geführt. Da die politische Klasse unfä-

---

gefunden habe, und mahnte bereits vor dem 11. 9. 2001 zur Wachsamkeit (nicht nur) in Deutschland: »Der deutsche Staat verfolgt zu Recht deutsche Rechtsradikale mit allen Mitteln; aber warum bekämpft er nur die deutschen Rechtsradikalen? Die Ideologien des Fundamentalismus sowie des ethnischen Nationalismus und deren Anhänger unter den Migranten sind genauso rechtsradikal und bedrohen Freiheit und Demokratie in gleicher Weise.« (TIBI, *Europa ohne Identität*, 2000, S. 52) hig war, der Bevölkerung durch ein klares Bekenntnis zu republikanischen Idealen Sicherheit zu vermitteln, mußte sie sich ihren Ängsten unterwerfen.« (E. TODD 1998, S. 417)

Mit anderen Worten: Der Multikulturalismus verstärkt Ängste vor Überfremdung in der alteingesessenen deutschen (wie europäischen) Bevölkerung durch die Propagierung des Rechts von Migranten auf Fremdheit und Ablehnung unserer Grundwerte. Damit verhindern Multikulturalisten gerade das, was sie angeblich beabsichtigen: eine weltoffene Migrationsgesellschaft auf der Grundlage gemeinsamer, an Demokratie und Menschenrechten orientierter Grundwerte. Zumindest in ihrer Wirkung sind falsche Fremdenfreunde von richtigen Fremdenfeinden oft nicht auseinanderzuhalten.

B. TIBI berichtet von zwei mit ihm befreundeten türkischen Soziologen, die sogar der Ansicht seien, »daß die sogenannten ›guten Deutschen‹, die sich von den ausländerfeindlichen Deutschen durch ihren ›Multi-Kulti‹-Glauben abzuheben meinen, tatsächlich noch schlimmere Feinde von uns Fremden sind. Der Grund hierfür: Die angeführten türkischen Soziologen sind überzeugt, daß mit Multikulturalismus in der Konsequenz das Ziel verfolgt wird, die Ausländer draußen zu halten, also nicht zu integrieren. Die Türken, Araber, kurz: ›die Anderen‹ sollen in dieser Eigenschaft verharren, dann bleiben die Deutschen ›rein‹!« (B. TIBI 2000, S. 105 f.)

Radikalen Linksideologen geht es allerdings weniger um die ethnische ›Reinheit‹ der Deutschen. Ihre Absicht ist, revolutionäre Hirngespinste mittels einer dauerhaften Ausgrenzung von Migranten voranzutreiben. In Übereinstimmung mit dieser Beobachtung sieht B. TIBI die ›guten‹ Multi-Kulti-Deutschen als Personen, »die mit ihrer Gegnerschaft zur Integration eine besondere Vorliebe für den Konflikt haben. Es sind jene deutschen Linken, die es aus eigener Kraft nicht geschafft haben, ihr Gesellschaftssystem zu stürzen; nun sollen wir Ausländer als Ersatzproletariat diese Aufgabe übernehmen«. (ebenda, S. 106)

Die Mehrheit der dem bürgerlich-liberalen Lager zuzurechnenden Multikulturalisten träumt allerdings weder von einer Revolution in Deutschland, noch hegt sie bewußt diskriminierende Absichten gegenüber Zuwanderern. Diese Multikulturalisten halten sich schlicht und einfach für die ›Guten‹, die mit ihrem Engagement für Multikulti den ›armen, diskriminierten‹ moslemischen Ausländern beistehen.

Als Fazit können wir festhalten: Multikulturalisten torpedieren durch ihre ›Toleranz‹ die ohnehin mangelhafte Bereitschaft islamischer Einwanderer, die Grundregeln der Aufnahmegesellschaft zu akzeptieren und sich zu integrieren. Hierdurch ziehen falsche Fremdenfreunde mit realen Fremdenfeinden und militanten Moslems an einem Strang. Alle drei Gruppierungen wirken gemeinsam darauf hin, eine Integration von orientalischen Zuwanderern in die deutsche Gesellschaft zu verhindern. Haben sie Erfolg, erwarten uns fatale Effekte: Neben einem Defizit an Frauen- und Menschenrechten innerhalb islamischer Migrantenmilieus droht eine Zunahme an ethnischen und religiösen Konflikten in unserem Land, die in immer stärkerem Maße auch auf die deutsche Mehrheitsgesellschaft übergreifen würde.

3.2. Die Patronage kulturfremden Sexismus durch falsche Fremdenfreundlichkeit

In den vorausgehenden Kapiteln wurde bereits ausführlich dargestellt: daß ein Großteil der männlichen orientalischen Migranten für sich das Recht auf vorehelichen sexuellen Umgang mit dem anderen Geschlecht in Anspruch nimmt, jedoch unverheiratete sexualerfahrene junge Frauen als ›beschmutzt‹, entehrt, und nicht würdig für die Ehe verachtet.[1] In Fällen, in denen etwa die eigene Schwester sexuell aktiv wird, droht sogar Gewalt.

Wir konnten darlegen, daß diese geradezu schizoide Grundhaltung kulturbedingt ist und dem aus der orientalischen Heimat importierten Geschlechterverständnis entspringt. Dabei handelt es sich um ein Verständnis, das die Ehre des Mannes an der sexuellen Kontrolle über die Frauen seiner Familie mißt und gleichzeitig die eigene (voreheliche) Männlichkeit an sexuellen Umgang mit familienfremden Frauen koppelt.

Falsche Fremdenfreunde sind der Ansicht, wir Deutschen dürften traditionelle orientalische Normen weder werten noch kritisieren. Deutschland müsse eine ›multikulturelle‹ Gesellschaft sein, in der

---

[1] Mädchen, die von ihrem Freund entjungfert wurden, können von der Verachtung ausgenommen werden, wenn sie sich mit diesem treu ergeben in den Hafen der Ehe zurückziehen.

alle Einwanderer das Recht haben sollten, ihre kulturellen Traditionen und Besonderheiten zu leben. Mit ihrem propagierten Relativismus in kulturellen Angelegenheiten denunzieren ›Fremdenfreunde‹ jedwede Kritik an Mechanismen orientalischer Frauendiskriminierung als kulturrassistisch oder ethnozentristisch.

Die kulturrelativistische Position in ihrer Reinform ist jedoch offenkundig derart menschenrechtsfeindlich, daß falsche Fremdenfreunde bisweilen zu einer ›faulen‹ Doppelstrategie greifen: Sie plädieren einerseits für eine bedingungslose Akzeptanz kulturell bedingter Andersartigkeiten von Migranten, dementieren gleichzeitig aber prophylaktisch das Vorhandensein von Unterschieden, die von westlichen Grundwerten abweichen. Wir haben beispielhaft betrachtet, wie die Soziologin Margret JÄGER auf diesem Zauberbesen reitet: Für sie beinhaltet der westliche, christlich geprägte Kulturraum ›gleichermaßen‹ sexistische Normen wie der orientalisch-islamische. Demgemäß verhalten sich orientalische männliche Jugendliche und Männer nicht mehr und nicht weniger sexistisch als Deutsche. Damit Frau JÄGER diese Position aufrechterhalten kann, weigert sie sich, orientalische Geschlechternormen wie das tatsächliche Verhalten männlicher Orientalen konkret zu betrachten. Für den Fall, ein ›Bösewicht‹ würde nachweisen, daß orientalische Migranten in Übereinstimmung mit ihren kulturellen Traditionen Frauen stärker diskriminieren, als dies zum Beispiel unter Deutschen üblich ist, hält sie sich die kulturrelativistische Hintertür offen. Auf dieser steht: »Falls jemand beweist, daß traditionsbewußte Orientalen in Übereinstimmung mit ihrer Herkunftskultur tatsächlich Frauen stärker diskriminieren als Deutsche, sind Diskriminierungen kritiklos hinzunehmen. Begründung: Normen anderer Kulturen zu kritisieren und zu bewerten ist kulturrassistisch oder ethnozentristisch und deshalb böse.«

Ob die Tabuisierung von Kritik an islamischen Zuwanderern kulturrelativistisch oder durch die Ausblendung der Wirklichkeit begründet wird, ist die Wirkung dieselbe und läuft auf die Ausstellung sexistischer Freibriefe an männliche Migranten fremder Kulturen hinaus – Freibriefe, die orientalische Jungmachos beim Ausleben ›ihrer Kultur‹ gegen Kritik immunisieren. Wenn sich diese selbst mit möglichst vielen jungen Frauen (westlichen ›Huren‹) vorehelich sexuell abreagieren, von der Ehefrau in der Hochzeitsnacht jedoch Jungfräulichkeit verlangen, dann haben wir Einheimische dies gutmenschenartig zu leugnen oder zumindest kulturrelativistisch beflissen zu akzeptieren.

Weshalb soll sich der junge traditionsgebundene (!) Orientale unter diesen Umständen ändern und seiner Schwester erlauben, was er selbst tut - unter Umständen, die ihm erlauben, die Vorteile des liberalen Westens mit den männlichen Machtansprüchen des Orients zu kombinieren. Als männliches Wesen im liberalen Westen lebend, kann er sich schließlich über einen erheblichen sexuellen Handlungsspielraum freuen. Anders als im Orient existieren genügend frei herumlaufende Frauen mit nichtislamischem Hintergrund, an die er sich gefahrlos halten kann, getreu dem Motto: »Die westlichen ›Huren‹ jetzt zum Ficken, die eigenen Frauen später ›unberührt‹ für die Ehe!«

Diese Rahmenkonstellation ist für den traditionsgebundenen Jungorientalen mit einem großen Vorteil verbunden: Seine vorehelichen Erfahrungen geben ihm als Mann umfangreiches Wissen, was er alles von seiner Ehefrau verlangen kann. Die voreheliche Unerfahrenheit der Frauen seines Milieus gibt ihm Sicherheit, daß seine Zukünftige ihn nicht mit anderen Lovern vergleichen wird und möglicherweise als unbefriedigend bewertet.

Die hier wiedergegebene Argumentation erfährt ihre Bestätigung durch die langjährige, im Milieu hinreichend erfahrene Mitarbeiterin von ›pro familia‹ Nursen Aktas. Sie schreibt:

»Im Gegenteil, so mein Eindruck, voreheliche Koituserfahrungen sind ein ›Muß‹ für männliche Jugendliche [moslemischen Hintergrunds]. Die Aufnahme von intimen Beziehungen vor der Ehe ist gängige Praxis allerdings nur in wenigen Fällen mit Partnerinnen aus dem eigenen ethnischen Kontext, sondern mit Partnerinnen, für die Jungfräulichkeit eben nicht diesen spezifischen Wert besitzt. Die leichte Gelegenheit, auf andere Partnerinnen auszuweichen, entbindet dabei von der Notwendigkeit, sich mit der eigenen Doppelmoral auseinanderzusetzen.« (N. Aktas, in: I. Attia/H. Marburger 2000, S. 160)

Sichtbar werde, daß immer mehr weibliche Jugendliche moslemischen Hintergrunds die jungfräuliche Erwartung ihrer größtenteils sexualerfahrenen männlichen Gleichaltrigen ihres Milieus als ungerecht empfinden. (ebenda)

Mit anderen Worten: Zunehmend leiden orientalische Migrantenmädchen an der sexuellen Doppelmoral ihrer ethnischen Altersgenossen. Aufgrund der guten Chancen, zu Sexualkontakten mit westlichen Mädchen zu kommen, haben es die Nachwuchsherren jedoch nicht nötig, ihre sexistischen Ansprüche zu überdenken, geschweige denn zu reduzieren.[1]

Zu dieser Stabilisierung sexistischer Verhältnisse tragen auch unsere falschen Fremdenfreunde mit bei, die Kritik an orientalischen Geschlechternormen als rassistisch oder fremdenfeindlich erscheinen lassen. Nicht zuletzt aus Angst davor, öffentlich an den braunen Pranger gestellt zu werden, verzichten Jugendarbeit, Erziehungs- und Bildungseinrichtungen weitgehend auf die nötige Auseinandersetzung mit den überkommenen Geschlechternormen vormoderner Migrantenjugendlicher. Wertevermittlung allein kann jedoch die sexistischen Milieuprägungen von Jungorientalen kaum aufbrechen. Sexistische (ebenso wie rassistische) Verhaltensweisen lösen sich am ehesten dann auf, wenn diese der Befriedigung eigener Bedürfnisse entgegenstehen. Indem der Jungfräulichkeitsfanatiker immer wieder erfährt, daß er erst dann eine Sexualpartnerin findet, wenn er dem anderen Geschlecht die gleichen Rechte zugesteht, die er selbst für sich beansprucht, verspürt er den größten Druck, von seiner Erwartungshaltung abzukommen.

Durch ihre dauerhafte Tabuisierung der Problematik orientalischer Geschlechternormen verhindert falsche Fremdenfreundlichkeit allerdings die hierfür nötige emanzipatorische Mädchenarbeit, die antisexistischen Druck fördern könnte; die das Bewußtsein westlicher Mädchen für kulturell bedingten Sexismus von Migranten schärft und ihnen hilft, »nein, so nicht« zu sagen; die sie durch Information besser schützt vor unerfreulichen Überraschungen im Umgang mit orientalischen Migranten.

Sicherlich werden falsche Fremdenfreunde diese Ausführungen reflexartig als rassistisch empfinden, weil sie einseitig gegen Orientalen gerichtet seien und ausblenden würden, daß zum Beispiel auch deutsche Jugendliche und deutsche Männer eine sexuelle Doppel-

---

[1] Daß unter solchen Umständen Veränderungen unterbleiben, ist eine völlig normale Reaktion und weder kultur- noch religionsspezifisch. Kaum einer verzichtet freiwillig auf seine Privilegien, wie wir Deutschen mit unserem jahrelangen Dauertheater um die Sanierung der Staats- und Sozialkassen selbst vorführen.

moral vertreten. Dazu nur soviel: Bis auf einige wenige Psychopathen im Promillebereich halten es vorehelich sexuell aktive deutsche, belgische oder schwedische Männer heutzutage für selbstverständlich, daß auch ihre (zukünftige) Ehefrau bereits Sex vor der Ehe hatte. Auch verbieten sexuell aktive deutsche Jungen normalerweise ihren sechzehn- oder achtzehnjährigen Schwestern nicht, ihrerseits sexuelle Beziehungen aufzunehmen. Unbestreitbar ist, daß uns auch in unserer eigenen Kultur noch (Rest)Bestände an sexueller Doppelmoral begegnen. So werden zum Beispiel promiskuitive Frauen deutlich negativer beurteilt als ebensolche Männer. Wenn multikulturelle Gutmenschen diese Doppelmoral mit derjenigen in orientalischen Migrantenmilieus gleichsetzen, dann nur, weil sie sich selbst zensieren und die Unterschiede ausblenden oder ihre Mitwelt bewußt für dumm verkaufen wollen.

Die auf diesen Seiten geäußerte Kritik richtet sich denn auch nicht gegen konsequente Moralisten - weder aus islamischen noch aus christlichen Milieus: Wer selbst auf vorehelichen Sex verzichtet, um mit einer Jungfrau ›unberührt‹ in die Ehe zu gehen, verdient selbstverständlich Respekt. Und hoher Respekt gebührt auch denjenigen orientalischen Migranten, die Frauen als gleichberechtigte Menschen und Partnerinnen ansehen und behandeln - insbesondere, wenn sie dies abweichend von ihrer Herkunftskultur und Sozialisation praktizieren.

Nochmals: Die Tabuisierung von Kritik an Zuwanderern in der Geschlechterfrage verteilt sexistische Freibriefe an orientalische Migranten, die diese demotivieren, sich zu ändern. Gerade weil Sexismus nicht biologisch, sondern kulturell vermittelt wird, darf orientalischer Sexismus nicht tabuisiert werden. Statt dessen ist Bewußtseins- und aufklärende Erziehungsarbeit nötig.

3.3. Sexistische Gewalt in islamischen Vorstädten Frankreichs: ein Zukunftsmodell für Deutschland?

3.3.1 Vom bestialischen Mädchenmord zum ›Aufstand der Anständigen‹

Im traditionellen Orient wird die Anwesenheit gebärfähiger Frauen in der Öffentlichkeit von der Männerwelt als Herausforderung und Beleidigung empfunden. Halten sich Frauen zudem noch ohne Schleier im öffentlichen Raum auf, gelten sie aus Sicht der Männer als nackt.

Jede Frau, die sich frei auf der Straße aufhält, steht in dieser Denkweise sexuell zur Verfügung. Belästigungen sind deshalb vorprogrammiert. (F. MERNISSI 1987, S. 161 ff.)

Diese Sichtweise verurteilt nicht den Belästiger, sondern definiert die sich frei bewegende Frau als Schuldige. Die marokkanische Frauenrechtlerin Fatima MERNISSI wörtlich: »Eine Frau ist im männlich definierten Raum immer ein Eindringling, weil sie *per definitionem* ein Feind ist. Sie hat kein Recht, die männliche Domäne zu beanspruchen. Tut sie es dennoch, stört sie die herrschende Ordnung und die Seelenruhe des Mannes. In der Wirklichkeit ist allein schon die Tatsache, daß eine Frau sich dort aufhält, wo sie eigentlich nicht sein darf, ein Akt der Aggression. Sie stört die von Allah errichtete Ordnung dadurch, daß sie die Männer zu *zina* (Unzucht) verleitet.« (ebenda, S. 162 f.)

Anscheinend fühlen sich auch in der aktuellen Multikulti-Wirklichkeit europäischer Einwanderergesellschaften gewisse Milieus orientalischer Herkunft durch Frauen in ihrer Seelenruhe gestört. In den von islamischen Zuwanderern dominierten Ghettos französischer Vorstädte »beherrschen die jungen Männer Straßen und Plätze; die Mädchen sind in die private Sphäre verbannt. Sobald sie den Fuß vor die Tür setzen, unterliegen sie den Gesetzen eines islamisch verbrämten Machismo. Also versuchen sie, sich unsichtbar zu machen: Niemals einem Jungen in die Augen schauen. Keinen Rock tragen, kein Dekolleté zeigen, sich nicht schminken, nicht in der Öffentlichkeit herumstehen und sich nicht auf Gespräche einlassen. Und möglichst nicht allein gehen«. (*Der Spiegel*, Nr. 11, 13. 3. 2003).

Wer gegen diese fragwürdige Etikette verstößt, gelte schnell als Hure oder Schlampe. Dann werde das Mädchen als Freiwild betrachtet, alles sei erlaubt, auch ›Tournantes‹, gemeinschaftlich begangene Vergewaltigungen. Tournantes seien im Alltag der Trabantenstädte schon fast banal geworden, so der *Spiegel*. Geahndet würden sie selten; die Opfer schwiegen meistens – aus Scham und Furcht oder aus Schuldgefühlen heraus.

Anders Samira BELLIL. Sie war erst 14, als das erste Mal eine Bande über sie herfiel. Ihr Fehler: Sie hatte sich unsterblich in JAID verliebt, einen neunzehnjährigen Bandenführer. Nach ihrem ersten Geschlechtsverkehr überließ JAID Samira den Mitgliedern seiner Clique.

Unter dem Schock einer Gruppenvergewaltigung über eine ganze Nacht hinweg versank sie im Gewaltmilieu. Samira lebte als Kellermädchen, das sich die Jungs gegenseitig ausleihen konnten wie eine CD. Eine lange Psychotherapie und die Hilfe eines erfahrenen Anwaltes richteten sie so weit auf, daß sie öffentlich Zeugnis ablegen und Anklage gegen die parallele, verschlossene Welt der Vorstädte erheben will. (ebenda)

Doch erst ein bestialischer Mädchenmord führte zu einem ›Aufstand der Anständigen‹ und Bedrohten. Die knapp achtzehnjährige Sohane, Tochter algerischer Einwanderer, wurde von dem ihr bekannten neunzehnjährigen Jamal mit Benzin übergossen, angezündet und verbrannte bei lebendigem Leib vor einer Mietskaserne. Der vermutete Anlaß: ihre Auflehnung gegen den ›Herrenmenschen‹ Jamal. (ebenda)

Die tote Sohane und die errettete Samira stehen als Symbolfiguren für den im Frühjahr 2003 aufgeflammten Protest junger Frauen in den muslimischen Vorstädten. »Ni putes, ni soumises«, also weder Huren noch Unterworfene wollen sie zukünftig sein.[1] (ebenda)

Ausgangspunkt des Protestes war Vitry-sur-Seine. Dort unternahmen aufgebrachte junge Frauen einen Protestmarsch, der zu Kundgebungen in 23 Städten führte und am internationalen Frauentag in Paris endete.[2] Noch nie habe es eine derartige kollektive Bewegung gegen die Allmacht der archaischen Traditionen in den muslimischen Ghettos gegeben, so der *Spiegel*. Die Rede ist von archaischen Traditionen, die junge Frauen ganz nach der Logik orientalischer Geschlechtervorstellungen streng in zwei Kategorien aufteilen: »Für die Männer sind die Mädchen entweder Heilige oder Schlampen. Dazwischen gibt es nichts«, so die Organisatorin des Protestmarsches, Fadela Amara. (*Der Spiegel*, Nr. 11/2003)

In Janine Mossuz-Lavaus' Report *Das sexuelle Leben der Franzosen*[3] füllen die vom *Spiegel* aufgezeigten frauenverachtenden Zustände

---

1 Seit einiger Zeit hat sich eine Organisation mit diesem Namen gegründet, die im Internet unter <www.niputesnisoumises.com> zu finden ist.

2 Die Ablehnung dieser archaischen Traditionen fällt unter die Definition des ›kulturellen Rassismus‹. Konsequenterweise müßten unsere selbsternannten Fremdenfreunde die Auflehnung der Frauen gegen solch kulturell fundierten Sexismus mit ›antirassistischen‹ Aktionen bekämpfen.

3 München 2003.

ein eigenes Kapitel. Mossuz-Lavaus schreibt über den fast immer gleichen Handlungsablauf dieser Tournantes: »Ein sehr junges Mädchen aus der Vorstadt verliebt sich in einen der Jungen, läßt sich bei einem Treffen in einem Keller, in einem Müllschuppen oder auf dem Dach sexuell mit ihm ein. Anschließend stellt er das Mädchen dann seinen Kumpels zur Verfügung, die es einer nach dem anderen vergewaltigen, manchmal sogar zu zweit oder zu dritt... Mit anderen Worten, er reicht das Mädchen herum, von daher die Bezeichnung Wanderpokal.« (J. Mossuz-Lavaus 2003, S. 305)

Die orientalischen Jungmänner aus der Vorstadt seien »gerne bereit, an den Vergnügungen mit einem ›Wanderpokal‹ teilzuhaben«, wären sich aber »des Ernstes ihrer Tat wirklich nicht bewußt«. Mädchen würden von ihnen genauso wie Handys oder Designer-Jeans als Ware angesehen. Zudem herrsche die Ansicht vor, »ein Mädchen, das einen akzeptiert, kann auch alle akzeptieren«.

Die gleichen Jungen verstehen allerdings nicht den geringsten Spaß, wenn es um die Ehre ihrer eigenen Schwester geht. Diese seien unnahbar für jeden, weil andernfalls ihre Ehre als Bruder und die der ganzen Familie auf dem Spiel stehe. (ebenda, S. 308 f.) Meistens würden die Opfer schweigen, »denn in einer Kultur, in der es Gesetz ist, jungfräulich in die Ehe zu gehen, ist es oft unmöglich, seinen Eltern zu erzählen, man sei vergewaltigt worden. Um so mehr, als ein vergewaltigtes Mädchen nach den Gesetzen der Vorstadt als eine ›Schlampe‹ gilt, die im Grunde genommen willig war, ja dazu aufgereizt hatte«. (ebenda, S. 306) Komme es zur Anzeige, erachteten die Familien der Täter das junge Mädchen als Hure, und das gesamte Viertel stelle sich auf die Seite des Aggressors. Den Opfern und ihren Familien würde das Leben zur Hölle gemacht. Oftmals bliebe als einziger Ausweg der Umzug. (ebenda, S. 308)

3.3.2. Hauptursachen: Kultur des Marktes oder Rückständigkeit der Herkunftskultur?

Auch die Tageszeitung *Le Monde* (Ausgabe vom 10. 3. 2003) berichtet ausführlich über einige extrem sexistische Vorfälle in den französischen Vorstädten und ihre Hintergründe. Betrachten wir einige ergänzende Aussagen[1] zu diesen Ereignissen, um anschließend einen Blick auf die Ursachen zu werfen.

---

[1] Übersetzung durch den Verfasser.

Le Monde zufolge existieren in den einschlägigen Milieus französischer Großstädte für die großen Brüder junger Muslima nur zwei Arten von Mädchen: die anständigen, sittsamen, das heißt die eigenen Schwestern, und Mädchen, die herumschlampen. Häufig fielen Mädchen in beide Kategorien – je nachdem, ob sie vom eigenen Bruder oder von familienfremden Jungmännern eingeordnet würden. Die Brüder hätten Angst, daß ihre Schwestern mit Jungen zusammenkämen, die sie ausnutzten und mit ihnen sexuell verkehren wollten. Doch keiner habe das Recht, die Schwester auch nur anzufassen. Denn das absolute orientalische Jungfräulichkeitsgebot gelte strikt.

Dennoch: Manche islamische Mädchen verstünden es, der Überwachung durch ihre Brüder zeitweise zu entgehen und einen Kumpel oder Freund zu haben. Immer seien es jedoch Jungen von außerhalb, den sie in anderen Stadtvierteln träfen. Dabei sei die Angst vor Gerüchten häufig präsent. Um ihre Jungfräulichkeit zu behalten, ließen sich Mädchen nordafrikanischer Herkunft oftmals auf Analverkehr ein.

Der algerische Exilant Ghazi Hiddouci, Universitätsprofessor und intensiver Kenner der Szene, bestätigt (ebenfalls in *Le Monde* vom 10. 3. 2003), daß in diesen von muslimischen Migranten geprägten französischen Vorstädten die Geschlechter nicht gleichberechtigt sind. Wörtlich fügt er hinzu: »Zwischen Jungen und Mädchen existieren einzig Beziehungen der Gewalt und der Beherrschung, was gefühlsmäßige Bande von einer zur anderen Gruppe oder unter Geschwistern nicht ausschließt.«

Die zentrale Ursache für die frauenverachtenden Zustände in den betroffenen Vorstädten sieht Hiddouci in der ungebrochenen Desintegration junger Orientalen in der westlichen (französischen), individualisierten Gesellschaft. Schuld an dieser Desintegration sei die Kultur des Marktes der westlichen Einwanderungsgesellschaften, die auf dem individuellen Erfolg basiere, jeden isoliere und einen grausamen ›Schock‹ bei Migranten verursacht habe. Gefühle der Minderwertigkeit unter jungen Männern orientalischer Herkunft seien entstanden, weil diese schlechte Schulnoten hätten oder ohne Arbeit dastünden und oftmals nicht richtig französisch sprächen. Die solcherart Gedemütigten seien gezwungen, Gegenmittel zu entwickeln, um zu bestehen. Eines davon sei, Stärke in der Gruppe zu finden, die auf Gegenseitigkeit beruhe. In diesen Milieus sei Gruppenbildung jedoch nur für Jungen praktikabel. Mädchen hätten dazu keine Chance. (Nach: ebenda)

HIDDOUCIS Analyse, die die Schuld an der Misere einseitig der ›bösen‹ westlichen Kultur des Individualismus und des Marktes[1] zuordnet, greift zu kurz. Sie blendet den Schuldanteil der orientalischen Herkunftskultur am Scheitern orientalischer Migranten in der westlichen Gesellschaft aus und entläßt die Jungmachos aus der Eigenverantwortung für ihre Frauenfeindlichkeit.

Unabhängig davon, wie man die westliche, insbesondere die französische Kultur bewertet, es gab sie bereits, als die islamischen Migranten nach Frankreich einwanderten. Wer sich unter diesen Umständen für die Migration entschied, sollte sich heute nicht über die absehbaren Folgen beklagen. Die Ursache für die angesprochene Desintegration liegt deshalb auch an der Unfähigkeit von Migranten, sich von ihren vormodernen Gruppenzwängen zu befreien und die vorhandenen Grundregeln der französischen Gesellschaft zu akzeptieren und sich diese anzueignen. Zu diesen Grundregeln gehören sowohl die Freiheit des Einzelnen als auch die Verteilung von Status, Einkommen, Wohlstand über Markt und Staat, nicht aber über Stammes-, Clan- oder Glaubensloyalitäten.

Nun könnte man einwenden, die westlichen Einwanderungsgesellschaften diskriminierten bestimmte gesellschaftliche Gruppierungen, insbesondere Migranten aus dem islamischen Kulturbereich. Deshalb hätten diese Migranten keine Chance, in der ›Marktgesellschaft‹ zu bestehen. Daß Diskriminierungen stattfinden, ist unbestreitbar. Zudem sind die Chancen auf dem Markt ungleich verteilt. Dennoch sollte man das Bild geraderücken und hinzufügen: Islamische Migranten, die im Westen ihre überkommenen Traditionen hochhalten, diskriminieren sich auch selbst – so zum Beispiel, wenn moslemische Eltern ihren begabten Töchtern den Besuch einer höheren Schule untersagen, um diese vor westlichen Einflüssen zu ›schützen‹. Das ist auch der Fall, wenn orientalische Eltern ihren Töchtern grundlegende Freiheiten vorenthalten, um zu vermeiden, daß sie durch die eigene Subkultur ausgegrenzt werden.

---

[1] Auch die westliche Kultur wird nicht ausschließlich vom Markt beherrscht, wie die ausufernden Staatsquoten in Europa belegen.

Die Normen islamisch geprägter Subkulturen grenzen jedoch nicht nur Musliminnen vom Erfolg in der westlichen Marktgesellschaft aus. Auch (junge) männliche Moslems werden durch Normen ihrer eigenen Milieus benachteiligt. Dies zeigt sich, wenn man die islamischen Erziehungsvorstellungen betrachtet. SPULER-STEGEMANN führt dazu aus:

»Die islamischen Erziehungsideale entsprechen in mancherlei Hinsicht nicht den ›westlichen‹ Vorstellungen. Die Muslime legen besonderen Wert auf den Respekt älteren oder höhergestellten Menschen gegenüber. Disziplin in der Schule wie im Elternhaus ist ihnen wichtig, Gehorsam und Wohlverhalten nicht minder. Wissen wird angehäuft, Querdenken nicht gefördert, Eigeninitiative der Kinder selten unterstützt.« (U. SPULER-STEGEMANN 1998, S. 235)

Mit anderen Worten: In islamischen Milieus herrschen einseitig autoritäre Strukturen und streng hierarchische Beziehungsgeflechte. Kritikfähigkeit, Kreativität und die Freiheit, individuell zu entscheiden beziehungsweise frei zu handeln, werden – da unvereinbar mit den islamischen Normen – nicht eingeübt. Diese Eigenschaften sind jedoch, neben der Bereitschaft zur Ein- und Unterordnung, für den Erfolg in der Schule wie der Arbeitswelt des Westens sehr bedeutsam.

Wenn der junge Orientale auch noch einen beträchtlichen Teil seiner freien Zeit verwendet, um seine Schwester(n) zu schützen und zu kontrollieren, ist er zusätzlich gehandikapt. Jede Minute, die er mit dieser unproduktiven Tätigkeit verbringt, besser gesagt aufgrund der sexistischen Gewaltverhältnisse seines Milieus verbringen muß, fehlt ihm zum Lernen für den Erfolg in der Kultur des Westens.

Unter den aktuellen Gegebenheiten islamischer Milieus ist eine Integration junger Muslime in die westliche Kultur kaum möglich – auch nicht, wenn man diese als ›Kultur des Marktes‹ abwertend vereinfacht. Was wäre denn die Alternative? Soll man fordern, die westliche Kultur und Wirtschaftweise müsse sich den Traditionen und überkommenen Standards islamischer Migranten anpassen? Dies würde die Lage traditionalistischer islamischer Migranten möglicherweise tatsächlich verbessern, liefe jedoch unter dem Strich auf eine schleichende Kolonisierung der Mehrheitsgesellschaft unter islamischen Vorzeichen hinaus. Dabei blieben die ›unislamischen‹ Menschenrechte zwangsläufig auf der Strecke. Verstärken würden sich

Ineffizienz, Vetternwirtschaft, Gewalt und Korruption, wie ein Blick in real existierende Länder des islamischen Kulturkreises veranschaulicht.

3.3.3. Gesellschaftliches Außenseitertum ist kein Grund zum Frauenquälen!

Die Ursachen für das Scheitern muslimischer Zuwanderer in der französischen Gesellschaft einseitig an der französischen Kultur festzumachen, mag bezeichnend für den Zeitgeist sein, entspricht aber nicht den Tatsachen. Auch erklärt dieses Scheitern nicht die Frauenfeindlichkeit junger moslemischer Migranten. Gesellschaftliche Randständigkeit darf kein Grund zum Frauenquälen sein. Der Sexismus junger muslimischer Männer in den französischen Vorstädten wurzelt in archaischen Traditionen, die sich über lange Zeiträume in den islamischen Herkunftsländern herausgebildet haben. Die fehlende Integration in die französische Gesellschaft ist allenfalls ursächlich für ein verstärktes Wiederaufleben traditionell-orientalischer frauenfeindlicher Verhaltensweisen in neuem Gewand. Kulturelle Traditionen, so rückständig sie auch sein mögen, bieten nichtintegrierten Migranten Identität. Auch für die religiöse Bindung gilt dies. AMEL, eine algerische Migrantenjugendliche, bringt diesen Mechanismus, bezogen auf den Islam, in der Pariser *Le Monde* genau auf den Punkt: »Hier sind wir nicht wirklich Franzosen. Aber dort unten gelten wir überhaupt nicht als Algerierinnen. Daß wir dann Musliminnen sind, ist normal, andernfalls würden wir nicht existieren.« (*Le Monde*, 10. 3. 2003)

Um zu verdeutlichen, daß sich die sexistischen Anmaßungen junger männlicher Muslime in Frankreich aus den entsprechenden Normen der alten Heimat herleiten, lassen wir uns auf ein kurzes Gedankenexperiment ein. Nehmen wir an, in einem fernen Land würden Migrantenkolonien schwedischer Einwanderer existieren. In diesem fernen Land gäbe es außerdem eine andere Religion, und es herrschten fundamental andere kulturelle Traditionen als in Schweden. Gehen wir davon aus, die schwedische Auswanderung habe zum Großteil in den sechziger und siebziger Jahren des zwanzigsten Jahrhunderts stattgefunden. Nehmen wir weiter an, den Schweden sei es nicht gelungen, von der Mehrheitsgesellschaft als selbstverständlicher Teil ihrer selbst akzeptiert zu werden; sozioökonomisch stünden sie am Ende der sozialen Skala. Gleichzeitig lehnten die Schweden in der alten Heimat die Migrantenschweden als Fremde ab. Würde die Randständigkeit dieser Migranten nun dazu führen, daß sich in den schwedischen Einwandererkolonien ein extremer Sexismus breit machte? Ein Sexismus mit Jungfräulichkeitskult und Überwachung von Frauen durch Männer, mit der Folge, daß Mädchen und Frauen allmählich von den öffentlichen Plätzen verdrängt würden bzw. diejenigen, die sich in der Öffentlichkeit frei bewegten, zum Freiwild junger Männer würden - und so weiter, und so fort?

Natürlich nicht. Die Schweden würden vielleicht protestantischer werden, sich stärker auf überkommene schwedische Sitten und Gebräuche besinnen, aber keinen Sexismus orientalischer Ausprägung praktizieren!

Wir können also festhalten: Frauenfeindliche Zustände, wie in orientalischen Migrantenmilieus zu begegnen, existieren dort aufgrund eines Ursachenmixes, der sich aus verschiedenen Komponenten zusammensetzt. Die wesentlichen sind:

- Von Beginn an eine zumindest latente Fortexistenz überkommener kultureller Sitten und Gebräuche, zu denen auch ein sexistisches Frauenbild mit entsprechenden Verhaltensmustern gehört;
- das Scheitern in der Migrationsgesellschaft, das auch durch das Beharren auf dysfunktionalen Gruppennormen der Migranten selbst mitbedingt ist;
- Identitätsprobleme durch doppelten Ausschluß - aus der Herkunftsgesellschaft ebensowie aus der Einwanderungsgesellschaft;[1]

---

[1] Die Schuld kann nicht immer nur in der ›bösen‹ Aufnahmegesellschaft gesehen werden. Genauso (un)plausibel läßt sich der Schuldspieß auch herumdrehen. Heraus kommt dann das Argument: »Solange Migranten sich abweichend von den Regeln der (französischen, britischen, niederländischen, deutschen usw.) Einwanderungsgesellschaft verhalten, braucht man sich nicht zu wundern, wenn diese Migranten als Fremde angesehen werden.« Die Ursache der Randständigkeit moslemischer Migranten ist eben nicht einseitig, sondern liegt in Interaktionsprozessen zwischen Aufnahmegesellschaft und fremdkulturellen Minderheiten eingebettet. Beide tragen ihren Anteil am Gelingen wie am Mißlingen der Integration!

Integration bedeutet allerdings Eingliederung in bestehende Sozialgebilde, nicht deren Umkrempelung. Das heißt, Integration setzt voraus,

- mangelndes Selbstwertgefühl, das sich dem Scheitern in der Migrationsgesellschaft ebenso wie allgemeinen Identitätsproblemen verdankt;
- sexuelle Frustration aufgrund unzureichender Gelegenheiten, mit Mädchen (des eigenen Milieus) Kontakte und Freundschaften zu schließen;
- Anheizung der sexuellen Phantasie durch pornographische Medien, die in der westlichen Kultur frei zugänglich sind. Dabei wird auch ein Frauenbild verstärkt, das Frauen einseitig als sexuell willfährige Wesen darstellt;
- Kompensation männlicher Minderwertigkeitsgefühle durch Machtausübung über Mädchen/Frauen;
- Unfähigkeit und/oder Unwilligkeit der Aufnahmegesellschaft und ihrer Instanzen, die orientalisch geprägten sexistischen Handlungen wahrzunehmen und zu unterbinden.

Selbstwertdefizite lassen sich mittels Herrschaft über andere Menschen teilweise ausgleichen. Die Dominanz über junge Frauen verschafft orientalischen Jungmännern Macht, die das Gefühl der eigenen Ohnmacht reduziert und zur (oberflächlichen) Stabilisierung des beschädigten Selbsts beiträgt. Wer seine Schwester herumkommandiert, sie von einer vermeintlich ›gefährlichen‹ Mitwelt abschirmt, ihr aber auch Schutz bietet, steht zumindest nicht ganz unten. Wer dann noch in der ›Männergruppe‹ familienfremden Mädchen seine (körperliche) Überlegenheit demonstriert, ihnen Verhaltensregeln aufzwingt, sie sogar sexuell ›besitzt‹, fühlt sich gefürchtet, respektiert, geachtet - und sei es nur im negativen Sinn.

---

daß die Grundregeln der Gesellschaft nicht zur Disposition stehen, sondern respektiert werden. Diese Einhaltung zentraler Gesellschaftsprinzipien sollte in der Mehrheitsgesellschaft Konsens sein und gegenüber allen Gruppen von Migranten ohne multikulturelles Wenn und Aber vertreten werden. Insbesondere Demokratie und Menschenrechte sind viel zu bedeutsam, als daß diese im Namen der Toleranz einem frauenverachtenden, intoleranten Islam geopfert werden dürfen.

3.3.4. Männliche Sinn-Inszenierung durch Macht über Frauen

Vergegenwärtigen wir uns die ganz andere Situation des Mannes in der modernen westlichen Gesellschaft. Dort sind Männer einem mehrfachen Funktionsverlust ausgesetzt. Polizei und Justiz haben Männerbünde als Schutz- und Strafinstrumente abgelöst. Die Schutzbedürftigkeit von Frauen hat sich drastisch reduziert. Schutz vor wilden Tieren ist nicht mehr nötig, Schutz vor Naturgewalten nicht (mehr) von Körperkraft abhängig. Zudem gebären Frauen heutzutage weniger Kinder, sind also wehrhafter und entscheiden in der Regel selbst über Bindungen zu Männern. Gleichzeitig werden westliche Frauen beruflich immer erfolgreicher, also materiell von Männern unabhängiger. Hinzu kommt, daß der Staat ein Existenzminimum garantiert.

Diese moderne Geschlechterkonstellation verunsichert männliche, islamisch geprägte Migranten aus ihrem patriarchalen Selbstverständnis heraus besonders stark. Für viele dieser Migranten kommt verschärfend hinzu, daß sie ihr berufliches Scheitern vor Augen haben, das für sie mit der Unfähigkeit und/oder Unmöglichkeit einhergeht, eine Familie angemessen zu versorgen.

Unter diesen Voraussetzungen ist sexuelle Gewalt gegen junge Frauen nicht nur ein Abreagieren des Sexualtriebes und eine Demonstration von Macht, sondern auch männliche Sinn-Inszenierung über die künstliche Schaffung von Schutzbedürftigkeit. Das dahinter stehende Prinzip ist einfach: »Belästigst und bedrohst du meine Schwester (respektive Freundin), bedrohe ich deine Schwester. Wir beide werden dann als Schutzmann benötigt, werden in unserer Bedeutung aufgewertet und können unsere Macht über junge Frauen legitimieren.«

Je sexistischer und gewalttätiger die fremde Männerwelt also agiert, desto stärker ist auch die Bereitschaft der zu Beschützenden, Schutz bei einem (jungen) Mann zu suchen und sich seinen Vorgaben zu fügen. Zur Wahrung seiner Funktion ist der Beschützer (der Schwester oder auch der Freundin) immer auf die latente Bedrohungssituation junger Frauen durch andere junge Männer angewiesen. Ist die Bedrohung stark genug, funktioniert das Abhängigkeitsverhältnis bereits ohne den unmittelbaren Besitzanspruch auf Frauen. Die Schutzbedürftigkeit nährt sich selbst, sorgt für freiwillige Unterwerfung unter männliche Herrschaftsansprüche.

Der Hauptgrund dafür, daß (junge) moslemische Frauen in französischen Vorstädten Schutz bei (jungen) moslemischen Männern nötig haben, besteht also darin, daß sie von (jungen) moslemischen Männern bedroht werden. Das gewalttätige Verhalten junger Moslems orientalischer und auch schwarzafrikanischer Herkunft[1] stellt, funktional betrachtet, demnach einen Akt der Solidarität unter (jungen) Männern dar. Die inszenierte Notwendigkeit, Mädchen/Frauen vor ihresgleichen zu beschützen, stiftet für junge orientalische Männer eine Sinn-Kulisse und führt dazu, daß es wenigstens noch eine bedeutsame Rest-Aufgabe für Männer gibt, die - bedingt - bewältigt werden kann.

In der Inszenierung der Schutzbedürftigkeit (junger) Frauen liegt jedoch das Risiko einer Abwärtsspirale. Je mehr Belästigungen und Bedrohungen zunehmen, desto realer sind die Bedrohungen, desto weniger zeigen sich junge Frauen ohne männliche Begleiter in der Öffentlichkeit. Die immer weniger werdenden Gelegenheiten, mit Mädchen in Kontakt zu kommen, steigert die (visuelle) sexuelle Frustration und führt geradewegs zu einer Zunahme an Belästigungen durch junge Männer. Dies wiederum bewirkt einen verstärkten Rückzug von jungen Frauen; der Teufelskreis setzt sich fort.

Das Bevölkerungspotential islamischer Migranten wird in den nächsten Jahrzehnten in Deutschland wie in fast allen westlichen Industrieländern zunehmen. Auch ohne weitere Migration sorgt dafür allein die höhere Geburtenrate dieser Bevölkerungsgruppe. Wenn wir der Frauenfeindlichkeit dieser Milieus nicht entgegensteuern, ist es nur noch eine Frage der Zeit, bis auch in Deutschland ›französische Zustände‹ einkehren. Ansätze zu einem ausgeprägten Sexismus islamischer Milieus, wie er sich in französischen Großstädten zeigt, sind in unserem Land bereits erkennbar. So berichtet Hiltrud Schröter in *Mohammeds deutsche Töchter* von Erfahrungen sexueller Anmache junger moslemischer Frauen durch heranwachsende Reli-

---

[1] Dieser Mechanismus zeigt sich in orientalischen Milieus besonders auffällig, ist jedoch beileibe nicht darauf beschränkt. In rechtsradikalen Skinheadmilieus ist ansatzweise Ähnliches zu beobachten. Auch dort werden Mädchen/junge Frauen von perspektivlosen Jungmännern dominiert - allerdings mit dem Unterschied, daß diese Beherrschung weder die strenge Überwachung der eigenen Schwester noch einen ausgeprägten Jungfräulichkeitskult beinhaltet.

gionsgenossen. In Anlehnung an die Aussage einer interviewten jungen Muslima marokkanisch-französischer Herkunft schreibt H. Schröter:

»Diese Beschreibung ist kein Einzelfall. Ich habe mehrere Interviews, in denen junge Mädchen derartige Erfahrungen beschreiben und sich besonders über die Marokks und Türks beschweren. Wörtlich heißt es da zum Beispiel: ›Wenn du das Kopftuch nicht anziehst, ficken wir dich.‹ Ausländische Studentinnen in meinen Seminaren haben nach dem Lesen dieser Interviews bestätigt, daß es das gibt und sie selbst derartiges erfahren haben. Zum Schutz vor ihren männlichen Landsleuten würden sie in der Öffentlichkeit ihre Muttersprache nicht mehr sprechen. Das sagten mir iranische, marokkanische und türkische Studentinnen.« (H. Schröter 2002, S. 218)

Auch aus Eigeninteresse sollten wir dem frauenverachtenden Treiben in islamischen Parallelkulturen nicht tatenlos zusehen. Sonst wird eines Tages orientalischer Islamosexismus auch das Alltagsleben der europäischen Einheimischen empfindlich beeinträchtigen. Es tut not, sexistische Anmaßungen und Gewalttätigkeiten junger Orientalen ebenso konsequent zu bekämpfen wie rassistische Äußerungen und Verhaltensweisen junger Europäer.

Teil IV

Lösungsorientierte Folgerungen angesichts der Kulturkritik an islamischen Migranten in der Geschlechterfrage

Türkische Mädchen in Deutschland. Eine grundlegende Reformierung des Islams – ein Euroislam im Sinne B. Tibis – tut not. Es fragt sich aber, ob der Islam überhaupt reformierbar bzw. reformwillig ist. Foto: Seeliger/ Imago.

1. Kapitel

Plädoyer für eine Leitkultur der Grundwerte

1.1. Integration durch Angleichung im Grundsätzlichen statt Steinigung untreuer Ehefrauen

»Gruppen, die sich, wie friedlich und selbstgenügsam auch immer, der Kultur der Mehrheitsgesellschaft verweigern, können bei dieser ein ungeheures Potential an blindem und keiner Vernunft- und Nützlichkeitserwägung mehr zugänglichem Haß freisetzen. Auch auf dem Hintergrund dieser möglichen Gefahr muß daher die Diskussion über Integration und das Recht auf kulturelle Eigenständigkeit geführt werden.« (D. COHN-BENDIT/Th. SCHMIDT 1993, S. 206)

Diese Ansicht äußert nicht etwa ein böser Stammtischfaschist, sondern sie stammt von den Multikulti-Fans Daniel COHN-BENDIT und Thomas SCHMIDT. Nun haben wir aber erfahren, daß orientalische Gruppen sich in der Geschlechterfrage manchmal alles andere als friedlich und selbstgenügsam gebärden und sich der Kultur der Mehrheitsgesellschaft hartnäckig verweigern. Welches Risiko diese Verweigerung unter Zugrundelegung der COHNschen Haßthese beinhaltet, können wir uns leicht ausmalen.

Ihre Analyse zur Integration kulturfremder Zuwanderer setzen COHN-BENDIT/SCHMIDT jedoch nicht konsequent fort: Eine Assimilation (Angleichung) von Migranten an die Aufnahmegesellschaft halten sie nicht für erstrebenswert: Unmittelbar im Anschluß an ihren eben zitierten Gedanken schreiben sie: »Damit plädieren wir nicht dafür, den Angehörigen von Minderheiten angesichts solcher Gefahren die Aufgabe ihrer Kultur und die möglichst schnelle Integration oder gar Assimilation nahezulegen. Wir sagen nur, daß der kulturelle Konflikt explosive Potentiale beinhalten kann und daß die multikulturelle Gesellschaft dann vermutlich am ehesten zivil bleibt, wenn beide Seiten kulturell aufeinander zugehen.«

Die Forderung nach wechselseitiger Annäherung vertritt auch der Bayerische Jugendring (BjR). In einer Pressemitteilung vom 20. Oktober 2002 vertritt er die Position: »Der BjR versteht die Aufgabe der Integration junger Menschen mit Migrationshintergrund nicht als Assimilation fremder Kulturen in die einheimische. Integration in der Jugendarbeit ist geprägt durch gegenseitige Annäherung. Dies setzt Veränderungsbereitschaft auch in unseren Reihen voraus.«

Es wäre interessant zu erfahren, in welchen Punkten COHN-BENDIT/SCHMIDT und der Bayerische Jugendring konkret Veränderungsbereitschaft von uns Deutschen anmahnen. Wie soll die deutsche Bevölkerung in der Geschlechterfrage auf traditionsgebundene orientalische Migranten zugehen? Welche orientalischen Geschlechternormen sollten wir ihrer Meinung nach übernehmen, um zu einer gegenseitigen Annäherung zu gelangen? Leider erfahren wir darüber überhaupt nichts. Machen wir uns also selbst einige Gedanken.

Wir Deutschen könnten beispielsweise die Ehrvorstellung unserer Familien ein bißchen orientalisieren und ›unsere‹ Frauen dazu zwingen, auf Rechte zu verzichten, die wir als ›Herren‹ selbstverständlich für uns in Anspruch nehmen und von denen wir auch ganz handfest profitieren. Wir könnten zum Beispiel ›unsere‹ Töchter und Schwestern zu strikter sexueller Passivität vor der Ehe verpflichten und sie vorsorglich zu Hause wegsperren. Sollte ihnen ein familienfremdes männliches Wesen näher kommen, hätten wir sogleich ein Ventil für unsere Aggressionen.

An fremde Kulturen annähern könnten sich deutsche Eltern auch, indem sie ihre Töchter vom gemischtgeschlechtlichen Sportunterricht und von Schulfahrten ausschließen. Oder wie wäre es damit: Die Hälfte der deutschen Mädchen und Frauen verhüllt sich mit Tüchern – damit moslemische Migrantinnen nicht mehr als solche erkennbar sind? Aber auch für unsere Scharia-treuen islamischen Mitbürger sollte ein Schmankerl dabei sein. Wir könnten zum Beispiel auf deren kulturelle Besonderheiten ein Stück weit zugehen, indem wir ab und zu eine deutsche Ehefrau nach einem Seitensprung zur Steinigung freigeben. . .

Ironie beiseite: Falls wir uns dafür entscheiden sollten, uns den Zuwanderern in unserem Land kulturell anzunähern, hätten wir es sehr schnell mit unüberwindbaren Problemen zu tun. In deutschen Städten leben heutzutage Menschen aus bis zu einhundertsechzig verschiedenen Volksgruppen, die zum Teil einander geradezu widerstrebenden und mit Sicherheit sehr fremden Kulturen entstammen. Um überhaupt über die Voraussetzungen zu verfügen, den Angehörigen all dieser kulturellen Gruppen in angemessener Weise entgegenkommen zu können, bedarf es einer Genieleistung in puncto kultureller Bildung. Man stelle sich eine deutsche Großstadt-Schule in einem multikulturellen Wohngebiet vor. Diese wird außer von deutschen auch von Schülern aus verschiedenen orientalischen und schwarzafrikanischen Ländern besucht, außerdem von Schülern aus Indien, Vietnam, China oder Lateinamerika.

Sollten sich die deutschsprachigen Einheimischen unter diesen Umständen wirklich an Kulturen aus 150 und mehr Ländern annähern? Dabei läßt sich nachweisen, daß wir schon bei der kulturellen Annäherung an eine einzige Volksgruppe überfordert sind. Innerhalb einzelner Zuwandererethnien existieren oftmals kulturell sehr unterschiedliche Subgruppierungen. So etwa bei den türkischen Migranten: In Deutschland leben neben traditionellen und halbtraditionellen durchaus auch modern geprägte Menschen türkischer Herkunft. Zum Zweck eines angemessenen Zugehens auf alle diese türkischen Zuwanderer müßten wir demnach nicht nur über die traditionelle türkische Kultur Bescheid wissen. Wir müßten zusätzlich herausfinden, inwiefern das Gegenüber überhaupt noch seiner angestammten türkischen Kultur verhaftet ist. Vielleicht hat sich seine Familie inzwischen unserer Kultur angenähert – aber in welchem Umfang? Oder die Familie kam bereits mit ›modernem‹ Hintergrund aus der Türkei – empfindet aber in mancher Hinsicht noch eher traditionsbewußt. Sollen wir uns in unserem Annäherungswahn an fremde Kulturen am Ende noch traditionell-türkischer gebärden als unser türkisches, leidlich eingedeutschtes Gegenüber?

Wir sehen: Das von uns geforderte kulturelle Entgegenkommen gegenüber Migranten hätte ein Volk von neurotischen ›Kulturchamäleons‹ zur Voraussetzung. Als Nebeneffekt würden wir Deutschen unsere eigene Kultur aus den Augen verlieren (was für selbsthassende Bundesbürger, man muß es sagen, ein durchaus erfreulicher, wenn nicht sogar beabsichtigter Begleiteffekt wäre).

Ungleich realistischer als COHN-BENDIT/SCHMIDT und der Bayerische Jugendring wirkt in seiner Argumentation der französische Soziologe Emmanuel TODD, der sich ohne Wenn und Aber für die Notwendigkeit einer Assimilation kulturfremder Migranten an die Grundnormen der (französischen) Aufnahmegesellschaft ausspricht. Diese Position vertritt TODD ausdrücklich auch in der Frauenfrage. TODD wörtlich: »Das offene Bekenntnis zum Assimilationismus würde es möglich machen, ohne sich dafür schämen zu müssen, auf französischem Territorium alle anthropologischen Elemente abzulehnen, die außerhalb des französischen Minimalkonsenses stehen. Die Unterdrückung der Frau in den arabischen Ländern oder in Mali wäre in dieser Hinsicht ein zentrales Element.« (E. TODD 1998, S. 417)

Der deutsche Minimalkonsens in der Geschlechterfrage findet sich im Grundgesetz niedergelegt. Demnach sind Frauen gleichwertig und dürfen weder im öffentlichen Recht noch im Familienrecht benachteiligt werden. Keinen Platz hat hier die islamische Vorstellung, die Frauen aufgrund einer unterstellten Minderwertigkeit weniger Rechte als dem angeblich höher stehenden Mann einräumt.

Innerhalb (!) des deutschen Minimalkonsenses ist genug Platz für Zuwanderer aus allen möglichen Kulturen, ihre Eßgewohnheiten beizubehalten, ihre Musik zu hören, ihren Gott anzubeten (nicht aber die Religionsfreiheit mit Füßen zu treten!) und ihre Bräuche zu praktizieren.

1.2. Die Notwendigkeit gemeinsamer Normen und Werte

Ein dauerhaft friedliches Zusammenleben von Menschen unterschiedlicher Herkunft ist nur möglich, wenn alle gemeinsame Grundwerte teilen. Die gemeinsamen Grundwerte unserer Gesellschaft sollten sich beispielsweise am Grundgesetz orientieren, und nicht an dem Koran oder dem islamischen Recht. Demokratie und Menschenrechte aus ›Liebe‹ gegenüber vormodernen Zuwanderern zu relativieren oder gar preiszugeben käme der Selbstaufgabe gleich. Die Notwendigkeit gemeinsamer, an der Aufklärung orientierter Grundwerte unterstreicht auch B. TIBI. Dabei spricht er sich für eine europäische Leitkultur aus und kritisiert die deutsche Multikulti-Szene wegen ihres destruktiven Tabuisierens:

»Das friedliche Zusammenleben erfordert die rationale Bewältigung der Unterschiede und das Vorhandensein eines Konsenses über einen Normen- und Wertekatalog. Nur wenn wir Unterschiede erkennen und über sie sprechen dürfen, versetzen wir uns in die Lage, den nötigen Konsensus zu erreichen. . . Innerer und sozialer Friede innerhalb Europas erfordern ein Einverständnis über Gemeinsamkeiten. Dies nenne ich ›Leitkultur‹, ohne die die bestehende Spannungen, die bis zu Gewalttätigkeiten eskalierende Konflikte hervorrufen können, nicht bewältigt werden können. . . Fest steht: Die angesprochenen Konfliktpotentiale lassen sich durch gesinnungsethische Moralisierungen nicht aus der Welt schaffen. Besonders gefährlich und für den Frieden abträglich ist die Neigung gesinnungsethisch denkender deutscher Intellektueller, zu tabuisieren und diejenigen, die sich an Denkverbote nicht halten, als ›Kulturrassisten‹ zu diffamieren.« (B. TIBI 2000, S. 181)

Eine Gesellschaft, die bestimmte Grundwerte vertritt, kommt auch nicht umhin, im gewissen Sinne eine ethnozentrische Position zu vertreten. Selbst der renommierte Psychologe Mihaly CSIKSZENTMIHALYI stellt fest, daß Ethnozentrismus menschlicher Gruppierungen etwas Normales ist:

»Der Ethnozentrismus scheint ein unvermeidliches Ergebnis kultureller Zugehörigkeit zu sein und läßt sich vermutlich nicht umgehen. Überleben und Selbstachtung hängen von der Gruppe ab, in die wir hineingeboren werden. Inzwischen sind die Instruktionen, die durch die Kultur überliefert werden, fast genauso wichtig für unser Überleben geworden wie die genetischen. . . Aber die Kultur greift in diesen Lernprozeß ein, der uns zu Menschen macht. So wie die Gene den Körper als Vehikel für ihre eigene Reproduktion benutzen, neigt auch eine Kultur dazu, die einzelnen Mitglieder als Vehikel für ihr eigenes Überleben und ihre eigene Entfaltung zu benutzen. Um dieses Ziel zu erreichen, muß sie uns von ihrer Überlegenheit überzeugen.« (M. CSIKSZENTMIHALYI 1995, S. 104 f.)

So betrachtet, ist die Tatsache, daß Moslems überzeugt sind, ihre islamische Gemeinschaft sei die beste der Welt, an sich nicht beunruhigend und etwas durchaus Normales. Schließlich sind auch die Anhänger anderer Religionen und religiöser Gruppierungen überzeugt, der weltbesten Gemeinschaft anzugehören. Beunruhigend ist jedoch ein islamischer Ethnozentrismus, der Konversion weg vom islamischen Glauben mit dem Tode bestraft, Frieden nur im eigenen Herrschaftsgebiet vorsieht und nach der Herrschaft über die gesamte Erde strebt. Daß der Islam bis heute nicht nur von einem krankhaft übersteigerten Ethnozentrismus besessen, sondern darüber hinaus von Gewalt geprägt ist, meint auch der in Berlin lebende Schriftsteller türkischer Abstammung Zafer SENOCAK:

»Der Islam selbst bildet den Bodensatz für die Gewalt, die in seinem Namen verübt wird. Natürlich ist auch nach islamischem Recht Menschenleben unantastbar. Doch das gilt in erster Linie für muslimisches Leben. Gottlose oder vom Islam abgefallene Menschen dagegen haben kein Lebensrecht. Gegen sie kann jederzeit eine Todesfatwa ausgesprochen werden. In den von rationaler Aufklärung weitgehend unberührt gebliebenden Labyrinthen des islamischen Glaubenssystems herrscht eine menschenfeindliche, Angst und Schrecken verbreitende Atmosphäre, die wie eine Droge wirken kann, wenn man sich ihrer Wirkung bedingungslos unterwirft. Die westliche Gesellschaft mit ihren vielen kleinen Fluchten und Freiheiten muß der Hauptfeind dieser ›ernstmeinenden‹ Religion sein, die das ganze Leben in seiner Totalität erfassen und regeln möchte. Nicht zufällig richtet sich die Aggressivität der muslimischen Extremisten vor allem gegen Frauen. Die Befreiung der Frau aus den Fesseln der Tradition bringt das gesamte männlich dominierte System ins Wanken. Die Verhüllung, egal, ob als Schutz oder Unterdrückung interpretiert, ist das Symbol der intakten Tradition, der funktionierenden Hierarchien, die Scheidelinie zur freien Welt.« (Z. Senocak, »Der Feind in unserer Mitte«, in: *Die Welt,* 15. 9. 2001)

1.3. Weder ethnozentristische Arroganz noch ethische Gleichgültigkeit

Selbst wenn wir von der Höherentwicklung unserer eigenen Kultur überzeugt sind, dürfen wir nicht gedankenlos unseren westlich-individualistischen Maßstab an vormoderne Gesellschaften anlegen. Es wäre unsinnig, für Frauen in Afghanistan innerhalb der nächsten Jahre die Freiheiten einer deutschen Mittelschichtenfrau zu fordern. Der Stand der materiellen, sozialen, religiösen und geistigen Entwicklung, die Neigung von Systemen, ihren geordneten Zustand zu bewahren, läßt dies nicht zu. Wer sich jedoch, von dort kommend, in unserem Land niederläßt, hat zu respektieren, daß in Deutschland andere Bedingungen gelten. Wenn kulturrelativistische Überzeugungstäter Migranten aus vormodernen Kulturen weismachen, sie könnten in unseren Breiten alle ihre kulturellen Eigenheiten unhinterfragt weiterpflegen, zeugt dies von einem menschenrechtsverachtenden Moralismus.

Jeder Zuwanderer sollte zu Beginn seines Aufenthaltes in der Bundesrepublik über die Grundnormen dieser Gesellschaft aufgeklärt werden. Dies könnte durchaus in einer Art Staatsbürgerschafts-

Grundkurs geschehen. Dabei ist von vornherein zu verdeutlichen, daß die Grundregeln dieser Gesellschaft die Entscheidungsfreiheit des Einzelnen über das Recht von Gruppen auf kulturelle Identität stellt. Das heißt zum Beispiel, daß auch in islamischen Milieus niemand das Recht besitzt, junge muslimische Frauen einer Zwangsehe zu unterwerfen oder volljährigen Musliminnen die Ehe mit einem Christen zu verbieten.

An Menschenrechten desinteressierte ›Fremdenfreunde‹ reden pauschalisierend einer Gleichstellung fremder Kulturen in unserem Land das Wort. G. ILETMIS und R. MOITZ zum Beispiel argumentieren beispielsweise typisch kulturrelativistisch, wenn sie schreiben: »Es gilt, einen öffentlichen Raum zu schaffen [in der Bundesrepublik Deutschland, der Verf.], in dem sich auf der Grundlage der Gleichwertigkeit eigene und fremde Kulturen entfalten können.« (G. ILETMIS, in: JÄGER 1992, S. 271).

Also Einführung des islamischen Rechts in Deutschland für strenggläubige Moslems? Soll man Migranten aus bestimmten islamischen Gegenden wirklich die Erlaubnis erteilen, Ehebrecher öffentlich zu steinigen und Glaubensabtrünnige zu ermorden? Müssen wir Entfaltungsräume für fremde Kulturen aus Schwarzafrika akzeptieren, damit auch in der Bundesrepublik Genitalverstümmelung an Frauen möglich wird?

Man kann sich des Eindrucks nicht erwehren, als forderten G. ILETMIS und R. MOITZ genau dies. Ein Zusatz, der die Einhaltung der Menschenrechte und grundgesetzlich verankerter Prinzipien einfordert, fehlt in ihrem eben zitierten Text. Statt dessen ist die Rede von der »alltäglichen Diskriminierung« von Einwanderern und davon, daß in der multikulturellen Gesellschaft ›volle‹ Rechtsgleichheit und der gesetzgeberische Abbau von Diskriminierungen. . . notwendig« seien. (ebenda, S. 269 f.)

Eine weitere Frage drängt sich hier auf: In vormodernen Kulturen sorgt der Familienverband für die soziale Sicherheit von Familienangehörigen; staatliche Arbeitslosenunterstützung oder Sozialhilfe sind kein Bestandteil der kulturellen Prägung dieser Länder. Bedeutet dies – wenn man ILETMIS und MOITZ folgt –, daß sich bestimmte Migranten, wie dies in ihren Herkunftsländern üblich ist, über ihre Großfamilie abzusichern haben? Fordern die Autoren somit eine Streichung ›kulturfremder‹ Sozialleistungen? Oder sind kulturelle Eigenarten Fremder dann nicht mehr wertvoll, wenn sie die deutsche Gesellschaft entlasten?

Um den Verleumdungen von seiten falscher Fremdenfreunde entgegenzutreten: Der Autor dieser Zeilen spricht sich dafür aus, daß auf Dauer in Deutschland lebende Migranten gleiche Sozialleistungen wie Deutsche erhalten. Und auch daran darf es keinen Zweifel geben, daß niemand seine kulturelle Prägung wie einen Pullover wechseln kann. Es muß jedoch von Zuwanderern zu erwarten sein, daß sie kulturelle Eigenarten aufgeben, die im Widerspruch zu den Grundwerten und Grundregeln der westlichen Aufnahmegesellschaft stehen. Konkret verlangt dies von islamischen Gemeinschaften, Fundamente ihres traditionellen Glaubens, ihrer vormodernen Kultur aufzugeben und sich westlichen Gegebenheiten anzupassen.

Individuelle Freiheiten westlichen Zuschnitts sind in der islamisch geprägten orientalischen Welt nicht vorgesehen. Dort heißt es, sich Regeln und Bedingungen der islamischen Gemeinschaft bzw. kulturellen Traditionen kritiklos unterzuordnen. Ausnahmemuslime wie B. Tibi, die die westlichen Grundwerte schätzen, haben sich im Westen assimiliert und werden dafür von ihren traditionellen Glaubensbrüdern angefeindet. Aus ›gutem‹ Grund: Das Bild des Menschen als eines freien, autonomen Individuums, das seinen Lebensweg selbst wählt, ist mit islamischem Herkommen unvereinbar. Vor diesem Hintergrund wird auch erklärlich, daß falsche Fremdenfreunde Toleranz immer nur von deutscher oder europäischer Seite einfordern, nie jedoch von islamischen Gruppierungen – gilt es doch die Kultur der anderen zu schützen, nicht aber unsere eigene. Daß die geforderte Toleranz praktisch auch darauf hinausläuft, die gruppeninterne Unterdrückung von Frauen in Kauf zu nehmen, interessiert unter diesen Umständen nicht.

Islamische Gruppierungen legen großen Wert darauf, in den Genuß aller Rechte und Freiheiten unserer Gesellschaft zu gelangen. Für deren Gewährung können wir eine Gegenleistung verlangen: das Zugeständnis aller jener Rechte und Freiheiten an die eigenen Minderheiten einschließlich der Frauen, die sie von seiten der deutschen Gesellschaft beanspruchen.

1.4. Platz auch für traditionelle Geschlechtermodelle

Das Grundgesetz gibt ausschließlich die Gleichwertigkeit der Geschlechter vor, nicht aber ihre Gleichartigkeit. Die traditionelle Vorstellung, der zufolge der Mann für die Außenvertretung und die materielle Versorgung der Familie zuständig ist, die Frauen dagegen für Kinder und Haushalt, steht durchaus nicht im Widerspruch zum Grundgesetz. In abgestufter Form ist diese Rollenteilung durchaus auch typisch für die Mehrzahl der deutschen Familien mit Kind.

Ebenfalls statthaft ist eine kritische Haltung gegenüber den in Europa vorherrschenden Moral- und Sittlichkeitsvorstellungen. Wer zum Beispiel Geschlechtsverkehr vor der Ehe als unmoralisch ablehnt und selbst darauf verzichtet, verdient Respekt. Nicht akzeptiert werden kann es dagegen, wenn unter Berufung auf die Religionsfreiheit oder auf das Gebot des Minderheitenschutzes Mädchen und Frauen gegen ihren Willen verheiratet werden. Wer dies rechtfertigt oder aus kulturrelativistischer ›Toleranz‹ heraus dulden möchte, nimmt letztlich die Abschaffung von Grund- und Menschenrechten in Kauf.

Fassen wir zusammen: Das Beibehalten traditioneller Geschlechterrollen steht der Angleichung orientalischer Migranten an die moderne Gesellschaft nicht entgegen. Andererseits verlangt modernes europäisches Verständnis, Frauen und Männer als freie[1] und gleichwertige Menschen zu betrachten, die über ihre jeweiligen Geschlechterrollen und ihr Leben selbst bestimmen können. Das hat es, zugegebenermaßen, in orientalischen Migrantenmilieus bislang kaum gegeben. Für die Situation in der Bundesrepublik, für die politische, verfassungsmäßige und soziale Ordnung unseres Landes dagegen ist die geschlechterunabhängige Wahl des eigenen Lebensentwurfes etwas Konstitutives.

---

[1] Minderjährige besitzen im modernen Verständnis zwar nicht sämtliche (positiven) Freiheiten, jedoch negative, wie die Möglichkeit, eine Ehe abzulehnen. Und die Freiheit Erwachsener wird selbstverständlich durch die Freiheit anderer begrenzt.

2. Kapitel

Euroislam – Hoffen auf ein Wunder

2.1. Vorbemerkung: Der Islam als positiver Faktor in der Migration

Bei aller Kritik am real existierenden Islam dürfen die positiven Aspekte islamischer Religiosität in Deutschland nicht unterschlagen werden. Allein die Tatsache, daß es sich beim Islam um eine Religion handelt, ist für sich genommen schon positiv. Religiosität wirkt sinn- und identitätsstiftend; sie hilft über Erniedrigungen hinweg, die mit der Situation der Einwanderer einhergeht. Religiöse Zugehörigkeit schafft eine Sphäre gegenseitigen Beistands, der über die erweiterte Familie hinausgeht.

Die Grenze hin zu einem übersteigerten Elitedünkel ist allerdings schmal, besonders dann, wenn sich der Gläubige einer radikalen Lesart des Islams verpflichtet sieht: »Die islamistischen Gruppen vermitteln wieder Selbstwertgefühl. Man gehört jetzt zur ›besten Gemeinschaft, die unter den Menschen entstanden ist‹ (Sure 3,110), weil man die Religion ›in der richtigen Weise‹ befolgt. Vereinen sich nationalistische und islamistische Ideologien, wird im besonderen Maß ein Elitedenken gefördert. Man ist nicht nur ›stark und gut‹, sondern sogar der oder die Beste und über die ›Ungläubigen‹ weit erhaben.« (U. Spuler-Stegemann 1998, S. 95)

Dennoch ist unbestreitbar: Viele Formen islamischer Religiosität verschaffen dem Menschen Geborgenheit aus dem Glauben an Gott und stiften Sinn für ein gemeinschaftsorientiertes Leben. Auch verlangt der Islam, sich für Schwächere und Benachteiligte einzusetzen, und lehnt die Vergötzung materiellen Reichtums ab. Daß diese und andere ethische Qualitäten auch zum sittlichen Schatz des Christentums zählen, nimmt dem Islam in dieser Hinsicht freilich ein wenig von seiner Einzigartigkeit.

Nicht zur Diskussion steht eine Wertschätzung des Islams als Theologie. Die Frage, in welcher Religion (oder welchen Religionen) sich Gott den Menschen geoffenbart hat, ist letztlich Glaubenssache. Dies gilt insbesondere dort, wo sich die propagierten Botschaften Gottes von Glaubenssystem zu Glaubenssystem widersprechen. Ob Jesus Christus nun einfacher Prophet war – wie vom Islam behauptet –

oder Sohn Gottes ist, darüber kann und soll aus unserer Sicht keine Aussage gemacht werden.

2.2. Defizite des aktuellen Islams: ein Überblick

Es konnte im Vorangegangenen wiederholt aufgezeigt werden, daß der unreformierte Islam in mehrerlei Hinsicht im Gegensatz zu wesentlichen Prinzipien der deutschen und europäischen Grundordnung steht. Dieser Gegensatz gilt nicht nur für den islamischen Fundamentalismus, sondern auch für die traditionellen Ausrichtungen des Islams. Zusammenfassend seien hier noch einmal die wesentlichen Punkte dieser Unverträglichkeit angeführt:

– Aggressiver Weltgeltungsanspruch
Aus Sicht des unreformierten Islams ist kein Dauerfrieden zwischen der Welt des Islams und der Welt der ›Ungläubigen‹ möglich. Sind die äußeren Umstände günstig, gilt Gewalt als ein mögliches und nützliches Mittel, um das Territorium des Islams zu erweitern. Da aus dieser Sicht Friede nur dort ist, wo der Islam herrscht, wird Gewalt, die der Ausdehnung des Islams dient, als ein Instrument zur Erlangung des Friedens betrachtet.

– Mangelnde Religionsfreiheit
Im Islam gilt der Abfall vom Glauben als schwerste mögliche Sünde. Für den Fall, daß eine Rückkehr zum Islam nicht mehr zu erwarten ist, hat die islamische Tradition die Todesstrafe eingeführt. Liberale Denker, denen der Abfall vom islamischen Glauben vorgeworfen wird, geraten in islamischen Ländern unter akute Lebensgefahr, sei es aufgrund der offiziell angewandten Strafrechtsbestimmungen des islamischen Rechts, sei es wegen drohender Lynchjustiz von seiten eines fanatisierten Mobs. Rudolf ZEWELL führt über den islamischen Zwang, dem eigenen Glauben treu zu bleiben, aus: »Da der Glaube das ganze Leben und Handeln der Muslime bestimmt, gilt Unglaube oder Abfall vom Glauben im Islam als schwerste Sünde. Der Koran sagt über irregegangene Heuchler, die als Gefahr für die Gemeinschaft gelten, man solle sie, wenn sie sich abkehren, greifen und töten, wo immer Gläubige sie finden. Zum rechtlichen Tatbestand des Abfalls vom Glauben, der Apostasie, gehören im Islam die Lästerung Gottes und die Beschimpfung des Propheten, Verehrung von Ido-

len, aber auch die Leugnung religiöser Pflichten. Abfall vom Glauben wird nach dem islamischen Recht, der Scharia, mit dem Tode bestraft.« (R. ZEWELL 2001, S. 144)

– Untergeordnete Stellung der Frau

Die Unterordnungspflicht der Frau unter das Diktat des Mannes sowie männlich dominierter Gemeinschaften ist ein Kernaxiom des Islams. Wesentlich ist auch ein ausdrücklicher Besitzanspruch an die Adresse der eigenen und zum Gebären mehrerer Kinder verpflichteten Frauen. Die Hörigkeit ihrer Frauen ermöglicht es moslemischen Gemeinschaften, sich dauerhaft von der westlichen Zivilisation abzugrenzen, und eröffnet die Perspektive der zahlenmäßigen Überlegenheit in Diasporagebieten.

An der menschenrechtswidrigen Stellung der Frau innerhalb islamischer Migrantenmilieus zeigt sich die fehlende Anerkennung unseres Wertekanons, ebenso die fehlende Bereitschaft zur Integration.

– Fehlende individuelle Freiheiten

Im unreformierten Islam wird das Individuum nicht als eigenverantwortliches Einzelwesen begriffen, sondern stets als Teil des islamischen Kollektivs, der Umma. Gegenüber der Umma hat jeder Moslem seine Pflichten zu erfüllen, ohne Anspruch auf individuelle Rechte. Subjektive Freiheit im westlichen Sinne gibt es in der islamischen Kultur praktisch nicht. Dies zeigt sich unter anderem an der fehlenden Meinungsfreiheit für Andersdenkende. Sobald sich Meinungsäußerungen gegen Werte und Ziele des Islams richten, wird die Grenze des Erlaubten überschritten. Nach Ansicht muslimischer Schriftgelehrter hat jedwede Meinungsfreiheit dem Islam zu dienen und Medium zu sein, um die Werte und Ziele des Islams zu verbreiten. (L. KÜHNHARDT 1991, S. 148)

– Menschenrechte – im Islam unbekannt

Aus ihrem traditionellen Selbstverständnis heraus kann sich die islamische Welt mit individuellen Menschenrechten[1] nicht abfinden.

---

[1] Menschenrechte werden betrachtet als angeborene, unveräußerliche Rechte und Grundfreiheiten, die bedingungslos für alle Menschen gültig sind. Alle Menschen gelten als »frei und gleich und an Würde und Rechten geboren«. Die ursprünglichen Menschenrechte beschränkten

Der unreformierte Islam erhebt einen Totalitätsanspruch, das heißt, er beansprucht, ›Gottes Recht‹ in allen Bereichen des Lebens (Staat, Öffentlichkeit, Familie) durchzusetzen. Individuelle Ansprüche bleiben nachgeordnet.

L. KÜHNHARDT merkt dazu an: »Während in westlicher Tradition Menschenrechte gerade ihre Notwendigkeit als Abwehrrechte gegenüber einem übermächtigen Staat erhalten, dessen Willkür beschnitten werden soll, sind Menschenrechte in konsequent islamischer Vorstellung im Grunde genommen überflüssig, da der Mensch immer und überall dem Willen Allahs zu folgen hat.« (L. KÜHNHARDT 1991, S. 154)

Darüber hinaus, so die Auffassung des Islams, ist oberste Aufgabe des islamischen Staates die Erfüllung der Gebote Allahs. Unter solchen Voraussetzungen können individuelle Menschenrechte nur als stete Bedrohung der eigenen Werte, der eigenen Kultur, der gängigen Wohlanständigkeit verstanden werden. (ebenda)

Diesem menschenrechtsfeindlichen Denkschema ist auch die sogenannte Kairoer »Erklärung der Menschenrechte im Islam« unterworfen – das zentrale Dokument der islamischen Menschenrechtsdiskussion. Diese Erklärung aus dem Jahre 1990 stellt alle dort aufgeführten Rechte unter den Vorbehalt, daß sie mit der Scharia, dem islamischen Recht, in Übereinstimmung stehen und auch in diesem Sinne ausgelegt werden müssen. (H. BIELEFELDT, in: K. HAFEZ 1997, S. 61)

Die immer wieder vorgebrachte Ansicht, menschenrechtsfeindliche Zustände und Ereignisse in der islamischen Welt seien an sich unislamisch, ist falsch. Ein Beispiel: Bei Todesurteilen gegen Glaubensabtrünnige berufen sich auch nicht-fundamentalistische, traditionelle Rechtsgelehrte auf Sure 4, Vers 88–89, des Korans. Dort wird befohlen, irregeführte Heuchler, die sich vom Glauben abkehren, zu töten. Auch hat nach der islamischen Überlieferung MOHAMMED selbst

---

sich auf ›Abwehrrechte‹ zugunsten von Individuen, insbesondere gegenüber dem Staat. Diese sollen Menschen z.B. gegen Sklaverei schützen, gegen Folter oder willkürliche Haft. Später wurden die Abwehrrechte ergänzt durch soziale Rechte wie Recht auf Bildung oder auf Sicherung des Existenzminimums. (vgl. KÜHNHARDT 1991)

Die Menschenrechtswidrigkeit der Scharia kam in den vorangegangenen Kapiteln deutlich zur Sprache.

die Todesstrafe für den Abfall vom Islam gefordert. (A. Th. Khoury 2001, S. 123)

– Islamischer Fundamentalismus[1] – keine Randerscheinung

Innerhalb der islamischen Welt wurde der Islam nie mit Kritik im Sinne einer aufklärerischen Erneuerung konfrontiert, wie dies im Abendland der Fall war. Ein theologisch verstandener Fundamentalismus ist deshalb »so etwas wie das Herzstück des Islams«. (G. Schmid 2002, S. 63) G. Schmid betont: »Der Koran ist für die allermeisten Moslems immer noch ewiges, perfektes, nicht überholbares und unbedingt gültiges göttliches Wort. Kurz: Im Blick auf den Koran denken die meisten Moslems noch fundamentalistisch. . . Was Weisung war für konkrete Menschen in konkreter Zeit, wird ewige Ordnung für alle Menschen aller Zeiten.« (G. Schmid 2002, S. 18 u. 62)

Ganz anders stellt sich die Lage im Christentum dar. Im Unterschied zum Koran lassen sich die Evangelien nur mit einigem interpretatorischen Aufwand ›fundamentalistisch‹ lesen. Die Evangelien zeugen in unterschiedlicher, sogar widersprüchlicher Weise von Jesus, sie beinhalten ihrem Anspruch nach keine göttliche Komplett-Offenbarung. »Das Christentum denkt akzidentiell [nur am Rande, der Verf.] fundamentalistisch, in seinem übersteigerten Bibelglauben, in seiner Vergötzung dessen, was nie Gott, sondern nur ein unvollkommenes Spiegelbild der göttlichen Wahrheit ist. Der Islam denkt essentiell fundamentalistisch, indem er von allem Anfang an die Mohammed geschenkten Worte eins zu eins mit dem göttlichen Willen identifiziert.« (G. Schmid 2002, S. 64 f.)

»Gebt dem Kaiser, was des Kaisers ist, und Gott, was Gottes ist« – dieses Wort Jesu ist weder im Koran noch in den Äußerungen Mohammeds enthalten; es ist dem Islam völlig fremd.

1 Islamischer Fundamentalismus unterscheidet sich vom rein traditionellen Islam nicht vordergründig in seinem Absolutheitsanspruch. Die eigentümliche Besonderheit des islamischen Fundamentalismus zeigt sich in anderer Hinsicht, zum Beispiel durch seine Politisierung des Islams und durch die Aneignung moderner technischer Mittel zur Durchsetzung seiner Ziele.

2.3. Die euro-islamische Vision

Als Ergebnis unserer Bestandsaufnahme des Islams und der Zuwanderung islamischer Gruppierungen läßt sich zweierlei festhalten:

Erstens: Das Vordringen eines unreformierten Islams in Deutschland mit der Folge eigener Parallelgesellschaften stellt eine beträchtliche Gefahr für den inneren Frieden in unserem Land dar. Wenn sich die Entwicklung in der bisherigen Richtung fortsetzt, werden sich in immer mehr ›deutschen‹ Vierteln bundesdeutscher Städte in absehbarer Zeit moslemische Bevölkerungsmehrheiten etablieren. Spätestens dann werden radikale Gruppierungen ihre nach außen hin gezeigte taktische Zurückhaltung aufgeben.

Zweitens: Die Frauenfrage darf nicht als isoliertes Problem betrachtet werden. An der Stellung der Frau entscheidet sich maßgeblich, ob islamische Migranten die Grundwerte der westlichen Aufnahmegesellschaft respektieren. Ohne individuelle Freiheiten für moslemische Frauen wird kein dauerhafter friedlicher Islam in Deutschland und Europa entstehen können. Anders formuliert: Die Eingliederung moslemischer Migranten in die westliche Gesellschaft bedarf zwingend der flankierenden Befreiung der moslemischen Frauen aus den kollektiven Zwängen ihrer Gemeinschaften.

Mit einer Angleichung des Islams der Migranten an europäische und deutsche Maßstäbe ließe sich das aufgezeigte Konfliktpotential entschärfen. Eine Notwendigkeit der islamischen Anpassung an Europa erkennt auch B. Tibi, der in diesem Zusammenhang den Begriff des ›Euroislam‹ verwendet. Darunter versteht Tibi »eine Interpretation des Islams, die offen ist und im Zeichen der hoch-islamischen Aufklärung sowie des islamischen Rationalismus steht«. (B. Tibi 2000, S. 257) Dieser Euroislam »ist eine mit den europäischen Verfassungen vereinbare Deutung dieser Weltreligion, widerspricht also der Identität Europas nicht«. (ebenda, S. 261)

Worin sieht B. Tibi das Grundsätzliche, das Moslems an ihrer Weltanschauung aufzugeben hätten? Aus seiner Sicht hat sich der zukünftige Euroislam mit drei grundlegenden europäischen Verfassungsnormen zu versöhnen: (ebenda, S. 257)

- der Trennung zwischen Religion und Politik (Laizismus),
- der Freiheit Andersdenkender und des Glaubens (säkulare Toleranz),

– dem Pluralismus, das heißt der Akzeptanz einer Vielfalt unterschiedlicher religiöser, gesellschaftlicher und politischer Gruppierungen.

Im Sinne des Pluralismus, so Tibi, »müssen muslimische Migranten lernen, daß ihre Glaubensgemeinschaft nur eine unter anderen ist und kein Monopol auf die Wahrheit besitzt. Toleranz gegenüber den Muslimen erfordert eine islamische Toleranz gegenüber anderen Religionsangehörigen, aber auch Offenheit, einschließlich Offenheit und Pluralität innerhalb des Islams selbst. Ich muß es offen sagen: Es gibt keine innerislamische Toleranz. Zudem müssen die in Europa lebenden Muslime auch im Sinne des inneren Friedens auf ihre religiöse Doktrin und Tradition der Verbindung von Migration und missionarischer Verbreitung des Islams unzweideutig verzichten«. (ebenda, S. 257)

Zum Verständnis dieser letzten Forderung sei angefügt: Koran und Überlieferung des Propheten erheben Migration als religiöse Pflicht zur Mission (ebenda, S. 194). So ist es kein Wunder, daß zum Beispiel das von der islamistischen Organisation ›Mili Görüs‹ ferngesteuerte ›Islamobil‹ in deutschen Großstädten an zentralen Plätzen über den Islam ›informiert‹, sprich um Konvertiten wirbt.

Ein Euroislam, der die Menschenrechte achtet, würde auch die Gleichstellung der Geschlechter einschließen und Frauen wie Männern gleichermaßen bürgerliche Freiheiten zugestehen. Dies würde zum Beispiel bedeuten:

– daß es künftige islamische Bestimmungen akzeptieren, daß moslemische Frauen selbst entscheiden können, ob und wen sie ehelichen. Auch die Wahl eines Nicht-Moslems als Ehemann wäre zu akzeptieren;

– daß islamische Bestimmungen die Frage der Religionszugehörigkeit von Kindern gemischtreligiöser Paare der freien Entscheidung der Eltern überlassen;

– daß künftige islamische Bestimmungen die für Frauen diskriminierenden Suren des Korans außer Kraft setzen, so etwa Sure 4, 34 f., die unter gewissen Umständen das Schlagen von Frauen dem Ehemann aufträgt. Auch das religiöse (!) Verbot vor- bzw. außerehelicher Sexualität ist zwar nicht zu beanstanden, darf aber keinesfalls mit Gewalt gegenüber volljährigen Menschen durchgesetzt werden.

TIBIS Idee eines Euroislams wäre als durchaus positive Alternative zum erstarrten aktuellen Islam zu werten. Allerdings zeigen Europas Muslime - bis auf wenige Ausnahmen - nur wenig Begeisterung. TIBI muß selbst einräumen, daß der Euroislam eine »Mischung aus Hoffnung und Vision« darstellt. (B. TIBI 2000, S. 236)

Vieles deutet zudem darauf hin, daß der Islam zu einer umfassenden Modernisierung letztlich unfähig ist - weshalb, sehen wir im folgenden Abschnitt.

2.4. Hoffen auf ein Wunder

B. TIBIS Vision setzt voraus, daß der Koran und das Wirken MOHAMMEDS einer historischen Relativierung unterzogen werden. ›Unzeitgemäße‹[1] Aussagen des Korans und MOHAMMEDS wären dann nur noch auf bestimmte geschichtliche Umstände zu beziehen und verlören für die Situation moslemischer Migranten in Europa ihre Gültigkeit. Betroffen wären davon die zahlreichen Koranstellen und Prophetenworte, die den absoluten Geltungsanspruch des Islams verfechten oder zur Gewaltanwendung gegen Andersgläubige auffordern. Ohne Wenn und Aber als nicht mehr gültig zu betrachten wären auch die Aussagen, die Frauen eine untergeordnete soziale Stellung zuweisen. Damit würde TIBIS Euroislam den Islam freilich in seinen historischen Grundfesten erschüttern. Nicht nur aus der Sicht von ›Fundamentalisten‹, auch für Moslems, die sich der überkommenen islamischen Tradition und Dogmatik verpflichtet sehen, ist eine derartige Verengung der koranischen Lehre völlig indiskutabel. »Jede Kritik am heiligen Buch und am Propheten wird vom traditionellen Islam nicht nur unter Strafe verboten, sie gilt sofort als Beleidigung Gottes. . . Als reinste und fehlerlose Niederschrift der göttlichen Wahrheit ist der Koran - anders als die Bibel oder die meisten anderen heiligen Bücher der Welt - jeder historisch-kritischen Betrachtung entzogen. Der Koran verkündet nicht historisch bedingte Weisung, sondern ewige göttliche Ordnung.« (G. SCHMID 2002, S. 61)

Aus der Sicht des traditionellen islamischen Selbstverständnisses heraus beinhaltet der Koran das ewige, perfekte, nicht überholbare

---

[1] Als unzeitgemäß wären aus unserer westlichen Sicht zumindest all diejenigen Aussagen des Korans und MOHAMMEDS zu werten, die unserer Werteordnung und unseren Gesetzen widersprechen.

und unbedingt gültige Wort Gottes; ein Anspruch, der seine Verankerung im Wortlaut des Korans selbst findet. Aussagen des Korans zu relativieren würde für Moslems ungefähr das Gleiche bedeuten wie für Christen die Zumutung, Jesus nicht mehr als Sohn Gottes anzusehen. Denn »der Christus des Islams ist also der Koran und nicht der Prophet, durch dessen Mund er offenbart wurde. Im Christentum wurde das Wort Fleisch, im Islam zum Buchstaben, zu einem Buch, dem Koran«. (A. M. Salim in: R. Zewell 2001, S. 29)

Die Vision eines europatauglichen Islams steht vor einem unüberwindlich scheinenden, vom Islam selbst geschaffenen Hindernis. Würde sich der aktuelle Islam in Europa europäisieren, käme dies einer Selbstdemontage mit massiven Verlusten an Bindekraft und Sinnstiftung gleich. Auch G. Schmid sieht dies so, wenn er betont:

»Wer kann von einer grundsätzlich und uneingestanden immer noch fundamentalistisch denkenden Religion verlangen, daß sie sich in die moderne pluralistische Gesellschaft integriert und daß sie zum Beispiel die heutige Gleichstellung der Frau akzeptiert? Sie kann dies nur aus taktischen Überlegungen tun, wenn im Moment keine andere Gesellschaft politisch realisiert werden kann... Wer einem grundsätzlich religiös fundamentalistisch denkenden Menschen mehr als ein taktisches Ja zum modernen Pluralismus und zur westlichen Demokratie abringt, tut ihm Gewalt an und zwingt ihn, seine tiefste Überzeugung wenn nicht zu verleugnen, so doch zu verhüllen... Man kann von einem Felsen nicht verlangen, daß er fliegen lernt.« (G. Schmid 2002, S. 65 f.)

Steht das Konzept des Euroislams vor einem unüberwindbar erscheinenden Hindernis, so befindet sich der Islam selbst in einem Dilemma: einerseits, weil sich der unreformierte Islam schon aus seinem Selbstverständnis heraus nicht in die moderne pluralistische Gesellschaft integrieren kann; und zweitens, weil andererseits auch die Reformverweigerung auf Dauer keine tragfähige Lösung darstellt. »Die fortschrittlichste Religion muß, wenn sie sich bedingungslos an eine schriftlich fixierte Moral und Gesellschaftsordnung als ewig unveränderbaren göttlichen Willen bindet, über kurz oder lang zur rückschrittlichsten Religion werden, wenn sie den sozialen Wandel nicht in ihre Überlegungen mit einbezieht.« (G. Schmid 2002, S. 87)

Wir fassen zusammen: Es ist geradezu dringend geboten, daß sich der Islam orientalischer Migranten grundlegend wandelt und die

Werte Europas achtet. Nach Lage der Dinge käme dies jedoch einem Wunder gleich. Kann es realistisch sein, auf Wunder zu warten? Die jüngere Geschichte hat gezeigt, wie sich ein ganzer Länderblock aus dem Würgegriff einer aggressiven Ideologie mit Weltgeltungsanspruch selbst befreien konnte. Wenn Wunder selbst im atheistischen Kommunismus möglich sind, dürfen wir auch mit Blick auf eine gottgläubige Religion auf eines hoffen.

Diese Hoffnung entbindet den deutschen Staat und die deutsche Gesellschaft jedoch nicht von ihrer gesellschaftlichen Verantwortung, die im Rahmen der realen Gegebenheiten wahrzunehmen ist. Es gilt, das weitere Vordringen des unreformierten Islams in unser Land zu verhindern, das die Grundwerte unserer Gesellschaftsordnung in Frage stellt. Es kann nicht dem geringsten Zweifel unterliegen, daß diese Grundwerte von einem religiösen System zutiefst in Frage gestellt werden, das Männer über Frauen stellt, Frauen als Gebärmaschinen mit sexueller Funktion in Unfreiheit hält, auf die Beherrschung ›Ungläubiger‹ abzielt, sich allenfalls aus taktischen Gründen zum Grundgesetz bekennt und Koranverse, die zur Gewalt aufrufen, als unmittelbares, allezeit gültiges Wort Gottes auffaßt.

»Solange der Islam die Trennung von Staat und Moschee ablehnt, ist er als Ideologie zu betrachten, nicht als Religion. Seine Ziele sind damit politisch – und nicht ein Aspekt von Religionsfreiheit.« Dieser Feststellung des rumäniendeutschen Schriftstellers Richard Wagner (in: *Frankfurter Rundschau*, 26. 11. 2004) kann man nur rundweg beipflichten. Der deutsche Staat, seine Institutionen und die demokratische Gesellschaft sollten schleunigst die entsprechenden Konsequenzen aus dieser Erkenntnis ziehen.

Im nachfolgenden – letzten – Kapitel wollen wir noch anhand einiger Vorschläge aufzeigen, wie insbesondere staatliche Stellen der islamischen Herausforderung begegnen können. Dabei handelt es sich um Beispiele für Maßnahmen mit begrenzter Wirkung. Die Erarbeitung eines systematischen Konzepts muß künftigen weiteren Schritten vorbehalten bleiben.

3. Kapitel

Nicht mit links: Die Angleichung islamischer Migranten an eine Leitkultur der Grundwerte

3.1. Das Ziel ist klar, der Erfolg ungewiß

Wir konnten aufzeigen, daß Kulturkonflikte in der Geschlechterfrage mit und unter orientalischen Migranten Ausdruck eines tiefgreifenden Zivilisationskonfliktes zwischen der islamischen und der westlichen Welt sind - eines Zivilisationskonfliktes, der über moslemische Zuwanderer und ihre Nachkommen auch in unser Land hineingetragen wurde. Die in dieser Frage hier vertretene Position ist klar: Ohne multikulturelles Wenn und Aber ist von islamischen Migranten die Achtung der von unserer grundgesetzlichen Ordnung vorgegebenen Leitwerte unserer Gesellschaft einzufordern. Islamischen Gruppierungen Sonderrechte zur Gestaltung der Geschlechterverhältnisse in Deutschland einzuräumen hieße, die Errungenschaften der eigenen Zivilisation preiszugeben und auf die Integration der in Rede stehenden Gruppierungen von vornherein zu verzichten. Zudem würden Sonderrechte für Muslime die Unvereinbarkeiten mit der einheimischen deutschen Kultur zementieren und Unfrieden in unserem Land schüren. Darüber hinaus kann man der Ansicht B. Tibis zustimmen, aufgeklärte Muslime in Europa wollten als Bürger behandelt werden und nicht als eine aus Fremden bestehende Minderheit. »Dies impliziert eindeutig ›ein Rechtssystem für alle‹ und keine Scharia für die islamischen Minderheiten, nicht einmal auf dem Gebiet des Familienrechts. Das Problem ist also. . . die individuelle Integration und die Akzeptanz einer für alle gültigen Leitkultur und ihrer säkularen Gesetzgebung.« (B. Tibi 2000, S. 129 f.)

Zurück zur Geschlechterfrage, die für den Zivilisationskonflikt zwischen westlicher und islamischer Welt von wesentlicher Bedeutung ist. Die zentrale Frage lautet: Wie kann es gelingen, daß auch unter orientalischen Migranten die Selbstbestimmung der Frau akzeptiert und als selbstverständlich betrachtet wird? Bevor wir uns einigen möglichen Maßnahmen zuwenden, müssen wir schon an dieser Stelle auf die erheblichen Schwierigkeiten hinweisen, die die Verwirklichung unserer Forderung zwangsläufig nach sich zieht.

Traditionell ausgerichtete Orientalen verhalten sich gerade in der Geschlechterfrage äußerst intolerant gegenüber Abweichlern aus den eigenen Reihen. Ein Abweichen von den frauenverachtenden Vorschriften islamischer Parallelwelten hat in der Regel die Ächtung durch das ethnisch-religiöse Umfeld zur Folge. Oftmals verbunden ist damit nicht nur der Verlust von Freunden und Beziehungen zu Verwandten, sondern auch die Abwendung der eigenen Familie. Insbesondere Frauen droht nicht selten Gewalt. Die Auswirkungen dieser Intoleranz sind um so größer, als die Mehrzahl der orientalischen Migranten intensiv und auf vielfältige Weise in ihre Parallelwelt eingebunden ist. Das Herkunftsmilieu baut mithin eine große Hemmschwelle für Veränderungen auf. Ein Überschreiten dieser Hemmschwelle, also die Angleichung einzelner an freiheitlich-individualistische Normen, kann deshalb viel individuelles Leid mit sich bringen. Grundlegende Veränderungen verlangen mithin von (jungen) Orientalen Zivilcourage und Leidensfähigkeit, Eigenschaften, die nur sehr wenige Menschen besitzen.

Um die Spirale aus Sexismus und Intoleranz zu durchbrechen, reicht eine Emanzipation einzelner persönlichkeitsstarker Individuen gegenüber den eigenen traditionellen Milieus keineswegs aus. Not tut vielmehr die Emanzipation orientalischer Milieus schlechthin von ihren antiquierten Geschlechterbildern und letztendlich die Auflösung bestehender Parallelwelten überhaupt. Einzelne Vorreiter können dabei eine gewichtige Rolle spielen: Je mehr Menschen aus ihren traditionellen Milieukorsetts ausbrechen, um so größer ist die Chance, daß andere in nennenswerter Zahl nachziehen und Sanktionen aus dem Milieu nach und nach ihre Wirkung verlieren. Insbesondere wenn Meinungsführer die westlichen Normen akzeptieren, kann die Wende bewältigt werden. Der Weg dorthin ist jedoch weit und steinig; und ungewiß ist, ob das Ziel überhaupt jemals erreicht wird.

Wir möchten hier zum Abschluß noch denkbare Maßnahmen aufzeigen, die eine Angleichung orientalischer Migranten an westliche Standards fördern könnten. Diese Maßnahmen müssen insbesondere auf die jüngere Generation abzielen. Die Jüngeren sind für die Zukunft entscheidend und am ehesten für Veränderungen offen. Ältere halten viel zäher an ihren überkommenen Einstellungen und Verhaltensweisen fest.

So oder so wird sich ein Erfolg dauerhaft aber nur einstellen, wenn die Rahmenbedingungen für Veränderungen günstig sind. Dazu gehört, daß die Nachkommen orientalischer Zuwanderer beiderlei Geschlechts die Möglichkeit haben, am Arbeitsleben in den westlichen Gastgesellschaften teilzunehmen. Die Integration in den Arbeitsmarkt ist eine zentrale Voraussetzung für die gesellschaftliche Integration. In diesem Punkt sind der deutsche Staat und seine Bildungseinrichtungen gefordert, ebenso die Migranten selbst. Von deutscher Seite muß die Förderung von Schülern aus Migrantenfamilien verbessert werden. Von den Migranten kann im Gegenzug erwartet werden, daß sie sich die deutsche Sprache zueigen machen bzw. sie ihren Kindern vermitteln.

Die Umsetzung von Bildung in beruflichen Erfolg hängt im wesentlichen von der wirtschaftlichen Entwicklung und der Arbeitsmarktpolitik ab. Erforderlich ist ein ausreichendes Angebot an Arbeitsplätzen sowie die Nachfrage nach einer Vielzahl selbständiger Tätigkeiten. Erst wenn auch diese Voraussetzungen erfüllt sind, kann eine umfassende und dauerhafte berufliche und gesellschaftliche Integration orientalischer (und anderer) Migranten in Deutschland gelingen. Eine detaillierte Auseinandersetzung mit diesem Teilaspekt würde freilich den Rahmen dieses Buches sprengen.

Alle Anstrengungen müssen jedoch erfolglos bleiben, solange der Islam in Europa nicht selbst bereit ist, sich zu ›europäisieren‹. Gerade wer eine gute formale Bildung erwirbt, kulturell-religiös jedoch auf mittelalterlichem Wüstenniveau verharrt, kann leicht zu einer tickenden Zeitbombe werden. Der Mörder des niederländischen Filmregisseurs VAN GOGH (»Submission«) steht stellvertretend dafür.

3.2. Grenzen setzen: deutsches Recht in Deutschland – auch für Moslems

Es wurde in den vorangegangenen Kapiteln schon des öfteren der Standpunkt vertreten, daß auch für in Deutschland lebende Moslems ausschließlich deutsches bzw. europäisches Recht gelten dürfe, und zwar ohne multikulturelles Wenn und Aber. Andererseits sind die Möglichkeiten der Durchsetzung dieser Forderung begrenzt und voller Lücken. Was das bedeutet, damit wollen wir uns im folgenden etwas eingehender auseinandersetzen.

Das islamisch-orientalische Verständnis von der Stellung der Frau ist unvereinbar mit dem dem Grundgesetz zugrunde liegenden Werte- und Menschenbild. Trotz zahlreicher Varianten gibt es an der Tatsache nichts zu deuteln, daß Frauen in der islamischen Welt Männern grundsätzlich untergeordnet sind. Systematisch werden ihnen individuelle Menschenrechte vorenthalten, wobei religiöse Gründe eine große Rolle spielen. Von dieser Unmündigkeit betroffen sind auch islamische Mädchen und Frauen, die in Deutschland leben. Deutsche Gerichte sehen sich damit dem Dilemma gegenüber, entweder die Religionsfreiheit islamischer Gruppierungen grundsätzlich zu beschneiden oder tatenlos zuzusehen, wie mit Berufung auf die Religionsfreiheit Grundrechte – insbesondere von moslemischen Frauen – in erheblicher Weise verletzt und beeinträchtigt werden.

Das Verfassungsrecht ist in diesem Punkt eindeutig. Unter verfassungsrechtlichen Gesichtspunkten betrachtet, findet die Glaubensfreiheit dort ihre Grenze, wo wesentliche Prinzipien der grundgesetzlichen Ordnung verletzt werden. Grundrechtsbeschränkungen sind dann juristisch abgesichert, wenn Haltungen und Auffassungen intoleranter Gruppierungen in Handlungen umgesetzt werden, die die Grundrechte anderer beschränken. Der deutsche Staat darf die Religionsfreiheit islamischer Gruppierungen also beschneiden, wenn dadurch verhindert wird, daß diese Gruppierungen ihren Mitgliedern Grundrechte vorenthalten. So haben deutsche Instanzen etwa unter bestimmten Umständen aktiv in die Gepflogenheiten orientalischer Milieus einzugreifen, um moslemische Mädchen vor Zwangsehen zu schützen.[1] (W. KÄLIN 2000, S. 43 f.)

---

[1] Diese Sicht stimmt auch mit internationalem Recht überein. Sowohl der Menschenrechtsausschuß des UNO-Paktes über bürgerliche und politische Rechte als auch der Europäische Gerichtshof für Menschenrechte »anerkennen in ständiger Praxis, daß sich aus der Pflicht der Staaten zur ›Gewährung der Menschenrechte‹ nicht nur eine Verpflichtung ergibt, Eingriffe in die Freiheit der Privaten zu unterlassen, sondern u. U. auch eine Pflicht, zum Schutz der Menschenrechte bestimmter Individuen gegen Übergriffe Dritter aktiv zu werden«. (KÄLIN 2000, S. 183) Beispiel Zwangsehe: Aus Artikel 17 Abs. 3 des Paktes ergibt sich, »daß eine Ehe nur im freien und vollen Einverständnis der Ehegatten geschlossen werden darf. Dies bedeutet, daß Zwangsehen nicht anerkannt werden dürfen und Kinder vor entsprechenden Eingriffen ihrer Eltern zu schützen sind«. (ebenda, S. 184)

Daher ist es schon allein mit Blick auf die grundgesetzliche Ordnung der Bundesrepublik Deutschland zwingend erforderlich, jener Tendenz deutscher Gerichte endlich einen Riegel vorzuschieben, die darauf abzielt, den organisierten Muslimen »eine immer weitergehende Entrechtung und Diskriminierung muslimischer Mädchen« einzuräumen. (R. STOLZ 1997, S. 265) Hier ist dringend ein aktives Eingreifen zugunsten der Menschenrechte am Platze. Neutralität und die dezente Zurückhaltung der Gerichte angesichts der gruppenspezifischen und gruppeninternen Unterdrückung islamischer Frauen sind der falsche Weg. Wenn die tonangebenden Köpfe einer Gruppierung in deren Innenraum nach Belieben schalten und walten können, ist Untätigkeit gleichbedeutend mit der Parteinahme für die Unterdrücker.

Von bundesdeutschen Rechtsgrundsätzen abweichende islamische Parallelkulturen sind keine schützenswerten Errungenschaften. Auch können nach Deutschland zugezogene islamische Migranten nicht wie die Indianer Nordamerikas rechtliche Ansprüche auf kulturelle Besonderheiten als alteingesessene Ureinwohner geltend machen – sie sind schließlich freiwillig gekommen.

Islamischen Gruppierungen in Deutschland menschenrechtsfeindliche Minderheitenrechte zu verweigern ist eine juristische Aufgabe, die per Gerichtbeschluß umzusetzen ist. Anders verhält es sich mit der Durchsetzung des gesetzten deutschen Rechts in islamischen Milieus. Je geschlossener und kulturfremder diese Milieus sind, desto geringer ist naturgemäß der Informationsfluß nach außen, und desto geringer ist der Einfluß, den das deutsche Recht auf die Binnenverhältnisse in diesen Milieus ausüben kann. Insbesondere das deutsche Familienrecht wird in streng islamischen Kreisen wenig Geltung erlangen. Zum Problem der Abschottung kommt hinzu, daß in der Privatsphäre der Wirkung institutioneller Rechtsinstanzen deutliche Grenzen gesetzt sind. Auch im Namen der Grundrechte darf der Staat nicht das Grundrecht auf Privatsphäre schädigen. (W. KÄLIN 2000, S. 184) Zudem wäre ein Vordringen des Staates in die Binnenstruktur geschlossener Gruppierungen und Gemeinschaften eher konfliktfördernd und würde die gegenteilige Wirkung erzeugen.

Im Völkerrecht ist also anerkannt, daß der Staat verpflichtet sein kann, in Beziehungen zwischen Privaten einzugreifen, um die Menschenrechte gegen private Beeinträchtigungen zu schützen.

Wir sehen: In der Privatsphäre, insbesondere in der Familie, können schlechterdings nicht alle Verstöße gegen die bundesdeutsche Rechtsordnung erfaßt und sanktioniert werden. Zudem verlaufen viele Diskriminierungen in der Familie unterhalb der Meßlatte von Gesetzesfixierungen – so zum Beispiel, wenn orientalische Mädchen darauf zugerichtet werden, weniger Rechte zu beanspruchen als ihre Brüder oder späteren Ehemänner. Auch die Ausübung psychischer Gewalt an Familien- und Milieuangehörigen wird in vielen Fällen einfach nicht von geltenden Gesetzen berührt. Selbst erwachsene Migrantinnen bringen meist nicht die Kraft auf, sich aktiv gegen psychischen Druck zu wehren oder um Unterstützung von außen anzufragen. Umgekehrt formuliert: Nur bei offenkundigen gravierenden Verstößen gegen Rechtsprinzipien unseres Landes sind staatliche Zwangsmaßnahmen im Binnenraum fremdkultureller Gruppierungen möglich und gerechtfertigt. Der deutsche Staat und die deutsche Öffentlichkeit müssen also selbst offenkundige Benachteiligungen von Mädchen gegenüber Jungen tolerieren, soweit sie sich in der Privatsphäre abspielen.

Anders liegen die Dinge im öffentlichen Raum. Dort sind einschneidende Kontrollmöglichkeiten und Vorgaben möglich. Nahezu vollständig kann in der unmittelbar staatlichem Zugriff unterliegenden Sphäre die Einhaltung gesellschaftlicher und juristischer Normen – auch gegen islamische Rechtsauffassungen – durchgesetzt werden. Vollständig durchgesetzt ist zum Beispiel das Rechtsprinzip, wonach die Zeugenaussage eines männlichen Moslems ›nur‹ so viel zählt wie die einer christlichen Frau. Damit verstößt der deutsche Staat eindeutig gegen islamische Normen und ›diskriminiert‹ das islamische Recht. Andererseits ist der liberale Rechtsstaat geradezu verpflichtet, ethnische oder kulturelle Gruppierungen dort zu ›diskriminieren‹, wo deren Normen gegen seine Rechtsprinzipien verstoßen.

Auch im Schulbetrieb kann der Staat die Gleichberechtigung der Geschlechter weitgehend durchsetzen. Auch ist dort gezielte Einflußnahme auf orientalische Schüler möglich. Gleichzeitig werden am Beispiel der Schule aber auch die Grenzen der staatlichen Einflußnahme deutlich. So kann niemand islamische Eltern zwingen, begabte Töchter aufs Gymnasium zu schicken – auch dann nicht, wenn offenkundig ist, daß die Angst vor einer ›Verwestlichung‹ der Tochter hinter der Haltung der Eltern steht.

Zusammenfassend läßt sich sagen: Ohne zumindest flankierende juristische Maßnahmen ist es nicht möglich, das Vordringen orientalischer Geschlechterverhältnisse in öffentliche und staatliche Bereiche des bundesdeutschen Gemeinwesens zu verhindern. Andererseits lassen sich die orientalischen Geschlechterverhältnisse im Privatraum nicht durch Gesetze und Verordnungen an deutsche Normen angleichen. Durch die Selbstregulierung des Privaten wird ein Freiraum für die Unterordnung von Frauen und Mädchen geschaffen, der selbst bestimmte Verletzungen von Menschenrechten und Strafgesetzen der öffentlichen Überprüfung weitgehend entzieht. Wir sehen, daß zu einer wirklich effizienten Bekämpfung des orientalischen Sexismus auf dem Boden der Bundesrepublik juristische Maßnahmen zwar notwendig, jedoch nicht annähernd hinreichend sind. Wenden wir uns deshalb im folgenden noch kurz außerjuristischen Einwirkungsmöglichkeiten zu.

3.3. Im zwischenmenschlichen Umgang menschlich reagieren – in der Sache jedoch konsequent bleiben

Im zwischenmenschlichen Umgang mit sexistischen Migranten sind Fingerspitzengefühl und eine klare Linie gefordert. Grundsätzlich sucht jeder Mensch nach Anerkennung seiner Sichtweisen, Haltungen und Normen. Abwertende Kritik und persönliche Anfeindungen erzeugen sachlich unsinnige oder überzogene Gegenreaktionen; die Psychologie spricht von der ›Reaktanz‹. Reaktanz dient der Stabilisierung des Selbst, wenn ein Individuum sich angegriffen fühlt. Ein Beispiel: Die Milieuberaterin N. Aktas beklagt, daß islamischen Jugendlichen durch deutsche Mitschüler immer wieder eine ›bestimmte Orientierung‹ als auch ein ›bestimmtes Verhalten‹ unterstellt wird. Diese Unterstellung durch deutsche Mitschüler geschehe zudem nicht wertneutral, sondern »zum Teil abfällig und diskreditierend, aber auch mitleidig bedauernd, stets jedoch mit dem Gefühl der Höherwertigkeit und Überlegenheit ›eigener‹ Orientierungen und Handlungsmuster«. (N. Aktas, in: I. Attia/H. Marburger 2000, S. 169) Die betroffenen Jugendlichen faßten diese Zuschreibungs- und Abwertungsprozesse dementsprechend als Angriff auf ›ihre‹ Kultur auf. Sie gerieten selbst dann unter Verteidigungs- und Rechtfertigungsdruck, wenn sie bestimmte Vorgaben und Normierungen für sich selbst relativiert und der eigenen Lebenssituation angepaßt hätten. AKTAS konnte »immer wieder beobachten, daß sich Schülerinnen und Schüler moslemischen Hintergrunds angesichts der Diskriminierungspraxis durch deutsche KlassenkameradInnen solidarisierten und zu ›Verfechtern‹ traditioneller Werte und Standards wurden. Sie begründen, legitimieren Positionen in Abwehr und Zurückweisung signalisierter Geringschätzung. Sie wollen nicht zum ›Verräter‹ an ›ihrer‹ Kultur werden und schon gar nicht deren Marginalisierung durch die Mehrheitsangehörigen akzeptieren«. (ebenda S. 170)

Grundsätzlich ist AKTAS' Kritik an solchen pauschalierenden Reaktionen deutscher Mitschüler zuzustimmen. Eine pauschale Verurteilung von Moslems bzw. Orientalen als sexistisch, frauenfeindlich oder ›zurückgeblieben‹ ist einem vernünftigen Miteinander abträglich. Andererseits konnte aufgezeigt werden, daß jugendliche Migranten des islamischen Kulturkreises nicht ausschließlich, jedoch typischerweise ein Geschlechterbild vertreten, das von einem aufgeklärten Menschen nur als ›sexistisch‹ bezeichnet werden kann. Selbst der Reformmuslim B. TIBI bestätigt, daß, aufgrund der Unreformiertheit des Islams Moslems kaum anders könnten, als in Übereinstimmung mit dem Koran Frauen unterhalb von Männern anzusiedeln.

Auch wenn es N. AKTAS nicht zu gefallen scheint: Dort, wo orientalischer Sexismus nicht nur unterstellt wird, sondern real zutage tritt, sollte ihm auch entgegengetreten werden. Was als Reaktion auf rassistische Aussprüche von Deutschen recht ist, kann bei sexistischen Äußerungen von Migranten nur billig sein, etwa mit Blick auf die gängige Anmaßung, als Mann über der Frau zu stehen. Solche Äußerungen stehen auf gleicher Stufe wie die eindeutig rassistische Ansicht, Schwarze seien eben dümmer als Weiße. Auch wer seiner Schwester bei Androhung von Prügel verbietet, mit Jungen zu flirten, sich selbst jedoch als freien Teilnehmer am Markt der sexuellen Möglichkeiten betrachtet, sollte nicht mit dem neutralen Verständnis seiner Umgebung rechnen dürfen, insbesondere dann nicht, wenn man(n) für seine spätere Ehe eine Frau mit unversehrtem Jungfernhäutchen beansprucht. Wo Frauenfeindlichkeit evident ist, ist es geradezu ein moralisches Gebot, klar wertend Position zu beziehen, Kritik anzubringen und gegebenenfalls persönliche Grenzen aufzuzeigen. Hier kann die schmerzhafte Erfahrung, daß man sich durch sexistische Anmaßungen die Chancen bei Mädchen verbaut, heilsam wirken.

Bei aller Kritik am orientalischen Sexismus muß es aber immer darum gehen, den Sexismus als solchen, nicht aber die betroffene Person abzulehnen. Keinesfalls sollte die Bewertung einzelner Sachverhalte in eine pauschale Abwertung der anderen Kultur oder eine persönliche Beleidigung münden. Auch arrogant wirkende Belehrungen sind zu unterlassen. Angebracht ist es dagegen, aus der Situation heraus konkret Position zu beziehen, diese zu begründen und bei sexistischen Äußerungen kritisch einzuhaken. Zum Beispiel sollte es erlaubt sein, den Sexisten darauf hinzuweisen, daß er als Moslem und Orientale ja auch nicht hinter einen deutschen Christen zurückgesetzt werden möchte. Wichtig ist es, in einen Dialog einzutreten und dabei zu verdeutlichen, daß die Gleichheit der Menschen im Sinne gleicher Rechte und Pflichten das entscheidende Motiv der kritischen Reaktionen ist (nur am Rande sei auf die Analogie zur ›akzeptierenden Arbeit‹ mit rechtsextremen Jugendlichen deutscher Herkunft hingewiesen).

Bei dogmatisch verfestigten sexistischen Haltungen ist das Bemühen um einen konstruktiven Dialog dagegen kaum sinnvoll, vor allem, wenn die Gesprächspartner ideologisch in einschlägige islamische Organisationen fest eingebunden sind. In diesem Fall muß von einer anderen ›soziologischen Art‹ ausgegangen werden, mit der eine Verständigung kaum stattfinden kann. Hier bleiben als gangbare Wege nur die Distanzierung oder das Aufzeigen von Grenzen, nötigenfalls unter Einsatz der Staatsgewalt.

3.4. Möglichkeiten der Schule nutzen – Toleranz und Abbau von Feindbildern unter jungen Muslimen fördern

Entscheidende Bedeutung bei der Einflußnahme auf die Nachfolgegenerationen moslemischer Migranten kommt der Schule zu. Schule vermittelt nicht nur Wissen. In der Schule können moslemische Kinder und Jugendliche freiheitliche Alternativen zur traditionellen und religiösen Weltsicht ihres Milieus kennenlernen. Die Schule ist zudem der Ort, an dem junge Moslems in unmittelbaren und langfristigen Kontakten zu Deutschen stehen. Die Schule stellt somit das geeignete Lernfeld für junge Menschen mit Migrationshintergrund dar, um Kultur und Regeln der Mehrheitsgesellschaft zu erfahren und anzunehmen. Auch Christof Lützel sieht den hohen Stellenwert der Schule für das Ziel eines friedlichen Miteinanders zwischen alteingesessenen Deutschen und Nachkommen von Zuwanderern. Daß er die Defizite – wie z. B. mangelnde Toleranz – einseitig bei deutschen Schülern ablädt, ist typisch für den Zeitgeist, tut der zutreffenden Einschätzung der Schule unter dem Aspekt unserer Fragestellung jedoch keinen Abbruch:

»Eine wichtige Rolle im Hinblick auf den ›Umgang mit dem Fremden‹ kommt zweifelsohne dem Schul- und Ausbildungsbereich zu. Durch die Vermittlung von Kenntnissen über andere Kulturen, deren Völker und Geschichte kann einer Fremdenfeindlichkeit, insbesondere durch den Abbau von Feindbildern und Vorurteilen, entgegengewirkt werden. Der Bildungsbereich kann so durch die Ausbildung von Toleranz, demokratisches Handeln oder auch im Erlernen der Fähigkeit und Bereitschaft zur Überprüfung von Einstellungen und Vorurteilen einen wichtigen Beitrag zur Lösung der Migrationsproblematik leisten.« (Chr. LÜTZEL, in: Y. BIZEUL 1997, S. 56)

Für unser Anliegen brauchen wir in LÜTZELS Forderung nur die Akteure zu vertauschen, und schon haben wir eine brauchbare Aussage. Aus der Perspektive traditionell aufgewachsener junger Orientalen ist das Deutsche das Fremde. Wir konnten sehen, daß in traditionellen orientalischen Migrantenmilieus Erziehung zu Toleranz, Demokratie und eigenständigem Denken eher die Ausnahme ist. Die Fähigkeit und Bereitschaft zur Überprüfung von Einstellungen und Vorurteilen wird dort kaum bis gar nicht vermittelt. Da – wie LÜTZEL feststellt – gerade diese Eigenschaften aber für die Lösung der Migrationsproblematik überaus wichtig sind, ist es nötig, junge Orientalen genau in diesem Punkt zu fördern und ihnen darüber hinaus Kenntnisse der deutschen Geschichte und der deutschen Kultur zu vermitteln. Diese Vermittlung sollte bei jungen Orientalen dazu dienen,

– den Abbau von Feindbildern voranzutreiben, die von islamischem Ethnozentrismus geprägt sind, etwa: der ›verdorbene Westen‹, das ›satanische Amerika‹, die nicht-islamische Welt als das ›Haus des Krieges‹; außerdem sollte sie

– milieutypischen Vorurteilen entgegenwirken, etwa daß deutsche Frauen Huren, deutsche Männer ohne Ehre seien usw.;

– Frauenfeindlichkeit bekämpfen. Zum Beispiel ist zu verdeutlichen, daß Mann und Frau einander ebenbürtig sind und ›Man(n)‹

selbst unter ›gewissen Umständen‹ seine Frau weder zu schlagen noch psychisch zu mißhandeln hat.

Auch Chr. Lützels Forderung nach der Aufklärung deutscher Schüler über orientalische Kulturen ist selbstverständlich sinnvoll. Dem Gros der bundesdeutschen Schüler fehlen systematische Kenntnisse über die sexistischen Verhältnisse in den Herkunftsländern ihrer islamischen Mitschüler. Deutsche Jugendliche sind auch unzureichend aufgeklärt über die Geschlechterverhältnisse in islamisch geprägten Parallelwelten in der Bundesrepublik. Nur: Eine umfassende Aufklärung hierüber würde nicht die Wirkung zeigen, die sich Lützel erhofft. Im Gegenteil, es ließe sich nämlich zeigen, daß bestimmte ›Vorurteile‹ über orientalische Kulturen nicht nur einen Kern an Wahrheit enthalten, sondern zum Teil von der traurigen Wirklichkeit noch weit übertroffen werden. Der Verdacht liegt deshalb nahe, daß Lützel nach bester Gutmenschenmanier nur über die positiven Aspekte fremder Kulturen informieren möchte. Unvorteilhafte Aspekte wie der orientalische Sexismus sollen anscheinend unter den Teppich gekehrt werden.

In der bloßen Aufklärung deutscher Schüler über orientalische Kulturhintergründe und Lebensgewohnheiten liegt allerdings die Gefahr einer Forcierung von Ressentiments gegenüber orientalischen Mitschülern. Deshalb ist es wichtig, ergänzend über die Hintergründe und die sozial-moralischen Zwänge zu informieren, die einer Veränderung bei jungen Orientalen entgegenstehen. Durch Erzählungen Betroffener könnten deutsche Schüler ihre orientalischen Schulkameraden besser verstehen lernen.

Ohne multikulturelles Wenn und Aber sind in solchen interkulturellen Lernstunden[1] gleiche Rechte für Frauen positiv zu bewerten und als Lernziel einzufordern. Interkulturelles Lernen in der Schule (und an anderen Bildungseinrichtungen) hat demnach zwar Kenntnisse der jeweils anderen Kultur zu vermitteln, nicht jedoch wertneutrales Akzeptieren dessen einzufordern, was der bundesdeutschen Wertelandschaft entgegensteht. Nochmals: Bei aller Härte in der Sache ist der respektvolle Umgang mit jungen Muslimen wich-

---

[1] Interkulturelle Lernstunden könnten zum Beispiel als eigenständiges Fach eingerichtet werden oder im Rahmen lebensweltbezogener Sozialkunde stattfinden.

tig. Persönliche Angriffe oder Abwertungen müssen unter allen Umständen unterbleiben, auch, wenn die andere Seite unter die Gürtellinie schlägt.

Ideal wäre es, wenn es gelänge, eine vertrauensvolle Atmosphäre in gemischtkulturellen Schulklassen herzustellen. Unter dieser Voraussetzung können orientalischstämmige Mädchen und Jungen ihren Mitschülern von den Normen ihres Herkunftsmilieus, ihrer Familien und ihren eigenen Haltungen berichten. Hierdurch würde ein realistisches Bild von ›den‹ Orientalen in Deutschland in ihrer Typik, aber auch in ihrer Differenzierung sichtbar. Dabei könnte ein einfühlendes Verstehen deutscher Mitschüler für die psychosozialen Zwänge gefördert werden, denen ein Großteil der orientalischen Gleichaltrigen durch ihr Leben zwischen zwei Kulturen ausgesetzt ist. Umgekehrt sollten auch die deutschen Schüler umfassend über ihre geschlechtsspezifische Prägung berichten. Jungen Orientalen wäre dabei zu vermitteln, daß die weitgehende sexuelle Selbstbestimmung von Mädchen und Frauen nichts damit zu tun hat, daß deutsche Väter oder Brüder etwa ›ehrlos‹ wären, sondern mit der hierzulande üblichen Gleichberechtigung der Geschlechter. Bei diesen interkulturellen Gesprächen käme den Lehrern die Aufgabe der Moderation zu. Die Lehrer hätten darauf zu achten, daß die Beteiligten Regeln des fairen Umganges beachten und beide Seiten einander zuhören. Alle Seiten sollten einüben, mit den Augen der jeweils Erzählenden zu sehen. Das Sehen mit den Augen der anderen Seite, die Multiperspektivität, könnte am ehesten ein Verstehen anderer Kulturen fördern. Dieses Verstehen würde Schülern mit verschiedenem kulturellen Hintergrund Anreize bieten, sich kritisch mit ihrem eigenen Geschlechterverhalten und Geschlechterbild auseinanderzusetzen.

Selbstverständlich wäre es hier auch Aufgabe der Lehrer zu verdeutlichen, daß die Grundwerte unserer Gesellschaft nicht zur Disposition stehen. Das Verstehen der orientalischen Kultur kann nicht bedeuten, diese auch in ihrem Sexismus wertzuschätzen. Verstehen bedeutet hier einzig zu begreifen, was abläuft, welche Logik hinter der orientalischen Unterordnung von Frauen steckt. Das Verstehen der orientalischen Geschlechterordnung darf deshalb nicht zur automatischen Entschuldigung für sexistische Handlungen junger Orientalen führen.

3.5. Multiperspektivität einüben – islamischen Ethnozentrismus bekämpfen

Die Einübung von Multiperspektivität kann einen wichtigen Beitrag zur Lösung kulturbedingter (Geschlechter-)Konflikte leisten. Wenn es gelingt, daß (junge) Orientalen die Lebensgewohnheiten der deutschen Seite aus der Perspektive der deutschen Seite wahrnehmen, so kann dieser Perspektivenwechsel einen positiven Beitrag zur Übernahme westlicher Wertvorstellungen leisten. Ein wesentlicher Gewinn kann dabei das Zurückstutzen des orientalischen Sexismus sein. Selbstverständlich soll Multiperspektivität nicht auf die Schule begrenzt bleiben. Die verschiedensten außerschulischen Bildungseinrichtungen einschließlich der Erwachsenenbildung sowie die gesamte Jugendarbeit sind aufgerufen, sich ihrer zu bedienen. Nötig sind auf den konkreten Bedarf zugeschnittene Konzepte, passend für das Lernumfeld, die Beteiligten und die jeweilige Situation. Solche Konzepte darzustellen bzw. zu erarbeiten kann nur im Rahmen einer dezidiert pädagogischen Fragestellung geschehen, die hier aber nicht zur Diskussion steht.

Unser Thema ist es, aufzuzeigen, daß Multiperspektivität mit dem Absolutheitsanspruch des heutigen Islams nicht vereinbar ist, daß vielmehr eine Angleichung typisch islamischer Haltungen an westlich-liberale Standards geboten ist. Wir werden sehen, daß diese Einsicht bei vielen Vertretern der Multiperspektivität nicht vorhanden ist. Zuvor jedoch noch etwas Theorie.

›Multiperspektivität‹ wurde als pädagogische Strategie zur Einübung in die sogenannte multikulturelle Gesellschaft entwickelt. Insbesondere soll dadurch den Problemen begegnet werden, »die durch eine Haltung der Abwehr, Ausblendung oder Ausgrenzung [gemeint ist ausschließlich die des Fremden, der Verf.] hervorgerufen werden«. (K. P. Fritzsche, in: Y. Bizeul 1997, S. 190) Multiperspektivität geht von der Erkenntnis aus, daß gerade aufgrund von Multikulturalität unterschiedliche Erfahrungen unterschiedliche Sichtweisen hervorbringen. Durch die wechselseitige Übernahme der Sichtweisen (Perspektiven) der anderen Seite soll ein gegenseitiges Verstehen ermöglicht werden, sollen ethnisch oder kulturell bedingte Konflikte zu einer friedlichen Lösung gelangen. »Für eine rationale Konfliktaustragung ist eine Perspektivenübernahme auf argumentativer, sozialer und emotionaler Ebene wichtig: Es gilt, die Argumente der Gegenseite zu verstehen, die Wirkung der eigenen Aktionen auf andere abschätzen zu können und sich in die Ängste des Gegenübers einfühlen zu können.« (ebenda, S. 195)

Weiter heißt es: »Der Kern dieses Konzeptes liegt in der Verbindung der Akzeptanz multiethnischer und -kultureller Vielfalt bei gleichzeitiger Verpflichtung aller auf einen menschenrechtlichen Grundkonsens.« (ebenda, S. 191) Gefordert wird »kein Assimilationismus, keine multikulturellen Patchworks, sondern Integration in eine Gesellschaft, die allein auf der Basis menschenrechtlicher Gemeinsamkeiten und Gleichheit die Verschiedenartigkeit zusammenführen und aushalten kann«. (ebenda, S. 201)

Wir haben bereits dargestellt: Der unreformierte Islam ist mit der Forderung nach menschlicher Gleichwertigkeit und Toleranz unvereinbar. Von wenigen Ansätzen moslemischer Randfiguren abgesehen, fehlt bis heute im islamischen Denken die Idee unveräußerlicher Menschenrechte. Immer noch sieht nahezu die gesamte islamische Theologie ihre Religion als von Allah zur Herrschaft über die ganze Welt bestimmt. Der Islam selbst erhebt in seinem Kern – durch Koran und MOHAMMED – diesen Absolutheitsanspruch.

Die Verpflichtung aller auf einen Grundkonsens der Menschenrechte verlangt vom Islam ein Abrücken von seiner rigorosen Selbstbezogenheit und ein Akzeptieren des Andersartigen als gleichwertig. Unreformierter Islam und Multiperspektivität widersprechen einander. Multiperspektivität einzuüben heißt deshalb, nicht nur deutsche Fremdenfeindlichkeit, sondern auch islamischen Ethnozentrismus zu bekämpfen. Diese Einsicht überfordert freilich den Großteil der ansonsten ach so kritischen Geistes- und Sozialwissenschaftler in unserem Land. Auch K. P. FRITZSCHE scheint der Erkenntnis dieses Zusammenhangs nicht gewachsen. In seiner Darstellung zur Multiperspektivität verengt er in bekannter Weise Intoleranz und Chauvinismus des unreformierten Islams auf islamischen Fundamentalismus. Er ist der Ansicht:

»Ebensowenig wie westlicher Überlegenheitsdünkel und Fremdenfeindlichkeit strukturell mit einer multikulturellen Zivilgesellschaft verträglich sind, ist es auch islamischer Fundamentalismus mit seinen Ausgrenzungen, Selbstüberhöhungen und seiner Menschenrechtskritik. Toleranz gegenüber dem Islam ist also mit einer radikalen Kritik an seinen fundamentalistischen Varianten zu verbinden.« (ebenda, S. 199)

In seiner überkommenen und bis heute gültigen Theologie ist der Islam *per se* eine fundamentalistische Religion mit Absolutheitsanspruch. Die Äußerung Fritzsches zeugt deshalb von der altbekannten Unkenntnis und Naivität gegenüber dem Islam in seiner heutigen Verfassung. Gerade in den angeblich ›kritischen‹ Wissenschaftsdisziplinen wie Soziologie und Pädagogik ist Kritiklosigkeit gegenüber dem Islam und islamischen Menschenrechtsverletzungen leider bis auf den heutigen Tag gang und gäbe.

Schlußgedanke

Wir haben an der Geschlechterfrage beispielhaft sehen können, daß falsche Fremdenfreunde vor fast nichts zurückscheuen, wenn es darum geht, Kulturkritik an islamischen Zuwanderern zu tabuisieren: Unterschlagung von Informationen, Tatsachenverdrehungen, Verleumdungen, Rufschädigungen, (moralische) Zensur sind die gängigen Mittel; selbst Morde an Migrantenfrauen versuchen die ›Guten‹ unter den Teppich zu kehren.

»Dank eurer Gesetze werden wir euch beherrschen«, verkündete 1999 der Imam von Izmir. (N. Kelek 2005, S. 253) Wobei das ›Wir‹ die ›wahren Moslems‹ meint und das ›Euch‹ sich auf Deutschland bzw. auf Europa bezieht. »Aber mindestens genauso wichtig für unsere Machtergreifung sind unsere Verbündeten aus euren Reihen«, müßte der Imam ergänzend hinzufügen.

Als trojanische Esel sind multikulturelle Gutmenschen in den westlichen Ländern den islamischen Hardlinern heute recht und nützlich. Wenn der unreformierte Islam eines Tages in unserem Land herrschen sollte, wird er jedoch auch seinen von Selbsthaß zerfressenen deutschen Unterstützern sein wahres Gesicht zeigen. In islamisch dominierten Gesellschaften ist Schluß mit der Utopie der multikulturellen Gesellschaft. Unter (Todes)strafe gestellt wird dann auch vieles von dem, wofür sich unsere Gutmenschen ansonsten mit von moralischer Überzeugung geschwellter Brust in die Bresche werfen: demonstrative Homosexualität, radikaler Feminismus, Atheismus... Gleich am Beginn der islamischen Herrschaft würde es den falschen Fremdenfreunden selbst an den Kragen gehen.

Nun könnte man einwenden: Wer so dumm ist, sich seine Unterdrücker selbst heranzuziehen, verdient es nicht anders. Das mag so sein. Leidtragende wären jedoch auch die Demokratie, die Menschenrechte, alle freiheitsliebenden Menschen, die nachfolgenden Generationen. Denn eines akzeptiert der unreformierte Islam mit Sicherheit nicht: ein gleichberechtigtes und selbstbestimmtes Nebeneinander verschiedener Weltanschauungen, Kulturen, Lebensweisen und Religionen. Ein Großteil unserer Gesellschaft hat noch nicht begriffen, daß Anderssein oder einer Minderheit anzugehören kein Wert an sich ist. Es fehlt die Einsicht, daß schützenswert nur solche kulturellen und religiösen Besonderheiten sind, die selbst auch Respekt vor dem Anderen zeigen.

Kelek erläutert, wie es in islamischen Kreisen um den Respekt gegenüber dem Anderen bestellt ist: »Respekt ist neben der Ehre der Begriff, der am häufigsten von meinen muslimischen Gesprächspartnern gebraucht wird, um sich von den Ungläubigen abzugrenzen. Mit Respekt ist aber anderes gemeint, als aufgeklärte Menschen darunter verstehen. Wenn Muslime ›Respekt‹ vor dem Islam einfordern, dann meinen sie nicht die Achtung oder Anerkennung ihres Glaubens, sondern den Respekt vor dem Stärkeren – in ihren Augen die Anerkennung, daß der Orient und mit ihm der Islam auf dem Vormarsch sind. Respekt ist eine Machtfrage.« (N. Kelek 2005, S. 236)

Mit ihren Tabus, ihren Denk- und Redeverboten sind falsche Fremdenfreunde immer noch recht erfolgreich. Nur zaghaft machen sich Anzeichen einer tabufreien Analyse unserer Situation in der veröffentlichten Meinung bemerkbar, wird ohne Scheuklappen über den Islam und seine menschenverachtenden Aspekte diskutiert.

Der Autor dieser Zeilen kann nur hoffen, mit seinem Buch beizutragen, daß diese Diskussion lebhafter wird und breitere Kreise erfaßt. Nur dann wird sich verhindern lassen, daß sich die Prophezeiung des Imams von Izmir jemals erfüllt.

Literaturverzeichnis

AKGÜN, Lale, »Psychokulturelle Hintergründe türkischer Jugendlicher der zweiten und dritten Generation«, in: LAJOS, Konstantin, *Die psychosoziale Situation von Ausländern in der BRD. . .*, o.O. 1993.

Arbeitsgemeinschaft christlicher Kirchen u.a. (Hg.), *Rassismus begreifen – was ich schon immer über Rassismus und Gewalt wissen wollte*, Villigst 1997.

ATABAY, Ilhami, *Zwischen Tradition und Moderne. Die zweite Generation türkischer Migranten in der Bundesrepublik*, Freiburg 1998.

ATTIA, Iman, u. Helga MARBURGER (Hg.), *Alltag und Lebenswelten von Migrantenjugendlichen*, Frankfurt/M. 2000.

BALIC, Smail, *Islam für Europa*, Köln 2001.

BAMDADAN, Babak, »Rushdies Vergehen gegen die islamische Wahrheit«, in: Nirumand, Bahman, *Im Namen Allahs. Islamische Gruppen und der Fundamentalismus in der Bundesrepublik Deutschland*, Köln 1990.

BENARD, Cheril, u. Edit SCHLAFFER, *Die Grenzen des Geschlechts. Anleitungen zum Sturz des internationalen Patriarchats*, Reinbek bei Hamburg 1984.

Dies., *Das Gewissen der Männer. Wie Männer mit Macht das Vertrauen von Frauen mißbrauchen*, Reinbek bei Hamburg 1992.

BIELEFELDT, Heiner, *»Schwächlicher Werterelativismus«? Zur Notwendigkeit des interkulturellen Dialogs über Menschenrechte*, in: HAFEZ, Kai (Hg.), *Der Islam und der Westen. Anstiftung zum Dialog*, Frankfurt am Main 1997.

BIELEFELD, Uli, KREISSL, Reinhard, u. Thomas MÜNSTER, *Junge Ausländer im Konflikt. Lebenssituationen und Überlebensformen*, München 1982.

BIZEUL, Yves, BLIESENER Ulrich, u. Marek PRAWDA, *Vom Umgang mit dem Fremden. Hintergrund, Definitionen, Vorschläge*, Weinheim-Basel 1997.

BRANDEN, Nathaniel, *Die 6 Säulen des Selbstwertgefühls*, Landsberg am Lech 1997.

BRUCKNER, Pascal, *Ich leide, also bin ich. Die Krankheit der Moderne*, Berlin 1997.

CHE´RIFA, Magdi, *Gottgegeben oder des Mannes Wille: Hindernisse auf dem Weg zur Frauenbefreiung!?* o.J.

COHN-BENDIT, Daniel, u. Thomas SCHMIDT, *Heimat Babylon. Das Wagnis der multikulturellen Demokratie*, Hamburg 1993.

CSIKSZENTMIHALYI, Mihaly, *Dem Sinn des Lebens eine Zukunft geben. Eine Psychologie für das 3. Jahrtausend*, Stuttgart 1995.

DASHTI, Ali, *23 Jahre. Die Karriere des Propheten Mohammed*, Aschaffenburg 1994.

FARIN, Klaus, u. Eberhard SEIDEL-PIELEN, *Ohne Gewalt läuft nichts*, o.O.1993.

FRITZSCHE, Klaus Peter, »Multiperspektivität: Eine Schlüsselkompetenz beim Umgang mit dem Fremden«, in: BIZEUL, Yves, BLIESENER Ulrich, u. Marek PRAWDA (Hg.), *Vom Umgang mit dem Fremden. Hintergrund, Definitionen, Vorschläge*, Weinheim-Basel 1997.

GEIERSBACH, Paul, *Gott auch in der Fremde dienen. Ein Türkenghetto in Deutschland*, Bd. 2, Berlin 1990.

GLAGOW, Rainer, »Islamischer Dschihad und Terrorismus«, in: THAMM, Berndt Georg (Hg.), *Terrorismus. Ein Handbuch über Täter und Opfer*, Hilden 2002.

GORZINI, Mehdi Jafari, u. Heinz MÜLLER (Hg.), *Handbuch zur interkulturellen Arbeit*, Wiesbaden 1993.

HAFEZ, Kai (Hg.), *Der Islam und der Westen. Anstiftung zum Dialog*, Frankfurt/M. 1997.

HANSEN, Roland, *Türkische Deutsche, Deutsche Türken oder »ein bißchen von da und ein bißchen von da«. Remigration und Identitätskonflikte türkischer Jugendlicher aus Izmir*, Saarbrücken 1989.

HEITMEYER, Wilhelm, MÖLLER, Joachim, u. Helmut SCHRÖDER, *Verlockender Fundamentalismus*, Frankfurt/M. 1997.

HESSELBERGER, Dieter, *Das Grundgesetz. Kommentar für die politische Bildung*, Neuwied 1999.

HOFFMANN, Lutz, u. Herbert EVEN, *Soziologie der Ausländerfeindlichkeit*, o. O. 1984

HOFMANN, Murad, *Der Islam als Alternative*, München 1995.

HOLLSTEIN, Walter, *Der Kampf der Geschlechter*, München 1995.

ILETMIS, Gule, u. Rainer MOITZ, »Europäische Identität - interkulturelles Leben?« in: JÄGER, Siegfried (Hg.), *Rassismus in Europa*, Köln 1992.

JAFARI-GORZINI, Mehdi, »Migrationsgesellschaft«, in: Ideen Redaktion (Hg.), *Einwanderungsland Deutschland*, Göttingen 1993.

JÄGER, Siegfried (Hg.), *Rassismus in Europa*, Köln 1992.

Jugend 2000. 13. Shell Jugendstudie, Bd. 1, Opladen 2000.

Jugend 2000. 13. Shell Jugendstudie, Bd. 2, Opladen 2000.

KÄLIN, Walter, *Grundrechte im Kulturkonflikt. Freiheit und Gleichheit in der Einwanderergesellschaft*, Zürich 2000.

KELEK, Necla, *Die fremde Braut. Ein Bericht aus dem Inneren des türkischen Lebens in Deutschland*, Köln 2005.

KHOURY, Adel Theodor, *Der Islam und die westliche Welt. Religiöse und politische Grundfragen*, Darmstadt 2001.

KÜHNHARDT, Ludger, *Die Universalität der Menschenrechte*, Darmstadt 1991.

LAJIOS, Konstantin (Hg.), *Die zweite und dritte Ausländergeneration. Ihre Situation und Zukunft in der BRD*, Opladen 1991.

LAUDOWICZ, Edith, *Frauen im Islam. Ein Überblick*, o. O. 1992.

LAY, Rupert, *Vom Sinn des Lebens*, München 1985.

LÜTZEL, Christof, *Die Migration in Deutschland, Frankreich und in der europäischen Union*, in: BIZEUL, Yves, BLIESENER, Ulrich, u. Marek PRAWDA (Hg.), *Vom Umgang mit dem Fremden. Hintergrund, Definitionen, Vorschläge*, Weinheim–Basel 1997.

MAGDI, Che'rifa, *Gottgegeben oder des Mannes Wille: Hindernisse auf dem Weg zur Frauenbefreiung!?* In: VAUTI, Angelika, u. Margot SULBACHER (Hg.), *Frauen in islamischen Welten. Eine Debatte zur Rolle der Frau in Gesellschaft, Politik und Religion*, Frankfurt a.M. 1999, S. 137.

MERNISSI, Fatima, *Die vergessene Macht. Frauen im Wandel der islamischen Welt*, Frankfurt/M. 1997.

Dies., *Geschlecht, Ideologie, Islam*, München 1987.

MINCES, Juliette, *Verschleiert – Frauen im Islam*, Reinbek 1992.

Moby Dick Arbeitsgruppe, Stadtjugendring Augsburg (Hg.), *Gegen Ausländerfeindlichkeit*, Augsburg 1992.

MOSSUZ-LAVAUS, Janine, *Das sexuelle Leben der Franzosen*, München 2003.

NASRIN, Taslima, *Lied einer traurigen Nacht. Frauen zwischen Religion und Emanzipation*, Hamburg 1996.

NIRUMAND, Bahman (Hg.), *Im Namen Allahs. Islamische Gruppen und der Fundamentalismus in der Bundesrepublik Deutschland*, Köln 1990.

OPPASCHOWSKI, Horst W., *Was uns zusammenhält*, München 2002.

PARET, Rudi, *Mohammed und der Koran. Geschichte und Verkündigung des arabischen Propheten*, Köln 2001.

PETERSEN, Andrea, *Ehre und Scham. Das Verhältnis der Geschlechter in der Türkei*, Berlin 1985.

POSSELT, Ralf-Erik, u. Klaus SCHUMACHER, *Projekthandbuch Gewalt und Rassismus*, Mühlheim 1993.

RADDAZ, Hans-Peter, *Von Gott zu Allah? Christentum und Islam in der liberalen Fortschrittsgesellschaft*, München 2001.

RODINSON, Maxime, *Mohammed*, Frankfurt/M. 1975.

SALIM, Abdullah Muhammad, »Muslime in Deutschland. Liberale Reformkräfte sind in der Minderheit«, in: ZEWELL, Rudolf, *Islam – Die mißbrauchte Religion oder Keimzelle des Terrorismus?* München 2001.

SCHIRRMACHER, Christine, »Frauen unter der Scharia«, in: SCHIRRMACHER Christine, u. Georg SCHMID, *Problemfall Islam. Friedensreligion oder Gefahr für den Weltfrieden?* Freiburg (Schweiz) 2002.

SCHRÖTER, Hiltrud, *Mohammeds deutsche Töchter*, Königstein i. Ts. 2002.

SCHUON, Fritjof, *Den Islam verstehen lernen*, o. J.

SCHWARZER, Alice, *So sehe ich das. Über die Auswirkung von Macht und Gewalt auf Frauen und andere Menschen*, o. O. 1997

Dies., *Krieg. Was Männerwahn anrichtet und wie Frauen Widerstand leisten*, Frankfurt/M. 1992.

SEIDEL-PIELEN, Eberhard, u. Klaus FARIN, *Ohne Gewalt läuft nichts*, Köln 1993.

SEIDEL-PIELEN, Eberhard, *Unsere Türken. Annäherung an ein gespaltenes Verhältnis*, Berlin 1995.

SEUFERT, Günter, *Café Istanbul. Alltag, Religion und Politik in der modernen Türkei*, München 1997.

Shell-Studie 2000: siehe *Jugend 2000.*

SPULER-STEGEMANN, Ursula, *Frauen und die Scharia. Die Menschenrechte im Islam*, München 2004.

SPULER-STEGEMANN, Ursula (Hg.), *Feindbild Christentum im Islam. Eine Bestandsaufnahme*, Freiburg 2004b.

Dies., »Lebenswirklichkeiten zwischen Tradition und Aufbegehren«, in: SCHIRRMACHER, Christine, u. Ursula SPULER-STEGEMANN, *Frauen und die Scharia. Die Menschenrechte im Islam*, München 2004.

Dies., *Muslime in Deutschland. Nebeneinander oder Miteinander*, Freiburg i. Br. 1998.

STOLZ, Rolf, *Kommt der Islam? Die Fundamentalisten vor den Toren Europas*, München 1997.

STIENEN, *Leben zwischen zwei Welten. Türkische Frauen in Deutschland*, Weinheim 1994.

THAMM, Berndt Georg, *Terrorismus, Ein Handbuch über Täter und Opfer*, Hilden 2002.

TIBI, Bassam, *Der religiöse Fundamentalismus im Übergang zum 21. Jahrhundert*, Mannheim 1995.

Ders., *Die Krise des modernen Islam*, Frankfurt/M. 1991.

Ders., *Europa ohne Identität? Die Krise der multikulturellen Gesellschaft*, München 2000.

Ders., *Im Schatten Allahs. Der Islam und die Menschenrechte*, München 1994.

Ders., *Krieg der Zivilisationen. Politik und Religion zwischen Vernunft und Fundamentalismus*, München 1998.

TICHY, Roland, *Ausländer rein. Deutsche und Ausländer verschiedene Herkunft, gemeinsame Zukunft*, München 1993.

TODD, Emmanuel, *Das Schicksal der Migranten. Deutschland–USA–Frankreich–Großbritannien*, Paris 1998.

VAUTI, Angelika, u. Margot SULBACHER (Hg.), *Frauen in islamischen Welten. Eine Debatte zur Rolle der Frau in Gesellschaft, Politik und Religion*, Frankfurt/M. 1999.

Zentrum für Türkeistudien (Hg.), *Türkei Sozialkunde*, Opladen 1991.

ZERGER, Johannes, *Was ist Rassismus? Eine Einführung*, Göttingen 1997.

ZEWELL, Rudolf, *Islam – Die mißbrauchte Religion oder Keimzelle des Terrorismus?* München 2001.

Personenverzeichnis

A

Abdelrahimsai, Ahmad 80
Akgün, Lale 73
Aktas, Nursen 79, 83, 85 f., 211, 254 f.
Ali 41–55
Amara, Fadela 215
Assma bint Marwan 134 f.
Atabay, Ilhami 62–65, 73
Attia, Iman 79, 83, 86, 211, 254

B

Badshah 88
Balic, Smail 206
Bamdadan, Babak 150 f.
Baraz, Tuba 68
Bellil, Samira 214
Benard, Cheril 24 ff., 28 f., 31, 57 f., 104, 122 f., 200
Bielefeld, Uli 97, 107 f.
Bielefeldt, Heiner 241
Bizeul, Yves 257, 260
Bouyeri, Mohamed 133, 135
Breuer 132
Bruckner, Pascal 31
Butterwege 149

C

Cohn-Bendit, Daniel 229, 231
Csikszentmihalyi, Mihaly 233

D

Dashti, Ali 128
Dell'Agli, Daniele 129, 148

E

Einstein, Albert 202
Elyas 131
Even, Herbert 170

F

Farin, Klaus 76
Fritzsche, Klaus Peter 260 ff.
Funda 157–160

G

Geiersbach, Paul 67–73
Giesin, Carmen 179
Glagow, Rainer 129
Gorzini, Mehdi J. 179
Gündogdu, Selma 82

H

Hafez, Kai 241
Hausladen, Eva 179
Heitmeyer, Wilhelm 65 f., 106 f.
Hesselberger, Dieter 35 f.
Hiddouci, Ghazi 217 f.
Hoffmann, Lutz 170
Hofmann, Murad 23 f.,36
Hollstein, Walter 81

I

ibn Adi, Omar 135
Iletmits, Gule 149, 235

J

Jäger, Margret 193–200, 210
Jäger, Margret 193
Jesus 136, 185, 238, 242
Johannes Paul II. 144

K

Kälin, Walter 251 f.
Kelek, Necla 66, 84, 89–92, 114, 140, 144 ff., 149, 153, 199, 263 f.
Kelsay, John 125
Khoury, Adel Theodor 126 f., 130, 150 f., 242.
Kreissl, Reinhard 97, 107, 110
Kühnhardt, Ludger 240 f.

L

Lajios, Konstantin 66, 73, 160, 162
Laudowicz, Edith 24, 26
Lay, Rupert 37
Ludowig, Frauke 121
Lützel, Christof 256 ff.

M

Magdi, Che'rifa 23, 32
Mahmat (Student) 122
Marburger, Helga 79, 83, 86, 211, 254
Mernissi, Fatima 24, 29 f., 33 f., 80, 214
Minces, Juliette 21, 24 f., 27 f., 30 f.
Mohammed 127 f., 134 ff., 151, 185, 241 f., 245, 261
Moitz, R. 235
Mossuz-Lavaus, Janine 215 f.
Müller, Heinz 179
Münster, Thomas 97, 107, 110

N

Nasrin, Talisma 16
Nezara 86 f.

O

Olga 41–55
Opaschowski, Horst W. 147
Ott, Ursula 90
Özkana 160 ff.

P

Paret, Rudi 128, 201
Paulus 185
Petersen, Andrea 62
Pfeiffer (Kriminologe) 81 f.

R

Raddaz, Hans-Peter 34
Reichert, Martin 89
Rodinson, Maxime 128, 134

S

Salim, Abdullah M. 246
Schirrmacher, Christine 22, 28 f., 32 f., 131
Schlaffer, Edit 24 ff., 28 f., 31, 57 f., 104, 122 f., 200
Schmid, G. 242, 245 f.
Schmidt, Thomas 229, 231
Schröter, Hiltrud 138, 196, 225
Seidel-Pielen, Eberhard 76
Senocak, Zafer 173, 233 f.
Seufert, Günter 22
Shhaziye 145
Sölçün, Sargut 123
Spuler-Stegemann, Ursula 23, 27, 114, 131 f., 141 ff., 152, 167, 219, 238
Steinacker, Peter 136
Stienen 67 ff., 74, 119
Stolz, Rolf 252
Sulzbacher, Margot 202
Sürücü, Hatun 88 f.

T

Tefik 109, 110, 111
Thamm, Bernd Georg 129
Tibi, Bassam 37, 124 ff., 132 f., 149 f., 152, 154, 198, 201 f., 208, 232 f., 236, 243 ff., 248, 255
Todd, Emmanuel 20, 138, 208, 231 f.
Tschitschek, Halis 91

V

Van Gogh, Theo 133–136
Vauti, Angelika 23, 32, 202

W

Wagner, Richard 247

Z

Zerger, Johannes 170
Zewell, Rudolf 239 f., 246